Die grossen Weine der Welt

Die großen Weine der Welt

Toskana

Daniel Thomases

Aus dem Englischen
von Bernhard Abend

Droemer

Originaltitel: Chianti & Co. I grandi vini di Toscana

Karten: Riccardo Ranieri
Fotos: Mark E. Smith S. 25 und 175
Umschlaggestaltung: Agentur ZERO, München
Satz: QuarkXPress im Verlag
Printed in Italy
ISBN 3-426-27130-3

2 4 5 3 1

INHALT

ANHANG

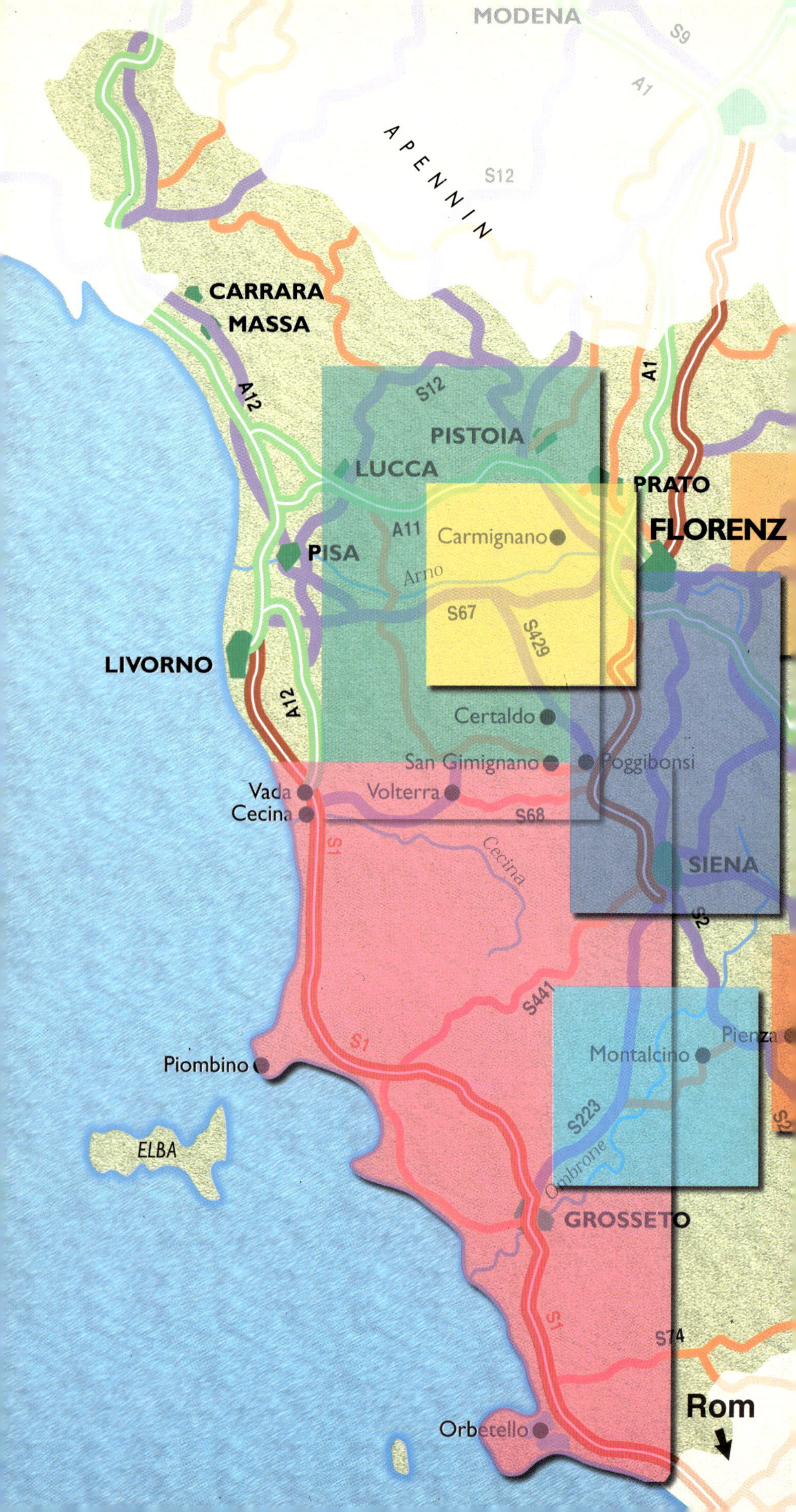

MODENA
S9
A1
APENNIN
S12
CARRARA
MASSA
A12
S12
PISTOIA
LUCCA
PRATO
A1
FLORENZ
A11
Carmignano
PISA
Arno
S67
S429
LIVORNO
A12
Certaldo
San Gimignano
Poggibonsi
Vada
Volterra
Cecina
S68
S1
Cecina
SIENA
S2
S441
Pienza
Montalcino
S1
Piombino
S223
ELBA
Ombrone
GROSSETO
S1
S74
Rom
Orbetello

Die Toskana und ihre DOC-Bereiche

Chianti Classico

Chianti Rufina

Carmignano

Brunello di Montalcino

Vino Nobile
di Montepulciano

Maremma

Weitere Zonen

Die Toskana und ihre Weine

Wein und Weinbau haben in der Toskana eine Tradition, die über 2500 Jahre zurückreicht. Er wurde von den Etruskern in die Gegend gebracht, einer Kultur, deren Ursprünge immer noch im dunkeln liegen, für die aber die materiellen Freuden des Lebens eine wichtige Rolle spielten. Die rein spirituelle Gratifikation eines Lebens nach dem Tode war ihre Sache nicht; die Etrusker pflegten weniger eine Religion des Transzendenten als eine der Fleischeslust. Ihre Grabstätten geben beredt Auskunft über die Bedeutung des Appetits und seiner Befriedigung; das Jenseits stellte man sich als ewigwährendes Gelage vor, und die mit ausufernden Bankettszenen geschmückten Gräber waren mit Eß- und Trinkutensilien großzügig ausgestattet. Das Paradies war nichts anderes als eine Lustbarkeit, für die die letzte Ruhestätte geziemend ausgerüstet sein mußte. Diese Art von unverhülltem Epikureertum prägte die ganze Gesellschaft, und die griechischen und römischen Moralisten waren höchst entrüstet über die unerhörte Tatsache, daß Frauen an den Gelagen teilnahmen.

Wenn der Wein vor 2500 Jahren in der toskanischen Zivilisation eine tragende Rolle hatte, so war die Bedeutung der Olive nicht geringer; diese beiden Kulturpflanzen haben die Landschaft ebenso gestaltet wie die Ernährung, die Daseinsgrundlage ihrer Bewohner. Die Toskana ist für weniges so berühmt wie für ihre Hügellandschaft, die zu einem Teil der Kultur des Abendlandes wurde: in den Bildern, die – durch eine Kunst, die mit Giotto begann und über Masaccio und Piero della Francesca zu solchen Meistern wie Leonardo da Vinci und Raffael führte – eine ganze Kultur definieren, die ein kollektives Unbewußtes konstituieren, ein geistiges Erbe, das wir nützen, ob wir wollen oder nicht. Wenn Cato der Ältere Brot und Oliven als Ernährungsgrundlage der arbeitenden Klassen seiner Zeit nennt, stellt er anthropologische Wahrheiten fest, die ein notwendiger Reflex grundlegender geographischer Verhältnisse sind. Die Organisation des materiellen Lebens in Mittelitalien gründete seit je auf dem Alternieren von Hügel- und Tallandschaften, erstere für Oliven und Wein genützt, letztere für Weizen. In diesem Sinn ist die Topographie Schicksal, wie es Bertolt Brecht in seinem berühmten Satz ausdrückte: »Erst kommt das Fressen, dann die Moral.«

Wenn auch wenig Näheres über den toskanischen Wein in alten Zeiten bekannt ist, so weiß man, daß die meisten berühmten Weine des antiken Italiens aus dem

Weinberge mit Brunello di Montalcino.

Die Verarbeitung der Trauben Anfang dieses Jahrhunderts auf der Tenuta Ricasoli.

Süden kamen, mit Ausnahme des von Vergil so geliebten rätischen Weins, der in der Nähe seiner Vaterstadt Mantua wuchs. Der Name der berühmtesten Traube der Toskana, »Sangiovese« oder »sangue di Giove«, also »Blut von Jupiter«, weist auf eine Herkunft aus römischen Zeiten hin; gleichzeitig läßt er – aufgrund der Assoziation der Rebsorte mit dem *Diespiter,* dem »Gott des leuchtenden Himmels«, dem Blitzeschleuderer – auf ein Bewußtsein von der Kraft und Autorität der Rebsorte schließen, die sie zur Grundlage des bedeutendsten Weins der Region machten.

Im Spätmittelalter entwickelten sich die Keime für die Weine und Anbauzonen, wie wir sie heute kennen. Einer war der Vernaccia di San Gimignano, damals ein süßer Wein und Synonym für Luxus; Dantes Porträt von Papst Martin IV., der sich im *Purgatorio* vom übermäßigen Genuß von Aalen und Vernaccia reinigte, ist in die Weltliteratur eingegangen. Ein anderer war der Carmignano, der in den Hügeln nördlich des Arno, westlich von Florenz, produziert wurde, der erste Sangiovese-Wein von unzweifelhaft hoher Qualität; eine informierte Schicht von bewußten Konsumenten war offensichtlich gern bereit, die deutlich höheren Preise zu bezahlen, die Weine dieser Kategorie auf dem Florentiner Markt erzielten. Im 17. Jahrhundert hatten das Chianti – das Zentrum der Region, das wir heute als Chianti Classico kennen – und Montepulciano bereits ein Renommee erworben, das sich bis heute hielt. Zusammen mit Pomino (heute Chianti Rufina) und dem oberen Arnotal verfügten sie über eine Überlegenheit, die Nachahmung und Fälschung in großem Stil auf den Plan rief, was moralisch zwar verwerflich ist, uns jedoch darauf hinweist, daß die guten Voraussetzungen in puncto Boden und Klima in Produkte von einzigartigem Charakter und Qualitätsniveau übersetzt wurden. Die moderne Weinwirtschaft und Weinwissenschaft waren noch nicht geboren, doch hatten die Gewächse – auch mit den Verfahren, die man vor Jahrhunderten anwandte – bereits eine unverwechselbare Persönlichkeit und Größe; der Name *Florence* findet sich in der englischen Literatur vom späten 17. bis zum frühen 19. Jahrhundert als Bezeichnung für einen bekannten und sehr geschätzten Wein.

Natürlich hat sich seitdem viel geändert, doch läßt sich sagen, daß die Grundlagen des toskanischen Weinbaus vor 200 Jahren bereits gelegt waren. Das Rebland war in der Hand entweder des Adels oder reicher Händler, die in den Städten der Region ansässig waren; auch die Kirche – insbesondere die Klöster –

waren große Grundeigentümer. Die fortschreitende Säkularisierung der Gesellschaft unter dem Einfluß der Aufklärung und der Französischen Revolution, die die Unterdrückung vieler religiöser Orden und wohltätiger Stiftungen zur Folge hatte, reduzierte auch rapide den kirchlichen Einfluß, ganz besonders auf dem Land.

Die Rebe hatte damals schon ihre bevorzugten Plätze gefunden, wie das in einer Region mit langer Weinbautradition immer der Fall ist: Die Erfahrungen von Generationen, von Jahrhunderten führen unweigerlich zur Kenntnis des Terroirs, das heißt davon, wo die Reben am besten reifen und die besten Resultate erbringen. Bis in jüngste Zeit bestanden diese Bereiche im wesentlichen aus dem Hügelland der Zentraltoskana südlich des Arno, zu dem nur noch die kleinen Gebiete Carmignano, Montecarlo di Lucca und Rufina kamen. In diesen drei Zonen gleichen niedrige Höhe und südliche Ausrichtung die nördliche Position aus und sorgen für ausreichend Wärme und Sonnenlicht, um so spät reifende Sorten wie Sangiovese und Canaiolo reif werden zu lassen. Die ausgedehntesten Gebiete für Qualitätswein liegen alle viel südlicher: Das Chianti Classico beginnt bei Greve in Chianti, 20 Kilometer südlich von Florenz, und reicht bis kurz vor Siena, während Montalcino und Montepulciano noch weiter südlich liegen (30 beziehungsweise 45 Kilometer). Diese auf der Landkarte kleinen Distanzen können täuschen: Die südlicheren Teile der Toskana sind merklich wärmer und erfreuen sich deutlich intensiverer Sonneneinstrahlung, zwei Faktoren, die sich in zuckerreicheren Trauben und körperreicheren, kräftigeren Weinen niederschlagen. Der Unterschied zwischen einem einfachen Chianti aus der Provinz Pistoia, dessen Trauben das kühle Klima des nahen Apennin zu spüren bekamen, und einem großen Brunello di Montalcino, der aus Castelnuovo dell'Abate oder Sant'Angelo in Colle kommt, ist wie der zwischen Nacht und Tag, oder, um im Rahmen der Weinwelt zu bleiben, wie der zwischen einem Premier Cru aus Pauillac und einem Bordeaux Ordinaire aus Blanquefort; der Konsument kann diesen Unterschied auch schon am Preis ablesen.

Die Schritte des Weinmachens zu Beginn des Jahrhunderts auf der Tenuta Ricasoli.

Die nach Süden geneigten Hangflächen, die steinigen, kargen Böden, die schon immer den Olivenbäumen und den Reben vorbehalten waren, mögen ganz ähnlich sein, doch nicht die Resultate.

Die Beherrschung der Weinbaugebiete durch reiche Eigentümer, die ihre Grundstücke zu ausgedehnten Gütern arrondieren konnten, hatte im

Radda in Chianti.

19. Jahrhundert beträchliche Auswirkungen auf die Organisation des Arbeitslebens auf diesen Besitzungen. Die Halbpacht *(mezzadria)* gehörte seit je zur sozialen Struktur der Toskana, was nicht überrascht, wenn man die Schwierigkeiten berücksichtigt, die ein normaler Landarbeiter hatte, selbst das wenige Kapital zum Erwerb eines kleinen Guts anzusammeln. Nach den ersten Phasen der industriellen Revolution wurde die Halbpacht zum generellen Prinzip in der toskanischen Landwirtschaft, da die Großgrundbesitzer ihre Güter so ökonomisch wie möglich zu betreiben versuchten; sie reduzierten so die Fixkosten auf das Minimum und kompensierten ihren Mangel an freiem, investierbarem Kapital dadurch, daß sie ein arbeitsintensives System mit geringstmöglichen Kosten einsetzten. Die *tenuta,* das Gut, wurde in eine Reihe von *poderi* (Bauernhöfe) aufgeteilt, jeder mit einem Haus und ausreichend Land, von dessen Ertrag der Pächter sich und seine Familie ernähren und dem Landeigner die Hälfte abgeben konnte. Die gemischte Landwirtschaft, in der Weizen, Oliven und Viehzucht den Weinbau ergänzten, wurde die Basis für den Lebensunterhalt des Halbpächters; die Trauben lieferte er den großen Gütern, die Wein daraus machten. In dieser Epoche entstanden große Handelshäuser, die bis vor einer Generation die Toskana beherrschten; ihre Namen – Ricasoli, Frescobaldi, Antinori – zeigen, daß der Adel das toskanische Territorium noch fest in der Hand hatte und faktisch der einzige, lebenswichtige Mittler zwischen den nationalen und internationalen Märkten einerseits und dem Hauptprodukt der Region andererseits geworden war.

So bedeutsam diese sozioökonomischen Wandlungen waren, so machten die Weine selbst eine noch tiefgreifendere Transformation durch, die sie ihrer heutigen Erscheinungsform sehr nahe brachte. Die meisten toskanischen Rotweine – die Entwicklung des Weinbaus in der Region hat ihnen über die Jahrhunderte immer mehr Gewicht gegeben – basierten einst auf der Canaiolo-Traube. Cosimo Villafranchi beschrieb 1773 den Chianti als Verschnitt aus Canaiolo und geringeren Mengen Sangiovese, Mammolo und Marzemino. Erhebungen, die das italienische Landwirtschaftsministerium Anfang des 20. Jahrhunderts durchführte, gaben der Canaiolo-Traube immer noch einen prominenten Platz, doch hatte der Chianti – wie auch andere Weine wie Vino Nobile di Montepulciano und Carmignano – bereits eine einschneidende Veränderung erfahren. Dies war das Werk eines Mannes, Barone Bettino Ricasoli, eine der herausragenden Persönlichkeiten Italiens im 19. Jahrhundert, Führer im Kampf des Landes gegen die Fremdherrschaft und zweiter Premierminister des geeinten Italiens 1861. Ricasoli, als der »eiserne Baron« bekannt, war auch ein engagierter Experimentator und Neuerer im Landbau; in jahrzehntelangem Ausprobieren neuer Cuvées entwickelte er eine neue »Formel« für den Chianti, die bis in jüngste Zeit fortlebte: Sangiovese »für Bukett und Kraft« und eine kleine Menge Canaiolo, um den Ernst und die Intensität des Sangiovese zu zähmen. Kleine Mengen von der weißen Malvasia konnten zugesetzt werden, doch nur bei Weinen »für die alltägliche Tafel«, nicht bei den großen Gewächsen, die den Ruhm der Toskana ausmachten.

In den 1860er Jahren war also ein System solide etabliert, das über ein Jahrhundert lang am Leben blieb, trotz politischer Umwälzungen, trotz zweier Weltkriege und einer Weltwirtschaftskrise. Die toskanischen Lande waren von den Entwicklungen in der großen Welt weit entfernt, und die grundlegenden Strukturen – Halbpächter/Großgrundbesitzer, Weinbauer/Weinmacher sowie eine gemischte Landwirtschaft, die auf Subsistenz gerichtet war, nicht auf Geldeinnahmen – waren über den Zweiten Weltkrieg so gut wie unverändert geblieben. Und doch zerbröselten diese anscheinend ehernen Strukturen zwischen 1945 und 1965 mit atemberaubender Geschwindigkeit; die Toskana geriet in eine Krise, die auch das Überleben ihrer großen Weine bedrohte. Gegen Ende der 1970er Jahre hatten Chianti und Vino Nobile di Montepulciano die Märkte überschwemmt, Produkte, die keiner wollte; die Eigner flohen Hals über Kopf aus ihren Ländereien und verkauften beinahe zu jedem Preis. Weniger bekannte Weine, sogar solche mit einer bedeutenden Geschichte wie Carmignano und Montecarlo di Lucca, wurden auf rein lokale Märkte zurückgeworfen. Die Güter konnten in dieser Zeit nur mit permanentem Kapitalnachschub aus der Tasche des Besitzers überleben, und der toskanische Adel hatte bekanntermaßen kein Geld, das er investieren konnte.

Die Gründe für diesen anscheinend unerklärlichen Kollaps sind nicht schwer zu finden. Das Ende der Nachkriegszeit fiel zusammen mit dem Ende des Halbpachtsystems, sowohl in juristischer Hinsicht wie hinsichtlich der Bereitschaft der Landbevölkerung, derartige wirtschaftliche Abhängigkeiten zu akzeptieren. Unabhängig von dieser juristischen Entwicklung eröffnete der Wirtschaftsboom der 1950er und 1960er Jahre den Landarbeitern der Toskana neue Möglichkeiten, so daß sie ihre Bauernhäuser nur zu gern für neue Jobs in den Fabriken verließen. Denn so

Die Burg von Montalcino.

Weinberge im Montepulciano.

hübsch die Häuser heute aussehen, da sie restauriert und modernisiert wurden, damals waren sie primitive Behausungen ohne Heizung, ohne Strom, ohne die elementarsten sanitären Einrichtungen; Heimstatt für die Bauernfamilien und ihr Vieh, das im Erdgeschoß untergebracht war. Der Exodus wurde zur Flut, ganze Dörfer mit jahrhundertealter Geschichte waren in weniger als zehn Jahren entvölkert. Die Grundbesitzer, die bezahlte Arbeitskräfte auftreiben und ausbilden und ihr Geschäft systematisch und rational hätten betreiben sollen, waren der Aufgabe in keiner Weise gewachsen. Besitzungen, die über Jahrhunderte in der Hand einer Familie gewesen waren, wurden liquidiert, und so sahen sich die Hauptweingebiete der Toskana bald einer neuen Klasse von Unternehmer-Eigentümern gegenüber, die zwar über die notwendigen Managerfähigkeiten verfügten, aber wenig Erfahrung mit dem Landleben und manchmal auch kaum eine Verbindung zu der Region hatten. Die anfänglichen Befürchtungen, daß eine exzessive Modernisierung die toskanischen Sitten und Gebräuche völlig über den Haufen werfen würde, haben sich glücklicherweise nicht bestätigt, und die Weine haben von dem neuen Kapital nur profitiert. Mehr noch aber haben sie wohl von der Offenheit profitiert, von der Bereitschaft zu Experiment und Veränderung, die die neuen Eigentümer insgesamt charakterisierte. Diese haben nicht nur große Zuneigung zu ihrer neuen Heimat entwickelt, sondern kennen auch die großen Weine der Welt, und sie wurden Weinproduzenten in dem festen Glauben, daß der toskanische Wein es mit den besten Weinen der Welt aufnehmen kann und muß. Die Internationalisierung der toskanischen Weine wurde oft kritisiert, und vielleicht mit einigem Grund; doch sind die Märkte heute international, und der alte Provinzgeist, so interessant er historisch-folkloristisch sein mag, ist kommerziell gesehen nicht lebensfähig.

Das zu vollbringende Werk war immens, vor allem deswegen, weil eine ganze Generation lang nicht mehr investiert worden war. Die Geräte waren verrottet, die Fässer im Keller schwarz vom Alter und häufig aus dem unangenehm bitteren Kastanienholz, Betontanks waren geborsten oder innen nicht richtig beschichtet, so daß der gärende Most direkten Kontakt mit dem Beton hatte, und in Räumlichkeiten, die selbst der primitivsten Hygiene entbehrten, grassierten bakterielle Infektionen. Die Weinberge waren in gleich schlechtem Zustand. In den 1960er und 1970er Jahren waren sie mit großzügigen Subventionen durch die EG – und wahrscheinlich ohne ernsthafte Analyse – angepflanzt worden, wobei man jeden erdenklichen Fehler gemacht hatte. Das genetische Material war nicht selektiert worden und häufig von sehr schlechter Qualität, die Wurzelunterlagen waren übermäßig kräftig ausgebildet, und der große Rebzeilenabstand ergab hohe Ernten pro Stock, im Fall der Sangiovese – deren Ertrag sorgfältig reduziert werden muß, wenn Qualität erzielt werden soll – ein sicheres Rezept für das Desaster. In Pervertierung der Ricasoli-Formel wurden alle Weine, die einfachen, jung zu trinkenden ebenso wie die ambitionierten, mit viel Canaiolo und großen Anteilen weißer Trauben gemacht, oft bis zu 30 Prozent. Dünn und von orangeroter Farbe aufgrund zu hohen Ertrags und zuviel Trebbiano und Malvasia, beißend und gerbstoffreich, fast ohne Körper und Substanz, so waren die Weine, die der Markt in den 1970er Jahren auf breiter Front abzulehnen begann, mit dem Resultat, daß gegen Ende des Jahrzehnts die Keller von unverkäuflichem Zeug überquollen.

Wenn diese unselige Situation in weniger als zwei Jahrzehnten überwunden werden konnte, wenn toskanischer Wein heute nicht nur in traditionellen Märkten wie Nordeuropa und den USA, sondern auch an so unerwarteten Plätzen wie Brasilien und Japan, Finnland und Korea begehrt ist, ist dies der überzeugendste Beweis dafür, daß Wein ein grundlegender, untrennbarer Teil Geschichte und Geographie dieser Region ist. Die neuen Weine spiegeln nichts so sehr wie die Rückkehr zu den Wurzeln, die Wiederentdeckung der Möglichkeiten, die immer vorhanden waren, aber nicht genutzt wurden. Sangiovese ist inzwischen als eine der wichtigsten Rebsorten der Welt anerkannt; die Bereitwilligkeit, mit der diese Traube in neuen Weinbaugebieten in Kalifornien, Australien und Südafrika angepflanzt wird, zeigt, daß die Toskana über eine autochthone Rebsorte höchster Qualität verfügt. Der Brunello di Montalcino war immer zu 100 Prozent aus Sangiovese, der Chianti stößt nun zu ihm, und der Vino Nobile di Montepulciano wird bald folgen. Der neue Sangiovese aus dieser Region, aus ertragsbegrenzten Weinbergen und nicht mit weißen Sorten oder Canaiolo verschnitten, in sauberen neuen Fässern oder Barriques vinifiziert, ist ein völlig anderer Wein als der Sangiovese vor 20 Jahren: fest und von intensiver Farbe, duftend und würzig in der Nase, üppig und lang am Gaumen. Mit den neuen und weit besseren Sangiovese-Klonen, die heute zu bekommen sind, werden die in den kommenden Jahren angelegten Rebflächen Weine von noch größerer Struktur und Komplexität liefern.

Die Piazza Grande in Montepulciano.

Wenn auch in die Verbesserung des Sangiovese die meiste Zeit und Energie gesteckt wurde, so war die Toskana dennoch nie total von einer einzigen Sorte dominiert. Man war immer auch an nichttraditionellen, nichtheimischen Traubensorten interessiert; zu denen, die damit am meisten experimentierten, gehörten die Medici-Herzöge. Ferdinand I. bezog Sorten aus Korsika, Neapel, Kreta, Sizilien und Spanien, die Sammlung Cosimos III. enthielt über 150 Sorten aus vielen Ländern in Europa und dem Nahen Osten. Nach der Reblauskatastrophe, zu Ende des 19. und Anfang des 20. Jahrhunderts, experimentierte man noch bereitwilliger, einmal um die Weinberge rasch zu rekultivieren, zum zweiten aus Neugier auf die Weine anderer europäischer Länder, die im prosperierenden Italien dieser Epoche zunehmend bekannt wurden.

Die 1970er und 1980er Jahre sind jedoch durch einen radikaleren Bruch mit der Vergangenheit gekennzeichnet, da das Experiment und die Neugier durch eine geradezu industrielle Produktion von Weinen aus nichtheimischen Trauben ersetzt wurde. Die erste Traube, die Fuß faßte, war Cabernet Sauvignon, die in Weinen wie dem Sassicaia des Marchese Incisa della Rocchetta und dem Tignanello von Antinori verwendet wird, Sangiovese-Weine mit 20 Prozent Cabernet Sauvignon. Die herausragende Qualität und die begeisterte Aufnahme auf wichtigen Märkten zogen weitere Anpflanzungen nach sich; heute ist die Cabernet Sauvignon in den Zonen Chianti Classico und Vino Nobile fest etabliert, seit den 1980er Jahren sieht man sie auch in Montalcino. Auch die Merlot-Traube wird zunehmend populär: Sie reift früh und kann gewöhnlich vor dem 20. September geerntet werden, so daß sie vor dem Herbstregen ziemlich sicher ist; ihre Süße, ihre runden Tannine und der beträchtliche Körper vereinigen sich gut mit dem strengeren Sangiovese. Sortenrein ausgebaut ergibt sie einige der bemerkenswertesten toskanischen Weine seit 1985: Mit einem höchst signifikanten Nachweis, wie gut sie für den Boden und das Klima der Toskana geeignet ist, konnte der Merlot 1987 von Castello d'Ama, Vigna L'Apparita, in einer in der Schweiz veranstalteten Blindverkostung den Château Pétrus 1988 schlagen. Chardonnay und Pinot Blanc leisten ebenfalls Gutes, wenn auch weniger zuverlässig, in den höhergelegenen und kühleren Weinbergen, während exotischere Sorten wie Syrah an ganz unterschiedlichen Orten interessante Ergebnisse zeitigen: im Chianti Classico, an den Ufern des Arno, in der Maremma und im Chiana-Tal.

All dies läßt erkennen, daß trotz einer 2500 Jahre alten Weinbaugeschichte noch viel von den Möglichkeiten und dem Potential der toskanischen Weine zu entdecken ist. Mit Weinen von großer Autorität hat sich die Maremma in den 1970er und 1980er Jahren als Produktionszone etabliert, die hinter den traditionellen Anbaubereichen – Chianti Classico, Montepulciano und Montalcino – in keiner Weise zurückstehen muß; in den 1990er Jahren ist aber ein noch merkwürdigeres Phänomen zu konstatieren, nämlich die Überzeugung, daß hervorragende Weine an einer Vielzahl verschiedener Plätze zu erzielen sind. Wenn sich gegenwärtig das überschwengliche Gefühl verbreitet, daß nur der Himmel die Grenze ist, dann ist das auch darauf zurückzuführen, daß neue, höchst interessante Weine in Gegenden auftauchen, die bisher nur bescheidene Qualität oder überhaupt keinen Wein lieferten. Ein guter Syrah aus einer Lage bei Montepulciano ist nicht sehr überraschend, wohl aber ein Pinot Noir und ein Sauvignon Blanc aus Sinalunga oder ein Sangiovese aus Chiusi, die beide außerhalb der historischen Zone liegen. Die Maremma endete früher, was den Weinbau betraf, bei Scansano, doch nun kommen hochwertige Produkte aus noch südlicheren Ecken an der Grenze zu Latium; dieses Phänomen findet seine Entsprechung im oberen Orciatal, einem Bereich, der viel näher an der Provinz Viterbo liegt als an Siena. Vom oberen Arnotal, das vor 250 Jahren einen gewissen Ruf genoß, aber fast völlig in Vergessenheit geraten war, kommen heute eindrucksvolle Weine aus Sangiovese, Merlot und Cabernet Franc. Lastra a Signa und Montopoli Val d'Arno, zwei Städte in der Nachbarschaft von Industriegebieten, können mit exzellenten Syrahs, Cabernet Sauvignons, Merlots und Pinot Blancs aufwarten. Nie zuvor konnten die Erzeuger so optimistisch in die Zukunft blicken, noch nie konnten Toskanareisende ihre irdischen Gelüste so angenehm befriedigen, wie sie die des Geistes und der Seele befriedigen konnten. Und nie zuvor hatte das Publikum eine so große, vielgestaltige Auswahl an wirklich großen, charaktervollen und überzeugenden Weinen.

I Chianti Classico

Chianti Classico

Mit einer jährlichen Produktion von 700000 Hektolitern Wein ist das Gebiet des Chianti Italiens DOC-Zone mit dem größten Ausstoß. Seit 1932 werden sieben verschiedene Chiantis erzeugt: Chianti Classico, Chianti Rufina, Chianti Colli Fiorentini, Chianti Colli Senesi, Chianti Colli Aretini, Chianti Colline Pisane und Chianti Montalbano.

Die 250000 Hektoliter des Chianti Classico machen zwar nur etwas mehr als 35 Prozent der Jahresproduktion aus, doch sollte man Menge nicht mit Bedeutung verwechseln: Dies ist das wahre Herz des Chianti, der Teil, in dem er geboren wurde und seinen Namen erhielt, und die Zone, aus der die größten und langlebigsten Chiantis kommen. Guter Wein wird auch in den Nachbarbereichen gemacht, doch dort größtenteils ein anregender, fruchtiger und erfrischender Wein, den man am besten recht jung trinkt, ideale Bistroweine. Doch der Chianti Classico ist etwas ganz anderes.

Historische Erwähnungen des Chianti sind bis zum 17. Jahrhundert vage und interpretationsbedürftig, und wenn – wie im 15. Jahrhundert – ein bestimmter Wein des Bereichs genannt wird, dann ist es ein Weißwein von Vignamaggio in Greve in Chianti. Doch im 17. Jahrhundert wird der Chianti, wie wir ihn heute kennen, ein eleganter, großer Rotwein, in *Bacco in Toscana* von Francesco Redi beschrieben, der Hymne an den Gott des Weines. Nach der Schilderung seiner »Wiege«, der *monti* (Berge) von Chianti – der Gegend zwischen Florenz und Siena – und seines Bodens, der *sassi* (Steine, Felsen), die einen fundamentalen Faktor des Terrains darstellen, bezeichnet Redi ihn als »majestätisch« und »gebieterisch«. Seine Worte finden über ein Jahrhundert später bei Cosimo Villafranchi ein Echo, der die Weine des Chianti zusammen mit denen von Montalcino und Pomino (heute Chianti Rufina) »die besten und angesehensten« der Toskana nennt.

Cosimo III. de' Medici, der vorletzte Großherzog der Medici, kam zu derselben Ansicht, als er 1716 in einem Edikt den Weinen des Chianti, von Pomino, Carmignano und dem oberen Arnotal gesetzlichen Schutz gewährte und strenge Strafen denjenigen androhte, die anderen Wein unter diesem Namen verkauften. Und wir müssen uns nicht auf italienische Stimmen beschränken: Die Weine des Chianti erfreuten sich im England des 17. und 18. Jahrhunderts großer Beliebtheit, wie Samuel Pepys, Jonathan Swift und Horace Walpole bezeugen. Diese über die Jahrhunderte anhaltende Qualität ist eine Huldigung an die tatsächliche Einheit dieses Territoriums, die angesichts der Größe der Produktionszone erstaunlich ist: über 70000 Hektar (oder 700 km^2), von denen 8000 Hektar mit Reben bepflanzt sind. Das Chianti Classico beginnt nur 15 Kilometer südlich des Florentiner Stadtrands und reicht bis vor die Tore von Siena; viele berühmte Güter im südlichen Teil der Zone rühmen sich, daß von den höchsten Punkten ihrer Areale die Türme von Siena zu sehen sind, was als Qualitätssiegel gilt. Dazwischen liegt gewelltes Gelände, eine ganze Folge von Hügeln und Tälern, die die Zone in eine Palette von kleinen Arealen teilen, jedes mit seinem individuellen Klima und Boden, was in den verschiedenen Weinen zu spüren ist; alle sind deutliche Chianti Classicos, und die Nuancen scheinen sie mehr zu einen als zu trennen. Emanuele Repetti, dessen historisch-geographisches Wörterbuch ein fundamentales Werk über die Toskana des 19. Jahrhunderts ist, beschrieb das Gebiet des Chianti Classico als einen »großen, bergigen, bewaldeten und wilden Distrikt, der für seinen Wein berühmt ist, für sein gesundes Klima und noch mehr für seine geographische Lage, die man als die exakte Mitte des Großherzogtums Toskana bezeichnen kann«. Und diese zentrale Lage hat dem Wein einen ebenso zentralen Stellenwert gegeben, sie hat ihn zu dem bekanntesten und beliebtesten toskanischen Wein überhaupt gemacht, nicht zuletzt aufgrund des großen Spektrums von Stilen, unmittelbares Resultat der Vielheit in der Einheit des Territoriums – ein »Thema mit Variationen«.

Der Chianti Classico selbst hat sich in önologischer Hinsicht seit den Tagen Repettis sehr verändert; statt auf Canaiolo basiert er heute auf Sangiovese. Und in den letzten 25 Jahren waren die Veränderungen noch gewichtiger, da die Erzeuger begriffen, daß nur Sangiovese von hoher Qualität einen bedeutenden Wein ergibt. Trebbiano und Malvasia, die den Wein schon in jungen Jahren leichter trinkbar machen sollten, wurden eliminiert, und auch die Canaiolo spielt nur noch eine geringe Rolle. Die Rebflächen liefern viel weniger Wein als früher; die Höchsterträge wurden gesetzlich auf 65 Prozent der Mengen zwischen 1967 und 1984 beschränkt, auf den meisten Gütern sind es sogar nur 50 Prozent. Sauberes Holz hat in den Kellern alte, hinfällige Fässer ersetzt, professionelle Agronomen und Önologen sind an die Stelle der *fattori* getreten, der Gutsverwalter, deren Arbeitsweise bestenfalls als traditionell-empirisch zu bezeichnen war. Und eine neue Klasse von Eigentümern, für die Qualität das elfte Gebot ist, ersetzte die Schicht der Rentiers, für die ihre ländlichen Besitzungen wenig mehr bedeuteten als angenehme Möglichkeiten, komfortabel in Muße zu leben.

Was hat in all diesen Veränderungen die Seele des Chianti, seinen historischen Charakter und seine Persönlichkeit bewahrt? Das Gelände selbst, sein harter, steiniger Boden, der von dem Inlandsmeer geformt wurde, das einst den Großteil der Zentraltoskana bedeckte, und von der voranschreitenden Erosion der Chiantiberge, der Hügel zwischen Florenz und Siena, die bis 700 Meter Höhe ansteigen. Und durch das Klima, die niedrigeren Temperaturen, die aus diesen Höhen resultieren. Der Chianti Classico ist ein etwas ernster, zurückhaltender, reservierter Wein, der nicht zu gefallen sucht und der nicht sofort alle seine Geheimnisse enthüllt. Der wesentliche Punkt ist, daß der Sangiovese im Chianti Classico zu kämpfen hat, um reif zu werden, und von den Eigentümern wie von den Önologen ständig unterstützt werden muß. Für die alten Griechen war die Rebe gerade deswegen eine heilige Pflanze, weil sie auf den unfruchtbarsten Böden am meisten leistet, auf trockenen, steinigen Bergflanken. Und die olfaktorische Präzision eines großen Chianti Classico repräsentiert genau diesen Triumph über die Elemente.

1 ANTINORI

Erzeuger
Marchesi Antinori
Palazzo Antinori
Piazza degli
Antinori, 3
C.P. 690
50123 Florenz
Tel. 055 235 95
Fax 055 235 9884

Direktor
Renzo Cotarella

Weinmacher
Renzo Cotarella
und Maurizio
Angeletti

Gründungsjahr
1385

Rebfläche
1000 Hektar

Verkostung
keine Besuchs-
möglichkeit

Piero Antinori zeigte sich in den frühen 1970er Jahren bei mehr als einer Gelegenheit sehr besorgt. Dem Anschein nach hatte er dafür kaum einen Grund: Er war der Erbe einer der prominentesten Adelsfamilien von Florenz und bereits in jungen Jahren Direktor einer der bedeutendsten Weinhandelsfirmen der Toskana. Damit setzte er die Tradition fort, die 1385 begann, als Giovanni di Pietro Antinori sich der Weinhändlergilde in Florenz anschloß. Eine glänzende Erscheinung, gebildet und in mehreren Sprachen versiert, immer tadellos gekleidet (*Gentleman's Quarterly*, ein amerikanisches Magazin für Männermode, nannte seinen Krawattenknoten den am besten geschlungenen in der Welt) – Antinori schien nach alldem für ein glückliches und sorgloses Leben prädestiniert.

Doch es gab vor dreißig Jahren tatsächlich einige gute Gründe, beunruhigt zu sein. Die Weine seines Hauses wurden, wie der Chianti Classico generell, allmählich leichter, einfacher und kurzlebiger, ein zum Zechen, aber nicht zu längerer Lagerung geeigneter Stoff. Allmählich degenerierten sie von bedeutenden Weinen zu Produkten für den schnellen, unkomplizierten Genuß, und der damit verbundene Verlust an Reputation und Prestige konnte sich auf lange Sicht nur katastrophal auswirken. Es mußten Entscheidungen getroffen werden, die Entwicklung mußte gestoppt und die Abwärtsspirale umgedreht werden. Doch es war nicht leicht – zumindest nicht am Anfang –, die Ursache des Problems zu erkennen und einen geeigneten Ausweg aus dem Dilemma zu finden.

Heute, in den ausgehenden 1990er Jahren, ist offenkundig, daß man den Problemen auf eine geradezu triumphal erfolgreiche Art begegnete. Und die Lösung war äußerst einfach: die Rückkehr zu den grundlegenden Prinzipien solider, verantwortungsvoller Arbeit in Weinberg und Keller. Die besten Traubensorten wurden ausgewählt und getrennt vinifiziert, ebenso die einzelnen Weinbergsparzellen; man verwendete neues und sauberes Holz, um den Wein auszubauen. Selektion nach Gesichtspunkten der Qualität wurde zum Grundsatz bei jedem einzelnen Schritt vom Weinstock bis zur Flasche. Das Resultat war der Tignanello des Jahrgangs 1971, ein Wein von historischer Bedeutung für die Toskana, der zeigte, daß ein sortenreiner Sangiovese – sauber vinifiziert und ausgebaut – mit den größten Weinen der Welt konkurrieren konnte.

Der zweite Jahrgang des Tignanello, 1975, bekam einen geringfügig anderen Charakter, indem Cabernet Sauvignon zugesetzt wurde; und 1978 folgte der Solaia, in gewisser Weise das Spiegelbild des Tignanello: Cabernet Sauvignon mit einem kleinen Prozentsatz Sangiovese. Die Antinoris experimentieren auf ihren verschiedenen Gütern mit nicht-traditionellen Traubensorten – Chardonnay und Sauvignon in Umbrien, Merlot im Chianti Classico und in Montepulciano, Syrah und Petit Verdot an der tyrrhenischen Küste bei Livorno –, was sie in unmittelbaren Kontakt mit dem höchsten professionellen Standard in Frankreich brachte. Es war Emile Peynaud, um genau zu sein, der einflußreichste Önologe des 20. Jahrhunderts, der in der Entwicklung des Tignanello und des Solaia als Berater fungierte; dabei arbeitete er eng mit Giacomo Tachis zusammen, über dreißig Jahre leitender Önologe bei Antinori, der selbst auf die Entwicklung des italienischen Weins einen unschätzbaren Einfluß hatte.

In den 1990er Jahren konnte man sowohl die Konsolidierung von zwanzig Jahren Forschung und Experiment wie die Rückkehr zu den Wurzeln des Unternehmens draußen im Land verzeichnen. Die Rebkultur hat inzwischen die größte Priorität, und seit bald zehn Jahren verfolgt man ein ehr-

Empfohlene Weine

Badia a Passignano

Chianti Classico Riserva

Tignanello
aus Sangiovese und Cabernet Sauvignon

Solaia
aus Cabernet Sauvignon und Sangiovese

Guado al Tasso
aus Cabernet Sauvignon, Merlot, Syrah und Petit Verdot

geiziges Programm zum Erwerb neuer Güter und Weinbergsflächen. Eine der erfolgreichsten Umwälzungen fand auf Badia a Passignano statt, einer alten Abtei, die seit dem Mittelalter eine zentrale Rolle im religiösen und kulturellen Leben des Chianti spielte. Hier bepflanzten die Antinori die Weinberge gänzlich neu, wobei sie die Sangiovese-Klone einsetzten, die auf dem nahegelegenen Gut Santa Cristina gezogen wurden, und in kurzer Zeit hatte sich dieser Chianti Classico Riserva als einer der führenden Weine seiner Kategorie etabliert. Gleichzeitig wurde auf Piero Antinoris eigenem Gut in Bolgheri nahe der Küste, der Tenuta Belvedere, ein ähnliches Pflanzprogramm durchgeführt. Einen Steinwurf von den Gütern entfernt, die den Sassicaia und den Ornellaia produzieren, kreierten die Antinori einen völlig neuen Wein von absolut eigenständigem Duft und Geschmack, in dem Syrah mit den klassischen Bordeaux-Sorten verbunden wird.

Wenn die Arbeit im Weinberg auch die höchste Priorität genießt, so wird doch die im Keller keineswegs vernachlässigt. Die ersten brandneuen Gärbehälter aus Eichenholz wurden 1993 auf Santa Cristina installiert, die gleichen, die Mouton-Rothschild, Léoville-Las Cases, Domaine Leroy und Chapoutier verwenden, und die Jahrgänge um die Mitte der 1990er zeitigen höchst befriedigende Ergebnisse. Lange Gärzeit bei hohen Temperaturen und die sanfte Abpressung von den Häuten geben der Kraft und der Intensität eine neue, runde Fülle, einen Samthandschuh für die eiserne Faust. Für die malolaktische Gärung der Spitzenweine verwendet man nun ausschließlich Barriques, ein teures und zeitaufwendiges Verfahren, das vom Team der Weinmacher höchste Aufmerksamkeit erfordert, durch Weine von gänzlich eigenem Zuschnitt jedoch mehr als gerechtfertigt wird. Als Promotor der toskanischen Weinrevolution, die den Weinen der Region neuen Glanz und neues Prestige verschafft hat, werden sich Piero Antinori und seine Mannschaft nicht auf ihren Lorbeeren ausruhen.

2 RUFFINO

Erzeuger
Chianti Ruffino SpA
Via Aretina, 42/44
50065 Pontassieve (FI)
Tel. 055 836 05
Fax 055 831 3677

Direktor
Familie Folonari

Weinmacher
Mauro Orsoni

Gründungsjahr
1877

Rebfläche
560 Hektar

Verkostung
nach Anmeldung

Die Cousins Ilario und Luigi Ruffino gründeten das Handelshaus I. L. Ruffino im Jahr 1877. Die Qualität der ausgewählten Weine und die makellos professionelle Führung verschafften ihm schnell eine Vorrangstellung in der Toskana, in Konkurrenz mit so renommierten Namen wie Ricasoli und Melini. Diese Rolle wurde unterstützt durch die strategisch günstige Lage der Kellereien und Lager in Pontassieve, 20 Kilometer östlich von Florenz direkt an der wichtigsten italienischen Eisenbahnlinie, die Turin, Mailand und Bologna mit Rom, Neapel und dem Süden verbindet.

Das Haus konnte jedoch in einer Epoche, die durch wirtschaftliche Depression und Weltkriege gekennzeichnet war, nicht prosperieren, und so mußten die Ruffinos verkaufen. Heute ist der Name Ruffino synonym mit der Familie Folonari, die aus Brescia stammt, inzwischen aber fest in der Toskana verankert ist und sich ausschließlich dem Weinbau widmet. Unter ihrer Hand florierte die Firma bald wieder, und zwischen den Kriegen war eine Flasche – das strohumflochtene keulenförmige Gebilde, das in dieser Zeit den Chianti charakterisierte – mit Wein von Ruffino ein prestigeträchtiges Qualitätssymbol; sie war auf den Tafeln der begüterten Klassen Italiens überall präsent und auf den Märkten der Welt wohlbekannt.

Die Dekaden nach dem Zweiten Weltkrieg waren Ruffino weniger gewogen, das – wie fast alle prominenten Handelshäuser der Toskana – unter der allgemeinen Krise in der toskanischen Landwirtschaft und besonders der im Weinbau litt: unter dem Zusammenbruch des Halbpachtsystems, das die Beziehung zwischen Landeigentümern und Bauern geregelt hatte, und der fast vollständigen Entvölkerung des Landes, da seine Bewohner in den Städten wirtschaftliche Sicherheit suchten.

Das neue goldene Zeitalter für Ruffino – so kann man sagen – begann in den 1980er Jahren, als sich das Haus auf neue Weise direkt in der Organisation der toskanischen Landwirtschaft engagierte. Es war eine der ersten Traditionsfirmen der Region, die in den drei bedeutendsten Produktionszonen, Chianti

Classico, Montalcino und Montepulciano, eigene Rebflächen kauften. Heute ist Ruffino mit Eigentum in so wichtigen Orten wie Greve, Panzano und Castellina in Chianti eine prominente Größe im Chianti Classico. (Die Familie Folonari ist darüber hinaus Eigentümer von Nozzole in Greve; hier wird seit 1988 einer der interessantesten Cabernet Sauvignons der Toskana, der Pareto, produziert.) Dort wurden die neuen Weine kreiert, die Ruffino wieder einen festen Platz beim Qualitätswein sichern: Cabreo La Pietra, ein faßgereifter Chardonnay im Burgunder-Stil, und Cabreo La Pietra aus Sangiovese und Cabernet Sauvignon, der viele neu zum toskanischen Wein bekehrt hat.

Auf diesen Gütern bepflanzt Ruffino gegenwärtig die Rebflächen nach neuestem Qualitätsmaßstab: ausgewähltes genetisches Material, kleinere Abstände und geringere Erträge pro Rebstock. Alte toskanische Rebsorten werden geprüft, und überzeugende Resultate zeigen sich bereits. Der Romitorio ist das konkrete Beispiel für ein Potential, das zu sichern und intelligent einzusetzen ist: 50 Prozent Sangiovese (Prugnolo) und 50 Prozent Colorino, eine Pionier-Cuvée, entwickelt auf dem Gut Santedame in Castellina. Eine neue Generation leitet nun die Geschicke des Hauses: Luigi und Giovanni Folonari, die sehr genau wissen, daß sie ein Erbe verwalten, das mehr ist als nur ein Vermögenswert: Es ist ein Stück der Weinbaugeschichte des modernen Italiens.

Empfohlene Weine

Chianti Classico Riserva Ducale Oro

Cabreo La Pietra
aus Chardonnay

Cabreo Il Borgo
aus Sangiovese und Cabernet Sauvignon

Romitorio
aus Sangiovese und Colorino

Brunello di Montalcino Greppone Mazzi

3 CASTELLO DI QUERCETO

Erzeuger
Castello di Querceto Dudda
50020 Lucolena (FI)
Tel. 055 854 9064
Fax 055 854 9063

Direktor
Alessandro François

Weinmacher
Giovanni Cappelli und Alessandro François

Gründungsjahr
1897

Rebfläche
45 Hektar

Verkostung
nach Anmeldung

Castello di Querceto feierte im Herbst 1997 seinen hundertsten Geburtstag, und zwar auf eindrücklichste Art: indem eine Reihe alter Flaschen geöffnet wurden, die zeigen sollten, wie gut diese Weine in besseren Jahrgängen sind und wie gut sie altern. Was das Ereignis so bemerkenswert machte, waren die Jahrgänge: Die ältesten Weine stammten von 1904 und 1909. Und beide waren in ausgezeichneter Verfassung. Eine Vorstellung wie auf einem bedeutenden Château im Bordelais, war man versucht zu sagen, und die Assoziation des Chianti Classico mit dem Médoc war fast unvermeidlich, wenn man berücksichtigte, daß die Eigentümer des Castello di Querceto François heißen. Diese Art von »French Connection« – die so ganz anders ist als die des gleichnamigen Films – bildet auch einen Teil der Kellerwirtschaft unter der Leitung von Eigentümer und Direktor Alessandro François: Seine ersten Fässer kaufte er bei Jean François, dem in Burgund ansässigen größten *tonnelier* Frankreichs, dem es bei seinen ersten Toskanatrips ein besonderes Anliegen war, das Schloß von Querceto zu besuchen – sicher fasziniert von der Tatsache, daß einer seiner ersten italienischen Kunden denselben Namen trägt.

Doch wäre es ein Fehler, die Verbindungen zwischen Frankreich und Italien in diesem Fall überzubewerten. Wahr ist, daß die François in der Mitte des 18. Jahrhunderts in die Toskana kamen, und zwar im Gefolge des habsburgischen Großherzogs Franz Stephan von Lothringen, der die Medici ablöste; doch nach 250 Jahren ist die Familie durch und durch italienisch. Es war Alessandro François' Großvater, der das Eigentum erwarb, einst eine lombardische Burg in strategisch günstiger Lage über der Straße, die das Chianti mit dem Arno-Tal verbindet – und er stellte die ersten Weine her, einschließlich der superben Jahrgänge 1904 und 1909. Alessandros Vater Tito kaufte in den 1920ern den ersten Traktor in der Toskana und war in derselben Zeit an der Gründung des Erzeuger-Konsortiums beteiligt.

In den Adern der Familie fließt also Wein, doch trotz der bedeutenden Geschichte des Guts war es in den späten 1960er Jahren in keinem guten Zustand; seine Zukunft erschien ungewiß. Alessandro François, ein am Mailänder Polytechnischen Institut ausgebildeter Ingenieur, hatte einen ganz anderen Berufsweg eingeschlagen, und der Übergang von vielfältiger landwirtschaftlicher Produktion auf der Basis der Halbpacht zur modernen Ära der ausschließlichen Weinproduktion war ohne direkte Führung durch die Familie alles andere als einfach. Was das Gut durch die Schwierigkeiten der 70er und 80er Jahre brachte, war eine beträchtliche Portion Professionalität – wobei die wissenschaftliche Ausbildung des Eigentümers sicher eine wichtige Rolle spielte – und, von allergrößter Bedeutung, eine tiefe Verbundenheit mit dem Ort, der François' frühe Jahre geprägt hatte. Querceto war ein Teil seines Lebens und konnte nicht aufgegeben werden.

Nostalgie ist hinsichtlich überkommener Weinbereitungsmethoden nicht unproblematisch, und in Generationen gesammelte Erfahrung darf nicht zu Erstarrung führen. Alessandro François ist jedoch ein Pragmatiker, und er ist nie vor Experimenten und Innovationen zurückgeschreckt. Er produzierte den ersten reinen Sangiovese-Wein, den in kleinen Fässern gereiften 1977er La Corte, und in den folgenden zwanzig Jahren wurden drei weitere vorzügliche Lagen definiert, die separat vinifiziert und abgefüllt werden, jede mit einem ausgeprägten, von Beginn an geplanten Charakter. Sangiovese spielt die Hauptrolle, doch französische Sorten wie Cabernet und Merlot haben ihren Platz, sortenrein verarbeitet oder im Verschnitt mit Sangiovese. Der Stolz des Guts bleibt jedoch La Corte, unangefochten die beste Lage, hoch auf dem Hügel und den ganzen Sommer über in Sonnenlicht getaucht. Es war dieser Weinberg – der mit Sangiovese bestockt ist, ohne die weißen Sorten, die später den Chianti Classico prägten –, der die Weine von 1904 und 1909 hervorbrachte und immer noch einen der ganz großen Classico-Weine hervorbringt.

Empfohlene Weine

La Corte
Sangiovese

Cignale
aus Cabernet Sauvignon und Merlot

Il Querciolaia
aus Sangiovese und Cabernet Sauvignon

Chianti Classico Riserva Il Picchio

Daß das Florenz der Renaissance eine Stadt der Künstler, Dichter, Philosophen, Historiker und Gelehrten war, die die Entwicklung der westlichen Kultur entscheidend beeinflußten, ist altbekannt. Weniger bekannt, doch in demselben Maße zutreffend ist, daß diese Stadt Männer der Tat, Soldaten, Abenteurer und Entdecker hervorbrachte. Zu letzteren gehörte Giovanni da Verrazzano, Seefahrer und Entdecker der Hudsonmündung und einer Insel, die als Manhattan bekannt ist (sein Andenken ehrt in diesem Teil der Neuen Welt die schöne Hängebrücke, die Brooklyn mit Staten Island verbindet); auf einer zweiten Fahrt nach Brasilien verschwand er spurlos.

4 CASTELLO DI VERRAZZANO

Erzeuger
Castello di Verrazzano
Località Castello di Verrazzano
50022 Greve in Chianti (FI)
Tel. 055 854 243
Fax 055 854 241

Direktor
Luigi Giovanni Cappellini

Weinmacher
Marco Chellini

Gründungsjahr
1920

Rebfläche
42 Hektar

Verkostung
nach Anmeldung

Der Palazzo der Verrazzano steht im Herzen von Florenz, nahe der Piazza und der Kirche Santa Croce, doch ihren Ursprung hat die Familie – wie die meisten großen Familien von Florenz – auf dem Land; um genau zu sein, in Greve. Dort ist auch noch das Familienschloß zu sehen; wer mächtige Türme, dicke, zinnenbewehrte Mauern und große Wälle erwartet, wird allerdings enttäuscht: Es ist ein Landsitz, keine Festung.

Das Castello di Verrazzano, Familiensitz und Weinkellerei in einem, gehört seit Ende der 1950er Jahre der Familie Cappellini. Luigi Cappellini, ein Textil- und Spitzenfabrikant, ist ebenso ein energischer und weitsichtiger landwirtschaftlicher Unternehmer und war bereits Besitzer von Isole e Olena, einem bedeutenden Chianti-Classico-Erzeuger in Barberino Val d'Elsa, bevor er Verrazzano erwarb. Vielleicht ist es nur ein Zufall, aber auch er ist ein Weltreisender; nach dem Zweiten Weltkrieg lebte und arbeitete er in Venezuela, bevor er nach Italien zurückkehrte.

Die Weine des Castello di Verrazzano zeigen seit den frühen 80er Jahren einen bemerkenswerten und kontinuierlichen Qualitätszuwachs, seitdem Luigi Giovanni Cappellini, Sohn von Luigi, die Leitung übernahm und die Zielrichtung des Guts neu bestimmte. Wie immer ist Auslese die Basis der neuen Philosophie, die Bestimmung der besten Lagen des Guts sowie getrennte Gärung und Vinifizierung ihrer Trauben. Der Chianti Classico von den Lagen Valdonica, Campo ai Merli, Casanuova, Carraia und Campo ai Rosi präsentiert sich inzwischen voll und körperreich, doch die gehobenen Selektionen sind seit 1982 der Sassello und der Bottiglia Particolare; ersterer ein reiner Sangiovese aus der Lage Querciolina, der andere ein Verschnitt von Sangiovese aus San Bartolo und Cabernet Sauvignon aus Valdonica. Beide werden in kleinen Eichenfässern ausgebaut, und auch beim Riserva ist eine gesteigerte Beherrschung ihres Einsatzes festzustellen; er altert heute teils in Barriques, teils in den in der Zone üblichen großen Fässern.

Luigi Giovanni Cappellini führt die Verbesserung seiner Weine großenteils auf seine über die Jahre gesammelten Erfahrungen zurück, auf die größere Vertrautheit mit den spezifischen Eigenschaften, die die Traubensorten in den einzelnen Weinbergsparzellen entwickeln, sowie auf die richtige Behandlung im Keller, um in Gärung und Ausbau ihre ganze Persönlichkeit freizulegen. Daher zieht er es vor, sich auf einen Hausönologen – Marco Chellini – zu stützen, anstatt Konzeption und Entwicklung einem der vielen berühmten Weinmacher der Toskana anzuvertrauen. Und so wie Cappellini in seinen Beruf hineinwuchs und die Fähigkeit entwickelte, die besonderen Eigenschaften seines Guts zu interpretieren, so gewannen seine Weine an Statur und Interesse.

Empfohlene Weine

Sassello
aus Sangiovese

Bottiglia Particolare
aus Sangiovese und Cabernet Sauvignon

Chianti Classico Riserva

5 POGGIO SCALETTE

Erzeuger
Podere Poggio Scalette
Via S. Lucia
Barbiano, 7
Località Ruffoli
50022 Greve in Chianti (FI)
Tel. 055 854 6108
Fax 055 854 7960

Direktor
Jurij Fiore

Weinmacher
Vittorio und Jurij Fiore

Gründungsjahr
1992

Rebfläche
10 Hektar

Verkostung
nach Anmeldung

Freie Önologen gewannen in der Toskana seit Ende der 1970er Jahre großen Einfluß, eine Entwicklung, die nicht notwendig nach dem Geschmack von vielen Beobachtern der Szene ist. Sie argwöhnen, daß die Aufmerksamkeit, die die realen oder behaupteten Großtaten der Weinmacher in der Presse erhalten, nicht angemessen ist. Sie fürchten nicht zu Unrecht, daß der Personenkult die fundamentale Bedeutung objektiver Faktoren wie Lage, Boden, Kleinklima, Höhe und Exposition vernachlässigt und nur ein verzerrtes Bild dessen gibt, was Qualität in der Weinerzeugung heißt.

In dieser Kritik steckt einige Wahrheit, und doch ist es Tatsache, daß sich der toskanische Wein um die Mitte der 1970er Jahre auf Talfahrt befand und keine Ende der Verschlechterung in Sicht war. Die traditionelle Klasse der Landeigner, der Adel von Florenz und Siena, schien bar des unternehmerischen Talents und der Energie, ihre Güter mit der notwendigen Tatkraft zu leiten, und ein großer Teil des Kapitals, das in die Zone strömte, war in den Händen begeisterter Männer mit bestem Willen, doch wenig Wissen von Weinberg und Keller. So lag es an den Fachleuten, in erster Linie den Önologen, die Sache in die Hand zu nehmen und die Stoßrichtung radikal zu ändern. Daß sie dazu auch in der Lage waren, ist an dem Status und Prestige abzulesen, die die Weine der Region in allen wichtigen Märkten besitzen.

Einer der bekanntesten der vielen Protagonisten, die auf den Weinen der 80er und 90er Jahre ihren Fingerabdruck hinterließen, ist Vittorio Fiore, ehemals Präsident der Vereinigung der italienischen Önologen und im Chianti Classico seit 1975 ansässig. Zunächst sollte er in einem Weingut in Panzano die Weinbereitung leiten, doch schnell wurde er zum freiberuflichen Berater, der regelmäßig einige der besten Weine der Toskana produzierte. In der Tat gibt es einige Weingutsbesitzer, die sich erst in das Geschäft einkauften, als sie sich seiner Dienste versichert hatten – ein ganz großes Kompliment.

Vittorio Fiore begann 1992 seine zweite Karriere als selbständiger Winzer. Dabei folgt er den Spuren der Weinmacher Kaliforniens, eines weiteren Landes, in dem freie Önologen eine wichtige und unumstrittene Rolle spielten. Wie Mike Grgich, Rick Foreman, Tony Soter, Richard Arrowood, Jed Steele und Helen Turley ist Fiore entschlossen zu zeigen, was er mit eigenen Rebflächen und Kelleranlagen bewerkstelligen kann – nur unter den Beschränkungen, die Mutter Natur auferlegt. Es ist eine echte Herausforderung, die Beherrschung des gesamten Zyklus zu demonstrieren: vom Rebschnitt im Januar zum Aufbinden der Triebe im Mai, vom Kampf gegen Rebkrankheiten und -schädlinge im Sommer zum Ausdünnen des Fruchtansatzes im August, von der Ernte über Gärung und Ausbau bis zur Abfüllung. Ein Kampf rund ums Jahr, ohne Ruhepause, ohne Gelegenheit, einmal seine Wachsamkeit zu verringern.

Fiore hatte das Glück, in Ruffoli bei Greve in Chianti genau das kleine Gut zu finden, das er suchte. Noch größer war sein Glück, daß er hier schon sehr guten Sangiovese vorfand: alte Rebstöcke mit kleinen Trauben und kleinen Beeren, die ideale Voraussetzung für hohe Qualität. Seine ersten Jahrgänge – herausragend 1992 (ein schwieriges, regnerisches Jahr) und 1994, in jeder Hinsicht sehr gut 1993 und 1995 – beweisen, daß dieser Weinberater in vielen Umgebungen erfolgreich arbeiten kann und, nicht verwunderlich, das Beste bei dem Wein leistet, dem er seinen Namen gibt.

Empfohlene Weine

Carbonaione
aus Sangiovese

6 QUERCIABELLA

Erzeuger
Querciabella
Via S. Lucia
Barbiano, 12/17
Località Ruffoli
50022 Greve in Chianti (FI)
Tel. 055 853 834
und 02 864 52793
Fax 055 854 4657

Direktor
Giuseppe Castiglioni

Weinmacher
Guido De Santis

Gründungsjahr
1972

Rebfläche
25 Hektar

Verkostung
nach Anmeldung

Die meisten Namen, die in den letzten fünfzehn Jahren im Chianti Classico in den Vordergrund traten, sind Güter mit einer Geschichte, die etliche Dekaden oder gar Jahrhunderte zurückreicht. Ein Teil hat seinen früheren Ruhm wiedererlangt, nachdem junge Familienmitglieder neuen Elan ins Geschäft brachten, andere wurden von neuen Eigentümern mit neuem Kapital wieder zum Leben erweckt.

Querciabella ist ein ganz anderer Fall. Dieses Gut wurde aus dem Nichts geschaffen. Dieses Etikett, das heute mit unbeirrbarer Regelmäßigkeit Weine liefert, die zu den besten der Region gehören, war bis Mitte der 1980er Jahre praktisch nicht existent. Sein Schöpfer ist kein Mann des Weins, zumindest nicht in professionellem Sinn, sicher aber einer mit großen Kenntnissen über die großen Weine der Welt, ein Connaisseur im wahrsten Sinne. Giuseppe Castiglioni, der aus Mailand stammt, verbrachte einen großen Teil seines Berufslebens in Mexiko, wo er ein bedeutendes Stahlwerk gründete und mehrere Jahrzehnte leitete. Im Herzen ein Italiener geblieben, kaufte er 1972 in Greve in Chianti ein – wie es damals häufig war, halb verfallenes – Landhaus. Er machte es wieder einigermaßen bewohnbar, bepflanzte ein paar Rebflächen zuerst mit Sangiovese, dann mit Cabernet Sauvignon und Pinot Blanc, und füllte zu Beginn der 80er Jahre die ersten wenigen Flaschen ab.

Zwar prüfte Castiglioni das Potential seiner Erwerbung wahrscheinlich nicht sehr eingehend, dennoch kann sich Querciabella einer ganzen Reihe natürlicher Vorzüge erfreuen, die es zu einer privilegierten, für hervorragende Trauben prädestinierten Lage machen. Die Weinberge liegen relativ hoch, zwischen 400 und 500 Meter über dem Meer, aber auf dem Hügel von Ruffoli, vom Wind gut durchlüftet und der heißen Nachmittagssonne des toskanischen Sommers voll zugewandt. Der Boden ist arm, was die Fruchtbarkeit und die Erträge gering hält, und reich an dem bröckeligen Ton und Kalkmergel, dem *galestro,* der für viele hervorragende Weinberge der Toskana typisch ist.

Gutes Potential war also vorhanden, doch das Gut brauchte jemanden, der das Heft in die Hand nahm und die positiven Voraussetzungen wirksam nutzte. Castiglioni fand seinen Mann 1987: Guido De Santis, der an der Universität Florenz Jura studiert hatte, aber schon in seiner Schulzeit seine Liebe zum Wein entwickelt hatte. Nach einer »Lehrzeit« in verschiedenen Weingütern der Zone kam er gerade rechtzeitig zu Querciabella, um die ausgezeichneten Weine der Jahrgänge 1985 und 1986 auszubauen. Seine penible professionelle Arbeit prägt seitdem die Weine von Querciabella.

Der Durchbruch kam 1988, ein ausgezeichnetes Jahr, in dem er die Chance erhielt, alle Einzelheiten der Arbeit in Weinberg und Keller zu steuern. Zwei Hauptweine wurden geschaffen und begründeten ein Renommee, das in den folgenden Jahren noch wuchs. Der Camartina, ein Verschnitt aus Sangiovese und Cabernet Sauvignon, wurde einer der zwei oder drei besten Beispiele für die neue toskanische Klassik. Der Batar (zunächst Pinot Bâtard genannt, eine Hommage an die Côte de Beaune und ein Reflex von Castiglionis Vorliebe für diesen Typ Weißwein, der in Barriques gärt) ist ein Pinot Blanc mit einem kleinen Anteil Pinot Gris und Chardonnay; er wurde der wichtigste toskanische Weißwein überhaupt.

Die Liste der Erfolge ist bereits sehr zufriedenstellend, doch ist die Geschichte hier noch nicht zu Ende. Castiglioni hat in der toskanischen Maremma, südlich von Grosseto, neues Land gekauft. Sein Plan ist, Cabernet und Merlot zu pflanzen und einen hochklassigen Wein im Bordeaux-Stil zu machen. Eine Menge angenehmer Überraschungen sind von diesem Erzeuger und seinem Weinmacher zu erwarten.

Empfohlene Weine

Chianti Classico Riserva

Camartina
aus Sangiovese und Cabernet

Batar
aus Pinot Blanc, Pinot Gris und Chardonnay

7 FONTODI

Erzeuger
Tenuta Agricola Fontodi
Via S. Leolino, 87
50020 Panzano in Chianti (FI)
Tel. 055 852 005
Fax 055 852 537

Direktor
Giovanni Manetti

Weinmacher
Franco Bernabei

Gründungsjahr
1968

Rebfläche
65 Hektar

Verkostung
nach Anmeldung

Die Künstlerstadt Florenz ist seit Jahrhunderten auch ein Zentrum der Handwerkskunst, der manuellen Begabung, die mit einem hohen Sinn für Schönheit einhergeht und die Gegenstände des Alltagslebens mit einer neuen Qualität ausstattet. Auch der Wein ist ein Produkt des Kunsthandwerks: viel Handarbeit und Aufmerksamkeit fürs Detail. Denn wenn es um Qualität geht, »steckt Gott im Detail« (um Flauberts berühmten Satz zu zitieren).

Dino und Domiziano Manetti, die Besitzer von Fontodi in Panzano in Chianti, sind prominente Figuren der toskanischen Weinlandschaft und darüber hinaus Erben einer sehr bedeutsamen kunsthandwerklichen Tradition. Bevor sie sich stärker im Weingeschäft engagierten, war ihre Hauptaktivität die Terrakotta-Manufaktur in Ferrone, das zwischen Impruneta und Greve liegt. Ferrone ist berühmt für den hohen Standard seiner Produkte, die als *cotto di Impruneta* bekannt und in Italien sehr begehrt sind. Und Manetti Gusmano, im frühen 18. Jahrhundert gegründet, ist wohl der älteste Hersteller. Wichtiger als das Alter der Firma ist ihr guter Ruf: Ihre Fliesen wurden für den Bodenbelag der Uffizien, des Doms und vieler anderer Gebäude der Altstadt ausgewählt.

Die Manetti sind auch eine Familie von Weinliebhabern, und sie besaßen einen Weinberg in der Nähe ihres Werks in Ferrone. Doch dieser eisenhaltige Ton ist für Terrakotta gut geeignet, weniger für den Weinbau. Daher erwarb man 1968 ein Grundstück in Panzano in Chianti, und bald zeigte sich, daß die Wahl überaus glücklich war. Fontodi liegt am äußersten westlichen Rand der *Conca d'Oro,* einer »Muschel mit goldenen Hängen«, in 400 Metern Höhe über dem Meer und mit Rebflächen in südlich-südwestlicher Ausrichtung. Daß hier hochwertige Weine produziert werden können, war nicht bloß Theorie; das Gut hatte bereits Anfang des 20. Jahrhunderts in wichtigen internationalen Wettbewerben Auszeichnungen erhalten.

Die Weinproduktion erfuhr Anfang der 1980er Jahre durch zwei Ereignisse einschneidende Veränderungen zum Guten. Das eine war der Eintritt des jungen Giovanni Manetti, Sohn

von Dino, der die Arbeit hauptberuflich überwachen sollte, das andere die Verbindung mit Franco Bernabei, einem der talentiertesten freien Berater seiner Generation; die Manetti waren die ersten Erzeuger im Chianti Classico, die seine Begabung erkannten, und ihre Verbindung ist inzwischen fest etabliert.
Die ersten Früchte dieser Zusammenarbeit waren zwei modellhafte Weine: der Flaccianello della Pieve, einer der ersten und noch immer einer der besten sortenreinen Sangiovese-Weine des Chianti Classico, und der Chianti Classico Riserva aus der Lage Sorbo, ein gut gemachter Verschnitt von Sangiovese mit Cabernet. Teile des Guts mit kühlerem Kleinklima liefern heute einen sehr interessanten Pinot Noir, eines der wenigen überzeugenden Exemplare dieser Rebsorte in Mittelitalien.
In den 90er Jahren expandierte man weiter mit neuen Gär- und Lagerkellern und ebenso mit dem Erwerb weiterer Rebflächen. Pescille, ein großes Rebenareal direkt unterhalb von Panzano, hat historische Reputation als eine der besten Lagen in der ganzen Gemeinde; und Il Poggio, zwischen Fontodis Hauptrebflächen und das Castello dei Rampolla gequetscht, verfügt über ein ähnlich gutes Potential. In Anbetracht der Größe des Guts (65 Hektar Rebflächen), der Qualität seiner Weine, seiner Position in den wichtigen internationalen Märkten und der intelligenten Führung scheint Fontodi auch in kommenden Jahrzehnten ein prominenter Platz im Chianti Classico sicher zu sein.

Empfohlene Weine

Chianti Classico Riserva del Sorbo

Flaccianello della Pieve
aus Sangiovese

Case Via Pinot Nero

8 VILLA CAFAGGIO

Erzeuger
Villa Cafaggio
Via San Martino
in Cecione, 5
50020 Panzano in
Chianti (FI)
Tel. 055 854 9094
Fax 055 854 9096

Direktor
Stefano Farkas

Gründungsjahr
1967

Rebfläche
30 Hektar

Verkostung
nach Anmeldung

Villa Cafaggio besitzt heute einen gefestigten Ruf als eines der besten mittelgroßen Weingüter im Chianti Classico, doch dies war vor 25 Jahren in keiner Weise sicher zu erwarten, als man sich entschied, Wein abzufüllen. So sehr hat sich die Situation im Chianti Classico in den letzten 25 Jahren geändert, daß die häufig verwendete Vokabel »Revolution« nicht übertrieben erscheint. Und in vieler Hinsicht erscheint Villa Cafaggio als ein Mikrokosmos der Umwälzungen, die diesen Teil der Toskana von einem Produzenten unkomplizierter Kneipweine zu einem Hersteller großer Gewächse für den ernsthaften Sammler gemacht haben.

Die Entscheidung, selbst abzufüllen, war ein scharfer Bruch mit der Vergangenheit. Die Familie Farkas, Eigentümer des Guts, hatte vorher Trauben oder Wein an die Kellereien und Händler verkauft, die die toskanische Weinproduktion beherrschten. Ihrem Beispiel folgten noch viele, und es waren diese kleinen bis mittelgroßen Erzeuger, die hier wie in anderen bedeutenden Weinbaugebieten die treibende Kraft in der qualitativen Revolution waren.

Paolo Farkas hatte in seiner Heimatstadt Budapest die Hochschule für bildende Kunst absolviert, bevor er in Como ein weltweit bekanntes Atelier für Textildesign aufbaute. Wie viele andere, die aus anderen Teilen der Welt in die Toskana kamen, brachte Farkas nicht nur neue Energie und neues Kapital mit, sondern auch – besonders wichtig – neue Ideen rund um den Wein, die einen kosmopolitischen Horizont und Lebensstil reflektierten. Auch dies war für die Toskana von größter Bedeutung.

Der allererste Wein, der 1971er Chianti Classico Riserva aus einem sehr alten Weinberg, definierte bereits den herausragenden Standard, der das Renommee des Hauses ausmacht. Rasch fand er Eingang in die Weinkarten guter Restaurants, und von dort fand er seinen Weg in die europäischen und nordamerikanischen Märkte. Darüber hinaus machte er seine Produktionszone bekannt, die *Conca d'Oro* von Panzano, eine Kette von Hängen in bester Höhenlage und mit voller Südausrichtung, mit einem Boden und Mesoklima, die bei einem verantwortungsvollen Erzeuger hohe Qualität sichern. Die *Conca d'Oro* wird in Diskussionen um die besten Subzonen des Chianti Classico immer wieder genannt, doch Villa Cafaggio

Empfohlene Weine

Chianti Classico

Chianti Classico Riserva Solatio

San Martino
aus Sangiovese

Cortaccio
aus Cabernet Sauvignon

ist Primus inter pares, der Pionier, der zehn Jahre früher als die anderen die Initiative ergriff.

Jetzt lenkt Stefano Farkas die Geschicke von Villa Cafaggio, und er ist in allen Bereichen der Weinproduktion präsent. Er ist ein Praktiker, kein Theoretiker, und wenn irgendwo gerade eine Hand fehlt, setzt er sich auf den Traktor und erledigt die Arbeit im Weinberg selbst. Der erste große Wein, der Chianti Classico Riserva aus der Lage Solatio (die mittlerweile über 50 Jahre alt ist), bleibt ein grundlegender Teil seines Programms. Zwei weitere gute Gewächse sind hinzugekommen. Der San Martino ist ein im Barrique ausgebauter reiner Sangiovese, der zu einer Neubewertung dieser Sorte führte; die frühere Skepsis ihr gegenüber hat sich schon lange aufgelöst. Der zweite ist der Cortaggio, ein Cabernet Sauvignon, der wie andere Weine dieses Typs aus Panzano beweist, daß dieser Teil des Chianti Classico fruchtbar genug ist, um Besseres hervorzubringen als Sangiovese. Die Edelreiser für die ersten Pfropfarbeiten kamen von Ugo Contini Bonacossi aus Carmignano, der sie bei keinem Geringeren als dem Château Lafite erwarb, eine Genealogie, die für sich selbst spricht und wichtige Verbindungen zwischen Panzano und einem der berühmtesten Weinbaugebiete der Welt herstellt.

9 CASTELLO DEI RAMPOLLA

Erzeuger
Azienda Agricola Castello dei Rampolla
Via S. Lucia in Faulle
50020 Panzano in Chianti (FI)
Tel. 055 852 001
Fax 055 852 533

Direktoren
Luca und Maurizia Di Napoli Rampolla

Weinmacher
Giacomo Tachis

Gründungsjahr
1963

Rebfläche
42 Hektar

Verkostung
nach Anmeldung

Ein so weitreichendes Phänomen wie die Renaissance des toskanischen Weins setzt ungewöhnlich begabte Protagonisten voraus, Männer mit Ambitionen und Visionen sowie mit der Kühnheit, überkommene Denkweisen über Bord zu werfen. Alceo Di Napoli Rampolla, der 1990 starb, wandelte den landwirtschaftlichen Betrieb Santa Lucia in Faulle zu einem der besten Weingüter des Chianti Classico um und verschaffte seinem Wein – unter dem Namen Castello dei Rampolla – weltweiten Ruhm. Ihm gebührt in der Rekonstruktion der Periode zwischen 1965 und 1995 ein Platz in der vordersten Reihe.

Di Napoli schien für die Rolle, die er einmal spielen sollte, kaum bestimmt zu sein. Aus einer süditalienischen Adelsfamilie (trotz des Namens sizilianischen Ursprungs) gebürtig, fand er früh seine Berufung in der Landwirtschaft, vielleicht aufgrund der Sommerferien, die er auf dem Landgut der Familie – dem Castello dei Rampolla in Panzano in Chianti – verbrachte. Als ausgebildeter Agrarwissenschaftler arbeitete er viele Jahre bei Staudamm- und Bewässerungsprojekten in Südamerika mit, und einige seiner Kinder sind in Brasilien oder in Argentinien geboren. Doch Santa Lucia in Faulle blieb ein Traum für ihn; er war überzeugt, daß man dort große Weine herstellen könne, mit hartnäckigem und heißem Bemühen suchte er nach Möglichkeiten der Realisierung. Doch erst in den 1960er Jahren, als das Familienvermögen unter den Erben aufgeteilt werden mußte, wurde das Gut sein Eigentum. Sofort pflanzte er Weinstöcke, und die ersten Trauben, die er größtenteils seinem alten Freund Piero Antinori verkaufte, erfüllten alle Erwartungen an Qualität. Der nächste, entscheidende Schritt wurde 1974 unternommen, als er den Wein unter dem Namen Castello dei Rampolla selbst abfüllte, und es war nur natürlich, daß Giacomo Tachis, der Önologe von Antinori, als Berater fungierte. Zusammen begannen die beiden Männer Weine zu planen und zu realisieren, die schnell eine führende Position im Chianti Classico errangen.

Alceo Di Napoli war aufgrund seiner Herkunft und seiner Geschichte ein weltläufiger Mann, und wie viele Mitglieder des italienischen Adels war er mit den großen Weinen Frankreichs gut vertraut. Er hatte ein besonderes Faible für Cabernet Sauvignon, und da er seinen Chianti ausschließlich aus Sangiovese machen wollte, pfropfte er in den 70er Jahren auf alle Trebbiano-, Malvasia- und Canaiolo-Weinstöcke seines Guts Cabernet-Reiser. Die ersten experimentellen Verschnitte von Sangiovese und Cabernet Sauvignon fanden ein kontroverses Echo und stürzten Di Napoli in scharfe Auseinandersetzungen mit den Körperschaften, die den Chianti Classico überwachen. Die feindseligen Reaktionen, die seine Weine hervorriefen, überzeugten Di Napoli jedoch nur, daß er auf der richtigen Spur war. Der Sammarco, ein Verschnitt aus Cabernet Sauvignon und ein wenig Sangiovese, den er Anfang der 80er Jahre perfektionierte, brachte seine Gegner in eindrucksvoller Weise zum Verstummen. Die Kraft und Eleganz der Jahrgänge 1982 und 1983 ließen seine Opposition einfach sprachlos.

Doch Di Napoli betrachtete den Sammarco nicht als Endpunkt seiner Bemühungen, sondern als Zwischenstation auf dem Weg zu noch besseren Produkten. Gegen Ende der 80er Jahre begann er eine Reihe von terrassierten, perfekt nach Süden ausgerichteten Weinbergen sehr dicht mit ausgewählten Cabernet-Klonen zu bepflanzen. 1996 und 1997 lieferten sie seinen Kindern, Luca und Maurizia, zwei wahrhaft außergewöhnliche Weine, die getrennt auf Flaschen gezogen werden. Die Wahl des Namens war unausweichlich: La Vigna di Alceo, »Alceos Weinberg«, ein würdiges Tribut an die zentrale Passion in seinem Leben.

Empfohlene Weine

Chianti Classico Riserva

Sammarco
aus Cabernet Sauvignon und Sangiovese

La Vigna di Alceo
aus Cabernet Sauvignon

10 LA MASSA

Erzeuger
La Massa
Via Case Sparse, 9
50020 Panzano in Chianti (FI)
Tel. 055 852 722
Fax 055 852 701

Direktor
Giampaolo Motta

Weinmacher
Carlo Ferrini

Gründungsjahr
1978

Rebfläche
20 Hektar

Verkostung
nach Anmeldung

Es ist der Weinberg, seine Lage, die wichtiger sind als alles andere. Die Kompetenz und das Engagement des Erzeugers, seine Detailgenauigkeit, der Wille, große Erträge der großen Qualität zu opfern, weniger und Besseres zu produzieren, das Bemühen, im Wein den Charakter der Trauben und des Terroirs einzufangen – das ist alles von grundlegender Bedeutung. Höchste Qualität jedoch ist das unmittelbare und unvermeidliche Ergebnis des Weinbergs selbst, der Fähigkeit seines Bodens und seines Kleinklimas, die Trauben richtig reifen zu lassen und dem Erzeuger das Material an die Hand zu geben, einen hochklassigen Wein zu machen.

Giampaolo Motta, Eigentümer von La Massa und neu im Chianti Classico, hatte dies vor Augen, als er sich Ende der 1980er Jahre nach einem Weingut umzusehen begann. Er stammt aus einer renommierten Familie Neapels, die Qualität in ihrer DNA hat: Russo di Cassandrino ist seit einer Generation Italiens beste Gerberei; ihr glänzendes Kalbs- und Ziegenleder, ihr sinnlich weiches Lammleder setzt den Standard, dem andere (meist vergeblich) nacheifern. Motta wurde darauf vorbereitet, einmal die Leitung der Gerberei zu übernehmen; doch früh erkannte er, daß seine Interessen woanders lagen. Der ernsthafte junge Mann wußte, daß eine gute Ausbildung für seinen neuen Berufsweg entscheidend war, und so ging er ins Chianti Classico. Mehrere Jahre erlernte er das Geschäft bei zwei sehr verschiedenen Erzeugern: Riecine, ein seit Anfang der 70er Jahre existierendes, führendes kleines Gut, und Castello dei Rampolla, ein wesentlich größeres Unternehmen, das nicht nur hervorragenden Sangiovese, sondern auch Cabernet Sauvignon macht. In Riecine traf er Carlo Ferrini, der ihn später bei der Suche nach einem Gut beriet und dann auch sein Weinmacher wurde.

Mehrere Jahre benötigten die beiden, bis sie das Richtige gefunden hatten; dann aber gab es kaum noch Zweifel. Wie Giampaolo Motta sagte: »Wir sahen uns an und hatten dasselbe Gefühl: Wenn wir hier nichts Außergewöhnliches zustande bringen, dann stimmt mit uns etwas nicht.« La

Massa, das sich zwischen Villa Cafaggio und Castello dei Rampolla zwängt, ist ein vorzüglich gelegenes Areal in der Conca d'Oro, in der perfekten Höhe von 350 Metern über dem Meer und mit voller südlicher Ausrichtung, ein natürliches Amphitheater, das die Sonnenwärme einfängt und festhält. Der Kauf war erst ein Anfang, denn La Massa war in sehr bescheidenem Zustand. Jahrelange Vernachlässigung hatte die Weinberge fast ruiniert, und in den Kellern standen Bottiche, die nach Erbarmen riefen. Die Neuausstattung des Kellers mit sauberem Holz war eine große, doch unumgängliche Investition; man fand aber das Geld dafür, und die Resultate konnte man im Wein seit den ersten Jahrgängen feststellen. Giampaolo Motta hatte großes Glück, solch ein exzellentes Gut erwerben zu können, doch ganz und gar nicht glücklich war der Zeitpunkt seines Starts gewählt. 1992 war einer der schlechtesten Jahrgänge in der Toskana seit dem Zweiten Weltkrieg; die Weinberge litten unter fast einem ganzen Monat Regen von Ende September bis Ende Oktober. Die folgenden Ernten waren deutlich besser, und die Qualität des Areals und das Engagement seines Eigners war bald positiv zu vermerken. Der normale Chianti Classico gilt bereits als einer der besten in der Zone, und die nach Giampaolos Großvater benannte Selektion Giorgio Primo ist ein klassisches Beispiel für Sangiovese in seiner besten Form.

Empfohlene Weine

Chianti Classico

Chianti Classico Giorgio Primo

11 CENNATOIO

Erzeuger
Cennatoio
Via S. Leolino, 37
50020 Panzano in Chianti (FI)
Tel. 055 852 134
Fax 055 896 3488

Direktor
Leandro Alessi

Weinmacher
Gabriella Tani

Gründungsjahr
1969

Rebfläche
12 Hektar

Verkostung
nach Anmeldung

Cennatoio könnte als Lektion dafür dienen, was die aktive Beteiligung des Besitzers an der Lenkung eines Weinguts bewerkstelligen kann. Dieses Gut liegt hoch über Panzano in Chianti an einer nicht asphaltierten Straße, die durch einen der entlegensten, wildesten und verlassensten Teile des Chianti Classico nach Radda führt. Die Höhenlage der Weinberge – alle deutlich über 500 Meter über dem Meer, der Teil über dem Gutshaus sogar noch höher – sollte eigentlich den Anbau von Reben unmöglich machen, doch dieser Balkon über dem Chianti Classico mit freiem Blick über die Landschaft leidet nicht unter der kalten, feuchten Luft, die sich nachts in den Tälern sammelt, und er wendet sich in südwestlicher Richtung voll der strahlenden, heißen Sonne der Zentraltoskana zu. Das klare Licht und die erstaunliche Wärme lassen auch spätreifende Sorten wie Sangiovese und Cabernet Sauvignon in diesen Lagen ohne Probleme reif werden. Rebkrankheiten wie Graufäule und Mehltau sind hier so gut wie unbekannt.

Alle Faktoren für einen hochwertigen Wein sind auf Cennatoio also vorhanden, doch erst seit kurzer Zeit wird zuverlässig Qualitätswein produziert. Die Erklärung ist recht einfach: Leandro Alessi, der Besitzer, mußte Zeit und Energie auf anderes verwenden und konnte sich nur sporadisch um sein Gut im Chianti kümmern. Seine Familie besitzt eine bedeutende Gerberei zwischen Florenz und Prato, die hochwertiges Lammleder an die Schuh- und lederverarbeitende Industrie der Gegend liefert. Die Leitung der Gerberei, ein Full-time-Job, ließ kaum Zeit für die Probleme eines landwirtschaftlichen Betriebs.

Das änderte sich radikal im Jahr 1990, und zwar mit einem Wechsel der gesamten Lebensweise und nicht nur in der Änderung des Betätigungsfelds: mit der Entscheidung, Cennatoio und seinen Wein zum Lebensmittelpunkt zu machen. Leandro Alessi bestätigt gern, daß er von der engen Zusammenarbeit mit der freien Beraterin Gabriella Tani sehr profitiert hat, einer promovierten Agrarwissenschaftlerin und Weinmacherin von ungewöhnlichem Talent und Engagement. Die langjährige Assistentin von Vittorio Fiore, der ihre Arbeit sehr schätzt, ist eine spirituell veranlagte Frau, die sich für die Kulturen und Religionen Indiens interessiert. Ein Großteil ihrer beruflichen Aktivitäten konzentriert sich in Panzano, und sie kennt die Weine dieses Teils des Chianti in- und auswendig. In ihr hat Leandro Alessi sein Alter ego gefunden.

Das Gut ist in ständiger Änderung begriffen; der neue Mammolo, ein reiner Merlot, ist bereits auf dem Markt, und ein Weißwein von den hochgelegenen Parzellen ist im fortgeschrittenen Stadium der Planung. Der Ruf von Cennatoio gründet sich jedoch auf den Etrusco und den Rosso Fiorentino, zwei Selektionen aus Sangiovese und Cabernet. Die graphische Gestaltung ihrer Etiketten ist geradezu dramatisch, aber in der Flasche ist genug drin, um diesen Auftritt zu rechtfertigen. Die Gewächse der 80er und die der 90er Jahre unterscheiden sich wie Tag und Nacht; man stellt eine ganz andere Substanz, Konzentration und Fülle fest, die zusammen mit dem meisterlichen Einsatz kleiner Eichenholzfässer in ihrer Klasse beispielhafte Produkte ergeben. Leandro Alessi mag spät zur Gruppe der bedeutenden Erzeuger im Chianti Classico gestoßen sein, doch heute gehört er zum festen Inventar, und alles weist darauf hin, daß er dies bleibt.

Empfohlene Weine

Etrusco
aus Sangiovese

Rosso Fiorentino
aus Cabernet Sauvignon

12 ISOLE E OLENA

Erzeuger
Fattorie
Isole e Olena
Via Olena
Località Isole
50021 Barberino
Val d'Elsa (FI)
Tel. 055 807 2763
Fax 055 807 2236

Direktor
Paolo De Marchi

Weinmacher
Paolo De Marchi
und Giampaolo
Chiettini

Gründungsjahr
1971

Rebfläche
45 Hektar

Verkostung
nach Anmeldung

Wenn die Bewunderung der Kollegen ein Indikator für den Wert eines Individuums ist, dann ist Paolo De Marchi sicher eine der führenden Persönlichkeiten im gegenwärtigen Chianti Classico. Auch in der harten Konkurrenz in der Welt des Spitzenweins kommt es sehr selten vor, daß ihn seine Mitbewerber nicht ganz oben plazieren. Der Grund dafür ist leicht einzusehen: Nur mit bescheidenen Mitteln und ohne das üppige Kapital, mit dem andere Weingüter ausgestattet sind, hat De Marchi seinen Besitz, den seine Familie in den 1950ern erwarb, völlig umgekrempelt und eine Reihe hochklassiger Weine konzipiert, die für ihre Kategorien beispielhaft sind. Ob er einheimische oder französische Rebsorten verwendet, ob er trockene oder süße Weine macht, ob die Weine jung getrunken oder lang gelagert werden sollen, jede einzelne Flasche aus seiner Hand ist für den Jahrgang und den Typ Spitzenklasse. Da gibt es keinen armen Verwandten in der Familie, nichts ist davon zu spüren, daß die preiswerteren Weine im Programm weniger Aufmerksamkeit und Zuwendung erfahren würden als die teuren und prestigeträchtigen.

Das war alles kaum vorauszusehen, als 1976 De Marchi frisch von der Universität Turin, wo er Agrarwissenschaften studiert hatte, in Barberino Val d'Elsa ankam. Sein Vater, ein Turiner Rechtsanwalt, hatte das Gut 1956 gekauft – Wälder, Rebflächen, Äcker und Weiden, ein Haus und dazu den ganzen Weiler Olena –, er hatte aber weder die Zeit noch die Ausbildung, sich mit den Problemen eines 500 Kilometer entfernten landwirtschaftlichen Betriebs herumzuschlagen. Die Zukunft des Chianti Classico war düster, wenige Märkte waren damals an den Weinen interessiert, und die zerrütteten Finanzen von Isole e Olena erlaubten die großen Investitionen nicht, die notwendig waren, um die Einrichtungen zu verbessern und den Qualitätsstandard der Weine zu heben.

Nur ein schrittweises Vorgehen war also möglich, wobei man im Weinberg begann und den geringen Gewinn jedes Jahr in das Gut steckte. »Langsam, aber sicher«, war das Motto, dennoch sah man schon bald erste Resultate, und ihr gemeinsamer Effekt über zwanzig Jahre hinweg ist in der Tat beeindruckend.

Am meisten strengte man sich beim Sangiovese an, und sowohl der Chianti Classico wie der Cepparello, ein reiner, in kleinen Fässern gereifter Sangiovese, sind exemplarisch für ihre Produktionszone: klar umrissen, elegant, rein und überaus lang, klassische Manifestationen der Rebsorte und des Terroirs. De Marchi ist kein provinzieller Mensch; während seiner Studienzeit arbeitete er in Kalifornien, und er kennt die Weine der Welt. Seit Mitte der 80er Jahre produziert er nichttraditionelle Weine aus französischen Traubensorten, die unter dem Namen De Marchi Collezione firmieren. Es gibt einen im Barrique vergorenen Chardonnay, einen sehr guten Cabernet Sauvignon und einen avantgardistischen Syrah, dem viel Aufmerksamkeit und Bewunderung geschenkt wird: Lange bevor die Rhône-Varietäten »in« wurden, hatte Isole e Olena seine Version auf dem Markt. Der Vin Santo von De Marchi offenbart seine Kenntnisse von Dessertweinen aus anderen Teilen der Welt; von köstlicher Süße, könnte er sich nicht mehr von den charakterlosen Produkten unterscheiden, die unter diesem Namen in der Toskana verkauft werden.

Bei allem Erfolg weiß man hier genau, daß das Beste erst noch zu erringen ist. Neue terrassierte Weinberge, von Isole e Olenas eigener Mannschaft – und nicht den üblichen Lohnarbeitern – sorgfältig aus den Hügelflanken modelliert, beginnen gegenwärtig mit ihrer Produktion. Mit ausgezeichnetem genetischem Material dicht bepflanzt, lassen sie noch höhere Qualität erwarten, ein gerechter Lohn für einen Mann, der sein ganzes Erwachsenenleben lang sein Innerstes den Weinen der Toskana gab.

Empfohlene Weine

Cepparello
aus Sangiovese

Cabernet
De Marchi
Collezione

Vin Santo

Ein Teil der bekannten toskanischen Weingüter trägt den Namen »Castello« (Burg), aber sie entsprechen nicht immer dem, was man sich darunter vorstellt. Einige wären als Villa zu bezeichnen, große und schöne Landhäuser, doch sie sind keineswegs so imposant, herrschaftlich oder kriegerisch wie eine Burg. Andere sind einfach Weiler mit kleineren Häusern, die um ein größeres Gebäude gruppiert sind.

Das Castello della Paneretta nun ist wirklich eine Burg mit hohen, dicken, zinnenbekrönten Mauern.

13 CASTELLO DELLA PANERETTA

Erzeuger
Azienda Agricola Castello della Paneretta
Strada della Paneretta, 35
50021 Barberino Val d'Elsa
Tel. 055 805 9003
Fax 055 805 9024

Direktor
Stefano Miniati

Weinmacher
Attilio Pagli

Gründungsjahr
1985

Rebfläche
20 Hektar

Verkostung
nach Anmeldung

Die Festung, die auf einem hohen Felsen am Westrand des Chianti Classico steht, beherrscht das Tal des Elsa und die Straße von Florenz nach Siena. Natürlich war sie im Lauf der Zeit in der Hand diverser adliger Familien von Florenz: der Vettori, Capponi, Ricciardi und – mehrere Jahrhunderte lang – der Strozzi, der ungeheuer reichen Bankiers und erbitterten Rivalen der Medici im blutigen Kampf um die Vorherrschaft in Florenz.

Die kontinuierliche Geschichte hatte sehr vorteilhafte Auswirkungen auf die Weinberge des Castello della Paneretta, und man sollte sich daran erinnern, daß die Florentiner Patrizier ein sehr pragmatisches Verhältnis zu ihren ländlichen Besitzungen hatten. Landbesitz, Kontrolle über ein Territorium war sicher von Interesse, doch die Florentiner Gesellschaft war nicht feudal strukturiert: Es handelte sich um Geschäftsleute, nicht um Ritter, und von größter Bedeutung war immer der wirtschaftliche Gewinn, den man aus den Gütern zog. Auf diesem Besitz der Strozzi hat man den Weinbau besonders gepflegt; die Sangiovese-Klone stammten immer aus eigener Zucht, und der Canaiolo, mit demselben Respekt behandelt, ist einer der besten in der Toskana.

Ein großes Potential war also vorhanden und zu nutzen, als 1985 mit dem Eintritt von Fabio Albisetti – einem Unternehmer mit Liebe zum Land und zu gutem Wein sowie der Vision, Castello della Paneretta wieder zu einem großen Namen zu machen – neue Dynamik ins Unternehmen kam. Schon der erste Jahrgang war der beste seit Ende des Zweiten Weltkriegs, und der Chianti Classico Riserva war ein unmittelbarer und unzweideutiger Erfolg. Eine ermutigende Bestätigung, daß das Gut unter der richtigen Leitung Anspruch auf einen vorderen Platz in der Zone haben sollte.

Seitdem wurde kein Aufwand gescheut, dieses Ziel zu realisieren. Große Summen wurden investiert, um die Burg selbst wieder in alter Pracht erstehen zu lassen; die Arbeiten wurden mit vollendetem Geschmack und großer Achtung für die historische Authentizität durchgeführt. In allererster Linie aber ist Castello della Paneretta ein Weinerzeuger, und den frühen erfolgreichen Jahrgängen – 1985, 1986, 1988 – folgten noch bessere in den 90er Jahren. Im Keller stehen inzwischen ausschließlich neue Bottiche und Barriques, als Leiter der Weinbereitung wurde Attilio Pagli verpflichtet, ein hervorragendes Talent in der jungen Generation freier Önologen. Gegenwärtig sind zwei Weine im Programm hervorzuheben, der Chianti Classico Riserva aus Sangiovese und der innovative, ungewöhnliche Terrine, aus gleichen Teilen Canaiolo und Sangiovese und im Barrique ausgebaut. Beide gehören im Jahrgang 1995 zu den besten Gewächsen des Chianti Classico, ein Zeichen, daß die Vitalität des Castello und seiner Weinberge auch nach Jahrhunderten noch lange nicht erschöpft ist.

Empfohlene Weine

Chianti Classico Riserva

Terrine
aus Canaiolo und Sangiovese

14 CASTELLO DI MONSANTO

Erzeuger
Castello di Monsanto
Via Monsanto, 8
50021 Barberino Val d'Elsa (FI)
Tel. 055 805 9000
Fax 055 805 9049

Direktor
Laura Bianchi

Weinmacher
Fabrizio Bianchi

Gründungsjahr
1961

Rebfläche
50 Hektar

Verkostung
nach Anmeldung

Ein starker Sinn für Nostalgie und ein gleichermaßen großes Bedürfnis nach Innovation sind Faktoren, die in einer Erfolgsformel kaum zusammen unterzubringen sind. Und doch waren sie die wesentlichen Motive für die Entwicklung bei Monsanto, einem der erfolgreichsten Weingüter im Chianti Classico seit über dreißig Jahren. Dieser Pionier kam mit einer Reihe wichtiger Kreationen heraus, die als eine der ersten ihr Renommee auf wichtigen Märkten außerhalb Italiens etablierten und bis heute erhielten.

Die Nostalgie kam von Aldo Bianchi. Geboren in Poggibonsi zwischen Florenz und Siena, ging er zwischen den Kriegen in die Lombardei und baute bei Mailand eine florierende Textilfirma auf. Der Toskana gehörte jedoch weiterhin sein Herz, und zu Beginn der 1960er Jahre entschloß er sich, im Chianti Classico ein Weingut zu kaufen. Einen Vorbehalt gab es jedoch: Von dem Areal mußte man auf Poggibonsi schauen können. Bald war Monsanto gefunden, und die etwas exzentrischen Bedingungen, die Aldo Bianchi gestellt hatte, erwiesen sich als Segen. Die Rebflächen liegen deutlich tiefer als der Großteil des Chianti Classico, zwischen 250 und 300 Meter über dem Meer, das Mesoklima ist wärmer und die Reifung der Trauben dadurch begünstigt. Die geologischen Verhältnisse sind ebenso vorteilhaft; Monsanto liegt im äußersten Westen des Chianti Classico; das Meer, das einmal große Teile der Zentraltoskana bedeckte, hinterließ hier fossilreiche harte Kalksteinformationen, die *pietraforte*, »harter Stein«, genannt werden.

Aldo Bianchis Sohn Fabrizio war es schließlich, der die Vorzüge Monsantos nützte und seine Reputation begründete. Der überschwengliche, herzliche Mann, der vor Ideen und Energie sprüht, erklärt sofort, daß er für den Beruf des Winzers prädestiniert ist und daß die Weinlese zu seinen frühesten Erinnerungen gehört. Das mag etwas von Selbstinszenierung haben, doch sicher ist: Er hat starke, klare Überzeugungen, und er zögerte nicht, sie auf Monsanto in die Tat umzusetzen. Theorien wirft man oft ebenso leicht über Bord, wie man sie verkündet, doch Bianchi ist ohne Zweifel von dem überzeugt, was er sagt. Ein Punkt blieb unverändert: die Ansicht, daß die

Zone mächtige, gut strukturierte und langlebige Weine produzieren soll, in den 60er Jahren ein revolutionäres Konzept, das heute als einzige Basis für die Herstellung des Chianti Classico allgemein akzeptiert ist.

Wenn Bianchi behauptet, daß viele fundamentale Neuerungen, die den Chianti Classico im letzten Vierteljahrhundert kennzeichnen, zuerst auf Monsanto getestet wurden, dann entspricht das den Tatsachen. Einige, wie die Kohlensäuremaischung für jung zu trinkende Weine, wurden rasch wieder aufgegeben, andere sind in der gegenwärtigen Weinwirtschaft in der Toskana inzwischen felsenfeste Prinzipien. Der Il Poggio von Monsanto war der erste lagenreine Chianti Classico Riserva, und er ist bis heute einer der besten. 1975 brachte Bianchi den ersten Chianti Classico heraus, in dem nur Sangiovese verwendet wurde, den Prototyp für viele große Weine, die später kamen. Cabernet Sauvignon fand früh Eingang in die Weinberge; Tinscvil war einer der ersten Sangiovese-Cabernet-Verschnitte überhaupt, und der kraftvolle Nemo war der Pionier für mächtige, reine und Barrique-gereifte Cabernet Sauvignons.

Es würde Fabrizio Bianchi – der heute von Tochter Laura, ausgebildete Rechtsanwältin und ein kluger Kopf, unterstützt wird – nicht ähnlich sehen, an bestimmten Methoden der Weinbereitung kleben zu bleiben. Neuerungen folgen in den 1990er Jahren pausenlos: Nachdem man Jahre unerschütterlich das große Faß als bestgeeignetes Behältnis für den Ausbau des Chianti Classico verteidigt hatte, hat man abrupt den Kurs geändert: Beide, Il Poggio und normaler Chianti Classico, altern heute in kleinen Barriques. Völlig neue und in Aussehen wie Arbeitsweise neuartige Gärtanks werden in den Kellern installiert. Die nächsten dreißig Jahre versprechen auf Monsanto ebenso aufrührerisch zu werden wie die vergangenen.

Empfohlene Weine

Chianti Classico Riserva
Il Poggio

Fabrizio Bianchi
aus Sangiovese

Nemo
aus Cabernet Sauvignon

15 CASTELLO DI FONTERUTOLI

Erzeuger
Castello di Fonterutoli
Località Fonterutoli
53011 Castellina in Chianti (SI)
Tel. 0577 740 476
Fax 0577 741 070

Direktoren
Filippo und Francesco Mazzei

Weinmacher
Carlo Ferrini

Gründungsjahr
1453

Rebfläche
70 Hektar

Verkostung
nach Anmeldung

Der Name auf dem Etikett erzählt schon einen Teil der Geschichte: *Mazzei seit 1453.* Nur eine Handvoll Besitztümer im Chianti Classico sind so lange in der Hand einer Familie, und diese hat eine besonders bemerkenswerte Geschichte.

Einen Großteil unseres Wissens über die Frühzeit des toskanischen Weins etwa haben wir aus den Briefen, die der Notar Ser Lapo Mazzei um die Wende des 14. zum 15. Jahrhundert an Francesco Datini schrieb, einen Händler und Finanzmann aus Prato bei Florenz. Die enge Verbundenheit der Mazzei mit dem Wein setzt sich bis heute fort, und der gegenwärtige Besitzer, ebenfalls des Namens Lapo, machte Karriere als Präsident der Cassa di Risparmio di Firenze, der größten Sparkasse der Toskana, und war viele Jahre Präsident des Erzeuger-Konsortiums des Chianti Classico. In den zwanzig Jahren seiner sorgfältigen Verwaltung steuerte er das Konsortium und die Weinbauzone mit seltener Unerschütterlichkeit und Treue durch magere und fette Jahre, durch die Krise der 70er und 80er und den Boom der 90er Jahre.

Fonterutoli, einst eine kleine, selbständige Gemeinde inmitten von Feldern, Weinbergen und Olivenhainen, von denen die Bewohner lebten, gehört zu Castellina in Chianti und ist eines der hübschesten Hügeldörfer – in der Toskana *borgo* genannt – der Zone. Das Weingut jedoch ist seit seinen Anfängen eng mit einem anderen Teil von Castellina in Chianti verbunden, der bedeutenden Subzone Siepi. Hier beginnt sich das Gelände der Hügel von Castellina abzusenken, von 550 Meter über dem Meer bis auf etwa 330 bis 300 Meter; die nach Süden und Südwesten ausgerichteten Hänge erfreuen sich eines der wärmsten und sonnigsten Mesoklimate der Toskana. Diese Weinberge liefern die üppigsten und süßesten Trauben des Guts, hier reift alles gut, nicht nur Sangiovese, sondern auch Cabernet und Merlot.

Wie die meisten Erzeuger der Zone mußte Fonterutoli in den letzten dreißig Jahren seine Arbeitsweise völlig umstellen, um die Herausforderungen der neuen Zeit annehmen zu können. Bis in die 70er Jahre wurden nur Riservas – natürlich nur in besonders guten Jahrgängen – selbst abgefüllt; die normale Produktion dieser Jahre und die gesamte Ernte weniger guter Jahre wurde an Handelshäuser verkauft. Erst in den 70er Jahren begann man mit der durchgehenden Eigenabfüllung, und eine ganze Reihe bekannter Weinmacher – Männer, die den neuen toskanischen Wein kreierten – haben hier gearbeitet: Giulio Gambelli, Franco Bernabei und heute Carlo Ferrini, ein promovierter Agrarwissenschaftler und eines der wichtigsten Talente in der gegenwärtigen Szene. Concerto, einer der Pionier-Verschnitte aus Sangiovese und Cabernet, kam Anfang der 1980er Jahre heraus, dazu kam in den 90ern der noch avantgardistischere Siepi, eine Cuvée aus Sangiovese und Merlot, die beweist, wie gut diese Traubensorten harmonieren. In jüngster Zeit glaubt man auf Fonterutoli, wie ein Gutteil anderer Erzeuger mit großer Geschichte, das Programm vereinfachen zu sollen, um den Wein noch stärker mit dem Terroir zu identifizieren und dem Gut selbst noch mehr Bedeutung zu geben. Das Prinzip ist dasjenige des Bordelais: Château und Bereich (Appellation), wobei das Château die Essenz dessen ist, was der Bereich zu leisten vermag. Und so macht man hier zwei Spitzenweine: den Chianti Classico Fonterutoli und den Chianti Classico Riserva Castello di Fonterutoli, stolzer Ausdruck der Geschichte und des Terroirs dieses Weinguts.

Empfohlene Weine

Chianti Classico Fonterutoli

Chianti Classico Riserva Castello di Fonterutoli

Siepi
aus Sangiovese und Merlot

16 CASTELLARE

Erzeuger
Poderi Castellare
Località Castellare
53011 Castellina
in Chianti (SI)
Tel. 0577 740 490
Fax 0577 740 490

Direktor
Paolo Panerai

Weinmacher
Maurizio Castelli

Gründungsjahr
1977

Rebfläche
20 Hektar

Verkostung
nach Anmeldung

Auf dem heiß umkämpften italienischen Zeitschriftenmarkt konnten sich in den letzten fünfzehn Jahren zwei in Mailand erscheinende Magazine profilieren, *Capital* und *Class*, die sich aufgrund ihrer hochkarätigen journalistischen Arbeit eine große Leserschaft gewonnen haben. Alle Facetten des sich rasch verändernden Landes – Gesellschaft, Kultur, Wirtschaft, Mode, neue Verhaltensweisen, Gewohnheiten und Moralvorstellungen – alles wird wachsam und kenntnisreich kommentiert. Zu den besonders begeistert und kritisch unter die Lupe genommenen Dingen gehören auch Essen und Wein.

Das kommt nicht sehr überraschend, denn der Herausgeber der beiden Magazine – erst *Capital*, dann *Class* – ist Paolo Panerai, ein gebürtiger Florentiner und seit Ende der 70er Jahre Winzer in Castellina in Chianti. Im besten Teil von Castellina, um genau zu sein: in den südlich bis südwestlich ausgerichteten Hängen westlich des Orts, wo sich das Land in Richtung Castellina Scalo und zum Elsatal abzusenken beginnt, mit besonders warmem Klima und dem harten Kalkstein, der den Weinen Kraft und Autorität verleiht. Sein Besitz, Castellare, ist geographisch das erste in einer Kette von Gütern – Brancaia, Capraia, Lilliano, die zu Fonterutoli gehörende Lage Siepi –, die diesem Teil des Chianti Classico den Ruf als eine der wertvollsten Subzonen verschafft haben.

Wie viele andere, die in dieser Zeit in den Chianti Classico kamen, hatte Panerai sofort alle Hände voll zu tun. Neben den Gebäuden mußten Kelleranlagen und Weinberge von Grund auf überholt werden, und natürlich waren grundsätzliche Entscheidungen über die Art des Weins zu treffen, der produziert werden sollte. Manche davon waren technischer Art, und Panerai konnte sich von Beginn an auf den Weinmacher Maurizio Castelli stützen, den früheren technischen Direktor des Consorzio Chianti Classico. In Castellare begann Castelli seine Karriere als freier Berater, die ihn weit über die Grenzen Italiens hinaus bekanntgemacht hat.

Einige der Weichenstellungen waren in gewisser Weise unvermeidbar. Bis 1984 mußte der Chianti Classico, sogar der Riserva, außer Sangiovese ein geringer Anteil Canaiolo auch weiße Traubensorten enthalten. Der beste Sangiovese von

Castellare wurde unter dem Namen I Sodi di San Niccolò rein abgefüllt und als *vino da tavola* vermarktet. Wie die meisten guten Sangiovese des Chianti Classico wurde er im Barrique anstatt im üblichen großen Eichenfaß ausgebaut, doch Panerai und Castelli hatten schnell verstanden, daß dies nicht nur eine technische Entscheidung war. Es gab dem Wein zweifellos eine tiefere Farbe und ein komplexeres Aroma, vor allem aber einen internationalen Charakter, der ihnen erlaubte, damit Märkte zu gewinnen, die zuvor an toskanischem Wein kaum interessiert waren. Eine naive Neugier, die Traubensorten anderer Regionen und Länder kennenzulernen, war in dieser Zeit ebenfalls verbreitet, und Castellare gehörte zu den ersten Gütern, die Sorten wie Cabernet Sauvignon, Chardonnay und Sauvignon anpflanzten und vinifizierten.
Paolo Panerai jedoch betrachtet diese Experimente, auch wenn man sie sehr interessiert verfolgt, seit je nur als einen kleinen Arbeitsbereich seines Guts. Seine Energie richtete er immer auf die Sangiovese-basierten Weine, vielleicht eine natürliche Reaktion des Florentiners, den es nach Mailand verschlagen hatte und der sich nach der Toskana seiner Jugend sehnte. Konkretes Zeichen seiner Passion für die große Traubensorte der Region ist der neue Chianti Classico Riserva aus einer Einzellage, Vigna Poggiale, der 1993 vorgestellt wurde und ein wichtiger Teil des Programms werden soll.

Empfohlene Weine

I Sodi di San Niccolò
aus Sangiovese

Chianti Classico Riserva
Vigna Poggiale

Coniale
aus Cabernet Sauvignon

17 CASTELLO DI VOLPAIA

Erzeuger
Castello di Volpaia
Località Volpaia
53017 Radda in Chianti (SI)
Tel. 0577 738 066
Fax 0577 738 619

Direktor
Stefano Borsa

Weinmacher
Maurizio Castelli und Gioia Cresti

Gründungsjahr
1966

Rebfläche
41 Hektar

Verkostung
nach Anmeldung

Castello di Volpaia ist im Chianti Classico seit Anfang der 1970er Jahre ein klangvoller Name, als zwei ganz hervorragende Jahrgänge, 1970 und 1971, des bis dato wenig bekannten Guts große Aufmerksamkeit erregten. Um die Wahrheit zu sagen, Raffaele Stianti – Besitzer einer lukrativen Druckerei und Buchbinderei in San Casciano Val di Pesa – hatte nicht vor, ein bedeutendes Weingut auf den Weg zu bringen, als er das Gelände erwarb. Er liebte das Landleben, und das obere Chianti war Mitte der 60er Jahre etwas völlig anderes als heute: weithin von den Bauern verlassen, wild und unzivilisiert, eine Gegend, in der ein Weinberg fast wie ein Fremdkörper wirkte in den Wäldern, Gebüschen und Weiden. Stianti wollte den auf dem Hügel liegenden Weiler als ländliche Zuflucht und Jagdhütte nutzen, ein Ort, an dem er sich mit seinen Freunden treffen und dem Alltagsstreß entfliehen konnte.

Nun, gegen einen erfolgreichen Wein hatte Stianti gar nichts einzuwenden, aber er hatte einfach nicht die Zeit, einen Weinbaubetrieb in großem Maßstab aufzuziehen und zu leiten. Diese Aufgabe fiel seiner Tochter Giovanella zu, die mit Carlo Mascheroni, einem prominenten jungen Mailänder Steueranwalt, verheiratet war. Mit seiner sachkundigen Unterstützung in finanziellen Dingen wagte sie sich an die schwierige Aufgabe, aus 400 Kilometer Entfernung ein Weingut aufzubauen, wobei sie zwischen Mailand und dem Chianti pendelte und auch noch zwei kleine Kinder aufzog. Castello di Volpaia verfügte über große Areale, aber nicht über Kelleranlagen, und man entwickelte einen ingeniösen Plan, die existierenden Gebäude zu nutzen. Gärtanks, Fässer und Barriques zur Lagerung wurden in den »Eingeweiden« des Weilers installiert, will sagen im Erdgeschoß oder in den Kellern der alten Steinhäuser, und für den Transport des Weins verlegte man Leitungen – häufig unter den gepflasterten Straßen. Man richtete auch eine Ölmühle ein, deren Olivenöl als eines der besten in der Toskana gilt, und man kreierte dazu ein ganzes Sortiment von Kräuteressigen.

Natürlich blieb der Wein im Zentrum des Interesses, und bei

allen Änderungen, die zu seiner Verbesserung vorgenommen wurden, hat er seine unverkennbare Persönlichkeit bemerkenswert konstant erhalten. Sie beruht auf den ganz besonderen Eigenschaften von Boden und Klima, die die Weinberge kennzeichnen. Der Weiler Castello di Volpaia liegt 600 Meter über dem Meer, die Rebflächen durchschnittlich etwa 500 Meter. Das für die Zentraltoskana relativ kühle Klima, besonders abends und nachts, ergibt zusammen mit dem hohen Anteil von Sand im Boden intensiv duftende, aromatische und klar konturierte Weine. Sie sind fein, dennoch keineswegs dünn, sie sind sehr langlebig und gewinnen mit längerer Lagerung weitere Komplexität; die Jahrgänge 1981 und 1985 sind immer noch ein Hochgenuß. Und der klassische Charakter ihrer Sangiovese-Frucht hält sich unverändert über die Zeit.

Der rasche Erfolg, dessen sich Giovanella Stianti erfreuen konnte – Castello di Volpaia gehörte schon Anfang der 80er Jahre zu den bekanntesten Etiketten des Chianti Classico und hatte einen festen Platz in den nordeuropäischen Märkten, die so wichtig sind für den italienischen Wein –, hatte sich Mitte der 90er Jahre mit einer Serie herausragender Jahrgänge zwischen 1993 und 1995 konsolidiert. Eine Erklärung mögen das Vertrauen und der Optimismus sein, die sich zwischen der Besitzerin und der jungen Weinfachfrau Gioia Cresti entwickelten; sie ist eine der wenigen Frauen, die im Chianti Classico arbeiten, und gehört heute fest zum Gut. Ein Fall von weiblicher Solidarität, die dem Wein noch mehr Schliff und Profil gibt.

Empfohlene Weine

Chianti Classico

Coltassala
aus Sangiovese

Balifico
aus Sangiovese und Cabernet Sauvignon

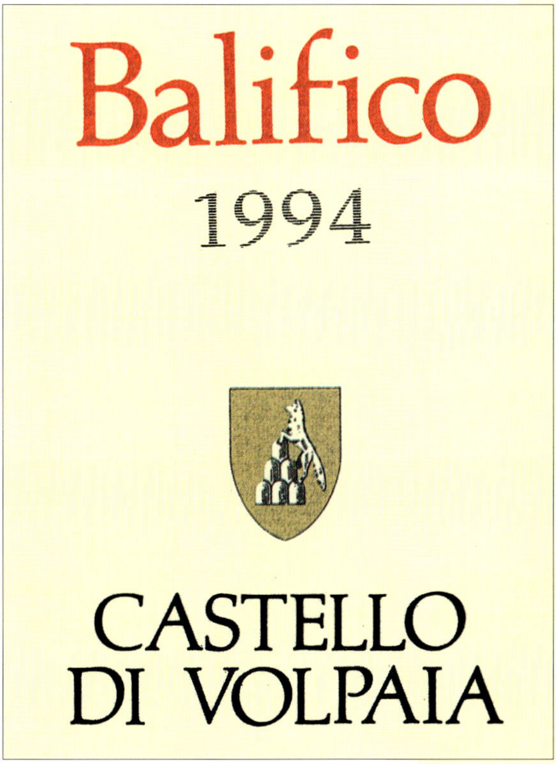

18 MONTEVERTINE

Estate
Azienda Agricola Montevertine
Località Montevertine
53017 Radda in Chianti (SI)
Tel. 0577 738 009
Fax 0577 738 265

Direktor
Sergio Manetti

Weinmacher
Giulio Gambelli

Gründungsjahr
1967

Rebfläche
8 Hektar

Verkostung
nach Anmeldung

Sergio Manetti ist, man ist sich da einig, eine der großen Persönlichkeiten im Chianti Classico, ja im toskanischen Wein überhaupt, ein Pionier in Sachen Qualitätswein, ein beharrlicher Verteidiger des Territoriums, seiner Weine und Traditionen, ein Mann mit Charisma und außergewöhnlicher Charakterstärke. Sein Leben war ebenso außergewöhnlich, von der Kindheit in der ruhigen Toskana in den 20er und 30er Jahren über seine Jugendjahre in Mailand zu seiner Karriere als Unternehmer und Bonvivant, ein Leben, das ebenso harter Arbeit wie dem Vergnügen gewidmet war. Er kam zur rechten Zeit an den richtigen Ort, gegen Ende der 60er Jahre nach Radda in Chianti, und zwar auf ein kleines Gut mit exzellentem Potential, und er hatte den Blick für Möglichkeiten, der anderen ermangelte, und die Tatkraft, seine Vorhaben zu einem triumphalen Abschluß zu führen – gegen alle böswillige Opposition.

Manettis Weinkarriere begann ungeplant 1967, als der in Poggibonsi – eben außerhalb des Chianti Classico – ansässige Stahlfabrikant ein Landhaus samt Grundstück in Radda erwarb. Der Besitz, der nur als Wochenendzuflucht gedacht war, verfügte über einen Weinberg, und so machte man Wein, eigentlich nur zum Spaß und zum Eigenverbrauch, ohne kommerzielle Absichten. Der 1971er war jedoch exzellent und verkaufte sich hervorragend; einer der ersten, die auf ihn stießen, war Neil Empson, einer der wichtigen internationalen Broker für italienischen Wein.

Da wäre die Entscheidung, den Großteil der Zeit auf die Entwicklung von Montevertine zu verwenden, nur logisch gewesen. Manetti verkaufte seine Stahlfirma, und er hätte nun viel Zeit zur Verfügung gehabt; aber er zog sich von allem zurück, um in Ruhe nachzudenken, bevor er weitreichende Entscheidungen traf. Die Ernten von 1972 bis 1974 waren alles andere als begeisternd, weshalb Manetti erst einmal abwartete, bevor er wieder einen Wein herausbrachte. Und er hatte, wie er selbst zugesteht, genug finanzielle Mittel, um sich Zeit zu lassen. Der folgende Jahrgang, 1975, war hervorragend, und Montevertine war wieder präsent. 1977 kam der Wendepunkt: ein günstiges Jahr, die Entscheidung, reine Sangiovese-Weine zu produzieren, die weißen Trauben (die Teil des Chianti-Classico-Verschnitts waren) zu eliminieren und der Einstieg des freien Weinberaters Giulio Gambelli, ein Freund aus Kindertagen in Poggibonsi und meisterhafter Weinmacher.

In den folgenden zwanzig Jahren wurden die Weine von Montevertine Referenzpunkte für die ganze Zone, ungeachtet der Tatsache, daß Manetti nach einer Reihe von Auseinandersetzungen aus dem Consorzio ausstieg und seine Weine nicht mehr Chianti Classico nennt. Manetti ist einer der am häufigsten interviewten Erzeuger der Toskana, sein Bild und seine Aussprüche tauchen alle Naslang in den Zeitschriften auf; seine Weine – die als der gelungene Versuch bezeichnet werden, Tradition und Innovation zu verbinden – gelten als Maßstab. Die Wirkung Manettis beruht zum Teil auf seiner Persönlichkeit: Sein Haus ist vollgestopft mit Büchern (er ist ein begeisterter Leser der Klassiker des 19. Jahrhunderts, besonders liebt er Flaubert und Balzac) und Antiquitäten (er sammelt mit Hingabe Zeugnisse der bäuerlichen Tradition der Toskana, die er noch kennenlernte und schätzt, die inzwischen aber weitgehend verschwunden ist), und es ist ein Magnet für Besucher, die intelligente Unterhaltung, gutes Essen und Wein schätzen. Manetti ist ein echter Epikureer, der den Genüssen dieser Welt zugetan ist – wobei Qualität zählt, nicht Quantität. Seine Aura spürt jeder, der mit ihm in Kontakt kommt.

Es war sein Wein, der seinen Ruf begrün-

Empfohlene Weine

Il Sodaccio
aus Sangiovese und Canaiolo

Montevertine Riserva
aus Sangiovese und Canaiolo

Le Pergole Torte
aus Sangiovese

dete, und einige Grundsätze blieben unverändert erhalten. Manetti hat sich auf die toskanischen Sorten spezialisiert; er kennt und genießt Chardonnay und Cabernet, aber er ist nicht im geringsten an ihrem Anbau interessiert. Die Trauben werden bei der Lese sorgfältig selektiert, nur reife und gesunde werden verwendet, auch wenn in schwierigen Jahren der Verlust groß ist. Große Fässer und Barriques werden gleichermaßen verwendet, und Manetti sieht keinen Widerspruch darin. Einziges Kriterium auf Montevertine ist sauberes, gesundes Holz; was er den »anderen« – der Mehrzahl der Erzeuger – in den hitzigen Debatten der 70er Jahre vorwarf, ist, daß sie Wein in krankem Holz machten. Grundsätzlich bringt er keinen Wein heraus, hinter dem er nicht stehen kann. Nicht befriedigende Jahrgänge wie 1972, 1976 und 1984 wurden en bloc an Händler verkauft, und der Wein aus seiner besten Lage, Le Pergole Torte, der 1991 von exzellenter Qualität war, wurde nicht unter diesem Namen abgefüllt. Aufgrund des regnerischen Wetters im September und Oktober hatte er, vielleicht zu rasch, öffentlich verkündet, daß er den Pergole Torte nicht machen würde. Für einen Gentleman alter Schule ist ein Versprechen heilig.

19 PODERE CAPACCIA

Erzeuger
Azienda Agricola
Podere Capaccia
Località Capaccia
53017 Radda in
Chianti (SI)
Tel. 0574 582 426
Fax 0574 582 428

Direktor
Giampaolo Pacini

Weinmacher
Vittorio Fiore

Gründungsjahr
1983

Rebfläche
4 Hektar

Verkostung
nach Anmeldung

Erfahrung im Marketing ist sicherlich kein Handicap in der von Konkurrenz geprägten Welt des Weins, und so läßt sich sagen, daß Giampaolo Pacini Vorteile vor seinen Mitbewerbern hat: Sein ganzes Berufsleben lang war er mit Fragen der Werbung, der Public Relations und der Vermarktung von Produkten befaßt. In eine Weinhändlerfamilie in Prato hineingeboren, war ihm eine Zukunft in diesem Geschäft vorherbestimmt; er besuchte die Weinfachschule in Conegliano, eine der führenden Institutionen Italiens zur Ausbildung von Winzern. Der unerwartete Tod seines Vaters und der Verkauf des Weinhandels lenkte sein Leben in eine neue Richtung, doch der Wein blieb seine tiefe Passion, zu der echte Kompetenz kam.

Pacini bekam die Möglichkeit, seine Ausbildung zu nützen, als er Anfang der 1980er Jahre ein Wochenendgrundstück in Radda in Chianti erwarb. Der Plan, einen eigenen Weinberg anzupflanzen und Wein zu machen, war von Anfang an da, und eigentlich hatte er ein Gut in Montalcino gesucht, um Brunello zu machen. Aber Montalcino ist für einen vielbeschäftigten Mann, der ständig auf Achse ist, zu weit von Prato entfernt, und so gab die Nähe des Chianti Classico letzten Endes den Ausschlag.

Capaccia selbst ist ein faszinierendes Stück Land direkt unterhalb der beeindruckenden Villa von Pian di Albola, die einst den Ginori Conti in Florenz gehörte. Dies ist einer der höchsten Punkte im Chianti Classico, 550 Meter über dem Meer mit atemberaubendem Panorama. Guelfische Karten aus dem 17. Jahrhundert verzeichnen einen »Ort namens Capaccia«, eine ungewöhnliche ländliche Ansiedlung; es war eine reine »Wohnstatt« für Landarbeiter von Albola und Volpaia, ohne ein öffentliches Gebäude und – noch bemerkenswerter – ohne Kirche.

Als Pacini hierher kam, war von dem ehemals blühenden Leben in dem winzigen Weiler nichts mehr vorhanden. Der begabteste Volkskundler hätte hier nichts mehr rekonstruieren können, die Steinhäuser der Landarbeiter lagen in Ruinen,

Feld- und Fledermäuse waren die einzigen Bewohner. Der Wiederaufbau, der noch nicht abgeschlossen ist, zielt auf die Schaffung eines Orts für Kongresse, Seminare und Veranstaltungen, aber auch zur Erholung in der Umgebung einer alten Weinbaugegend. Pacini hegt tiefe Gefühle für die ländliche Tradition der Toskana; darüber hinaus hat er, als kundiger Gourmet, ein Kochbuch mit den Rezepten aus seiner Küche veröffentlicht.

Pacinis langgehegter Traum, seinen eigenen Wein zu machen, ging 1983 in Erfüllung, als er die ersten Flaschen Chianti Classico und eine Sangiovese-Selektion namens Querciagrande auf den Markt brachte. Doch das war erst der Anfang: In Zusammenarbeit mit Vittorio Fiore, einem der berühmtesten selbständigen Önologen Italiens, wurden die Weine weiter verbessert, und die Jahrgänge 1985 und 1988 des Querciagrande werden allgemein als eine der besten reinen Sangiovese-Weine betrachtet, die damals in der Toskana gemacht wurden. Die ganzen Fähigkeiten im Marketing, die im Lauf eines Berufslebens angesammelt wurden, waren allerdings für den Erzeuger kaum von Nutzen; der Wein ist so begehrt und die hergestellte Menge so klein, daß er praktisch am Tag seiner Freigabe verkauft ist. Jede Marketingmaßnahme wäre überflüssig.

Empfohlene Weine

Chianti Classico Riserva

Querciagrande *aus Sangiovese*

20 BADIA A COLTIBUONO

Erzeuger
Badia a Coltibuono
Località Badia a Coltibuono
53013 Gaiole in Chianti (SI)
Tel. 0577 749 498
Fax 0577 749 235

Direktor
Roberto Stucchi Prinetti

Weinmacher
Maurizio Castelli und Roberto Stucchi Prinetti

Gründungsjahr
1057

Rebfläche
50 Hektar

Verkostung
nach Anmeldung

Die Badia a Coltibuono ist, wie es sich für ein Kloster geziemt, in einem der abgelegensten, einsamsten Teile des Chianti Classico zu finden, am Ostrand des Gemeindegebiets von Gaiole in Chianti und schon an der Grenze zum Arnotal. Mitten im Wald, hoch über der Landschaft, die etwa 700 m über dem Meeresspiegel liegt (die Vegetation zeigt das kühle Klima an; auf dieser Höhe werden die Laubbäume von Nadelbäumen abgelöst), war die Abtei über tausend Jahre lang ein bedeutendes religiöses Zentrum des oberen Chianti. Es wurde im Jahr 770 von Geremia dei Firidolfi gegründet, 1058 von Papst Nikolaus II. besucht und konnte schon im Jahr 1100 eine große, betriebsame Gemeinschaft von Mönchen aus Vallombrosa vorweisen, die Oliven und Wein kultivierten. Im Lauf der Jahrhunderte war es mit großen toskanischen Namen verbunden – den Medici, den Ricasoli –, und es konnte seine geistliche Tätigkeit bis 1810 ausüben, als ein Napoleonischer Erlaß das Kloster aufhob und die Mönche vertrieb.

Im Jahr 1846 wurde Badia a Coltibuono von den Giuntini aufgekauft, einer reichen Florentiner Bankiersfamilie, die das renommierte Gut Selvapiana in Rufina, nahe Florenz, sowie große Besitztümer in der toskanischen Maremma innehatten. Piero Stucchi Prinetti, der gegenwärtige Eigentümer, ist der Urenkel von Guido Giuntini, der es im 19. Jahrhundert kaufte, und er war es, der der alten Abtei neuen Ruhm verschafft hat – diesmal nicht durch spirituelle Güter, sondern durch die hohe Qualität des Weins und des Olivenöls, die er auf allen Märkten der Welt positionieren konnte. Stucchi Prinetti hat sich in den USA für feines toskanisches Olivenöl einen Namen gemacht, indem er es als *estate oil*, Olivenöl vom Gut, vermarktete und eine schlanke Flasche mit quadratischem Querschnitt wählte, die zum visuellen Symbol für wirklich gutes Olivenöl wurde.

Die Nase vorn zu haben ist allerdings für Stucci Prinetti nichts Neues. Badia a Coltibuono war eines der ersten großen Unternehmen unter den privaten Gütern der Zone, ein Pionier im Direktverkauf an Besucher auf dem Gut und der erste, der begriff, wie wichtig es ist, von der eigenen Produktion einen

Vorrat anzulegen. Alte Jahrgänge sind in limitierter Zahl immer zu bekommen; sie beweisen den hohen Standard, der von Anfang an verfolgt wurde.
Heute hat die junge Generation auf Badia a Coltibuono das Sagen. Tochter Emanuela macht den Verkauf und die Public Relations, Sohn Roberto – auf seinen Job hat er sich mit einem Studium an der University of Davis vorbereitet, wo eine ganze Generation von Weinmachern gelernt hat, die die Weine Kalifoniens schuf – hat Weinberge und Keller unter sich. Seine Verantwortung ist groß – es handelt sich um ein beträchtliches Unternehmen –, doch er erfüllt sie mit einem Selbstbewußtsein und einer Kompetenz, die sein jugendliches Alter Lügen strafen. Die Rebflächen sind in Monti gelegen, am Westrand von Gaiole in Chianti, wo die Hügel sich nach Siena hin abzusenken beginnen und Sonnenwärme und -licht den Weinen Körper und Großzügigkeit verleihen. Hier ist Sangiovese-Land, und Badia a Coltibuono verwendet alle Energie und Aufmerksamkeit auf diese einheimische Traubensorte; hier gibt es weder Cabernet noch Merlot (bei allem Respekt, den sie verdienen, scheinen sie bei Stucchi Prinetti auch nicht viel Begeisterung auszulösen). Mit seinem eigenen Sangioveto ist er mehr als glücklich, dem Inbegriff des Sangiovese, der in kleinen Barriques ausgebaut wird und dessen Jahrgänge 1985, 1988, 1990, 1994 und 1995 einfach superb sind. Der neue Gär- und Lagerkeller in Monti, ausgerüstet mit allem, was moderne Technik zu bieten hat, und Frucht jahrelangen Testens und Nachdenkens, verspricht eine noch bessere Zukunft.

Empfohlene Weine

Chianti Classico

Chianti Classico RS

Chianti Classico Riserva

Sangioveto
aus Sangiovese

21 RIECINE

Erzeuger
Riecine
Località Riecine
53013 Gaiole in Chianti (SI)
Tel. 0577 749 098
Fax 0577 744 935

Direktor
Gary Baumann

Weinmacher
Sean O'Callaghan

Gründungsjahr
1971

Rebfläche
7 Hektar

Verkostung
nach Anmeldung

Investoren von außerhalb, die neues Kapital und neuen unternehmerischen Elan mitbrachten, neues Blut, das die rückschrittliche Zone wieder zum Leben erweckte, der Einfluß von Männern und Frauen, die außerhalb Italiens mit einer kosmopolitischen Kultur vertraut geworden waren, insbesondere hinsichtlich des Weins – die Gründe, die für die Renaissance des toskanischen Weins, vor allem des Chianti, seit Beginn der 1970er Jahre genannt werden, drohen inzwischen zum müden Klischee zu werden.

John und Palmina Dunkley, die 1971 aus London nach Gaiole in Chianti kamen, wären ein perfektes Beispiel für die Newcomer im Chianti Classico zu dieser Zeit. Er war Engländer und ein Marketingexperte, der wenig Geduld für Rezepte hatte, die keine Ergebnisse zeitigen. Sie stammte aus einer vornehmen Piemonteser Familie, die einen der bedeutendsten zeitgenössischen Philosophen Italiens hervorgebracht hat, hatte jahrzehntelang im Ausland gelebt und war in keiner Weise mehr mit der Atmosphäre verbunden, in der sie aufgewachsen war. Beide waren nicht im geringsten – weder professionell nach emotional – den bestehenden Ansichten über Traubensorten und Verschnitte, Gärung und Ausbau oder den richtigen Stil des Weins verpflichtet. Als Amateure, deren einziges Ziel Qualität war, waren sie perfekte Kandidaten für den neuen Wein, der das Gesicht der Zone verändern sollte.

Diese dürre Beschreibung der Dunkleys und ihres neuen Berufs sagt aber noch nichts über die Erfahrungen, die sie auf dem Weg zum Weinerzeuger machen mußten. Sie kelterten ab 1972 Wein aus den Reben, die sie auf den Hängen unter dem Haus vorgefunden hatten, und als sie die erste Flasche entkorkten und probierten, sahen sie sich – wie sich John Dunkley erinnert – an und sagten: »Wie ist es nur möglich, so einen schlechten Wein zu machen!« Ein Teil des Problems war der Jahrgang: 1972 war ein schreckliches Jahr, eines der schlimmsten seit dem letzten Krieg, und weder John noch Palmina Dunkley sahen sich auf dem Weg zu einem lohnenden neuen Tätigkeitsfeld. 1973 und 1974 waren das Wetter gnädiger und der Wein deutlich besser, doch erst 1975 kam der

Empfohlene Weine

Chianti Classico Riserva

La Gioia
aus Sangiovese

echte qualitative Durchbruch mit einem hervorragenden Jahrgang, der das Potential der Lage offenbarte. Riecine ist für das Chianti klassisch gelegen: an einem steilen, nach Süden weisenden Hang, der nach Norden durch eine Reihe höherer Hügel abgeschirmt wird. Auch das Areal liegt mit 450 Metern über dem Meer recht hoch, und schon die ersten, eleganten und duftreichen Weine definierten den Stil, der Riecine bis heute charakterisiert.

Der kommerzielle Erfolg kam rasch, und er erlaubte dem Paar, einen großen Teil seiner Zeit in der Toskana zu verbringen. Die Weine wurden kontinuierlich besser und besser bekannt; dennoch gibt John Dunkley gern zu, daß seine technischen Entscheidungen öfters improvisiert waren, das Produkt von Gefühlen oder gelegentlichen Experimenten und nicht eines durchdachten Programms. Er erwähnt den ersten Einsatz von Barriques im Jahr 1982, wobei er Eiche aus dem Limousin verwendete, die er heute als keineswegs optimal für seine Weine ansieht; und er gibt aufrichtig zu, daß er sich damals vor allem deshalb zum Experiment mit kleinen Fässern entschloß, weil viele andere sie verwendeten. Sein erster Kontakt mit einem Weinfachmann war eine reine Routinesache; Carlo Ferrini war damals technischer Direktor des Consorzio Chianti Classico, heute aber ist er einer der angesehensten Weinmacher in der ganzen Toskana – und immer noch Berater auf Riecine. Zwanzig ohne Ausnahme glücklich verlaufene Jahre, möchte man sagen, doch das Glück ist mit denen, die das Beste daraus machen können.

Palmina Abbagnano Dunkley starb Anfang der 90er Jahre, und John Dunkley, darauf bedacht, daß Riecine auch ohne ihn erfolgreich ist, hat sich allmählich aus der Leitung des kleinen Modellguts, das er geschaffen hat, zurückgezogen. Das Team, das er geformt hat – Weinfachmann und Partner Sean O'Callaghan sowie Berater Carlo Ferrini – setzt sein Werk mit demselben Abenteurergeist fort, nun unter dem neuen Eigentümer, dem amerikanischen Finanzier Gary Baumann. Und die Weine von Riecine werden immer üppiger, ohne an Duft und Finesse zu verlieren.

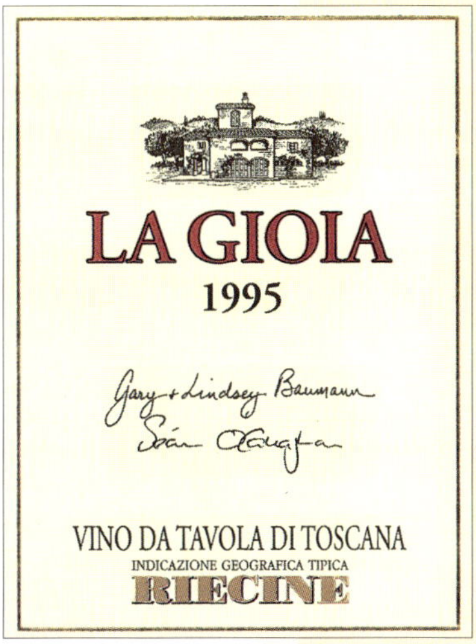

22 CAPANNELLE

Erzeuger
Capannelle
Località
Capannelle
53013 Gaiole in
Chianti (SI)
Tel. 0577 749 691
Fax 0577 749 121

Direktor
Franco Dellepiane

Weinmacher
Andrea Mazzoni

Gründungsjahr
1975

Rebfläche
12,5 Hektar

Verkostung
nach Anmeldung

Die Abenteuer Raffaele Rossettis im Chianti-Classico-Land begannen auf die unschuldigste und zufälligste Weise, die man sich denken kann. Eines Tages im Jahr 1974 schlug er den *Messaggiero* auf, die in Rom erscheinende Tageszeitung, und stieß im Immobilienteil auf eine Liste mit Zweitwohnsitzen, die zum Verkauf standen. »Wohnsitz« ist wohl nicht das rechte Wort für das verfallene Bauernhaus, das er fand; man mußte den Bau erst einmal aufwendig sichern, bevor man ihn wieder bewohnbar machen konnte. Doch die Idee hatte ihn gefesselt, und bald verfügte er über einen gemütlichen ländlichen Rückzugsort mit einem kleinen Weinberg. 1975 lieferten ihm die Reben einen exzellenten Wein, den er ohne jedes Problem recht lukrativ verkaufen konnte, und Rossetti hatte Blut geleckt; bis zu diesem Zeitpunkt war der Wein für ihn nicht so wichtig gewesen.

Bis dahin hatte ihn in seinem Leben kaum etwas auf sein neues Betätigungsfeld vorbereitet. In Florenz geboren, arbeitete er in Erwachsenenjahren in Rom, zunächst im Büro von Enrico Mattei, dem dynamischen Direktor der ENI, des staatlichen Erdölunternehmens, dann als erfolgreicher Hersteller von Kunststoffgegenständen. Wein interessierte ihn nur insoweit, daß er prestigeträchtige Flaschen kaufte, um Kunden zu beeindrucken. Aber er lernte schnell, und die Marketingkenntnisse, die er sich als Unternehmer erworben hatte, kamen ihm bei seinen ersten Schritten als Weinerzeuger sehr zupaß: Die Verpackung war auffallend und originell, und für die besonders guten Jahrgänge entwickelte man Gold- und Silberetiketten für die begrenzte Sonderauflage der Riserva. Aber natürlich war an Capannelle-Weinen mehr bemerkenswert als die Marketinggags: echte Qualität in der Flasche. Bald hatte man eine beeindruckende Liste von gehobenen Restaurants und Weinhändlern zu Kunden, das Kunststoffunternehmen wurde verkauft, und Ende der 70er Jahre war Rossetti Fulltime-Winzer.

Was Rossetti in seiner Unternehmerkarriere gelernt hatte, war,

Empfohlene Weine

Capannelle Chardonnay

Capannelle Rosso Barrique
aus Sangiovese

50 & 50
aus Sangiovese und Merlot

daß Investitionen für ein erfolgreiches Business fundamental wichtig sind, und in den 25 Jahren seines Lebens für den Wein hat er nie gezaudert, Geld auszugeben, um sein Produkt zu verbessern. Seine Keller sind ein Muster an Präzision und penibler Ordnung. Die Gärbottiche und Barriques werden regelmäßig ausgetauscht, um sauberes Holz für den Ausbau zu gewährleisten. Der Wein wird in einem Rohrsystem aus Edelstahl transportiert, das perfekte Hygiene ermöglicht, ein Punkt, in dem Rossetti – wie er selbst zugesteht – kompromißlos denkt.

Technische Unterstützung ist seit je ein integraler Teil der Unternehmung, da Rossetti keinerlei Anspruch auf eine besondere Begabung im Weinmachen erhebt. Viele Jahre stützte er sich auf den Rat von Andrea Mazzoni, einem fähigen Profi, ehemals Professor an der Weinfachschule in Siena. Zusammen haben sie Weine geschaffen, die zu den höchstrenommierten und -bezahlten Flaschen der Toskana gehören: Capannelle Barrique, ohne Frage einer der besten sortenreinen Sangiovese-Weine des Chianti Classico; Capannelle Chardonnay, einer der wenigen interessanten und überzeugenden toskanischen Weißweine; 50 & 50, ein Joint-venture mit der Weinkellerei Avignonesi, je zur Hälfte Rossettis Sangiovese und Avignonesis Merlot aus Montepulciano. Letzterer wurde zu einer weiteren PR-Goldgrube, doch die Qualität rechtfertigt die Aufmerksamkeit, die er erregt, bei weitem.

Um seine Geschäfte auf eine solidere Basis zu stellen, verkaufte Rossetti 1997 Capannelle an James B. Sherwood. Rossetti wird aber weiterhin im Gut arbeiten, ebenso wie Andrea Mazzoni und Kellermeister Simone Monciati. Weitere 7 Hektar Rebland wurden in Gaiole in Chianti erworben: In Zukunft wird es mehr Wein von Capannelle geben, doch wird man alles unternehmen, um den Standard aufrechtzuerhalten, der das Gut zu einem beispielhaften kleinen Erzeuger gemacht hat.

23 CASTELLO DI AMA

Erzeuger
Castello di Ama spa
Frazione Lecchi in Chianti
Località Ama
53010 Gaiole in Chianti (SI)
Tel. 0577 746 031
Fax 0577 746 117

Direktor
Lorenza Sebasti

Weinmacher
Marco Pallanti

Gründungsjahr
1141

Rebfläche
80 Hektar

Verkostung
nach Anmeldung

Im Jahre 1773 unternahm Leopold, der habsburgische Großherzog der Toskana, eine Reise kreuz und quer durch sein Reich, eine Inspektionstour, um sich von den Lebensbedingungen und dem Zustand von Landwirtschaft und Industrie ein genaues Bild zu machen. Als er im Bereich des Chianti weilte, praktisch an der Grenze zu Siena (das zu seinem Herzogtum gehörte, aber weitgehend separat verwaltet wurde), untersuchte er den Weinbau. Seine offiziösen Feststellungen waren: »Die Hügel und Täler rund um das Schloß von Ama sind die schönsten im ganzen Chianti, wunderbar bestellt, mit fruchtbarem Boden für Weizen, Olivenbäume und gut gelegene und sonnenbeschienene Weinberge, alle säuberlich unterhalten, fast wie Gärten; bevölkert und mit vielen Häusern, ist dies der angesehenste Teil des Chianti.«

Zu dieser Zeit war das Schloß – das eigentlich aus zwei Villen bestand – im Besitz der drei Familien Pianigiani, Riccucci und Montigiani, die viel für die Entwicklung der Landwirtschaft in diesem Teil des Chianti Classico taten. Die folgenden Generationen, vor allem im 20. Jahrhundert, zeigten sich sehr viel weniger kompetent und tatkräftig, und Ama war wie die große Mehrheit der Güter in der Zentraltoskana in einem schlimmen Zustand, als vier Investoren aus Rom es 1976 erwarben.

Die neuen Eigentümer gaben über zwanzig Jahre hinweg ein bewundernswertes Beispiel für Engagement und makellose Professionalität in der Leitung des Guts. Die Auswahl der Mitarbeiter war glücklich; Silvano Formigli, der erste, hochgeachtete Verkaufsdirektor, war unermüdlich für Castello di Ama und den Chianti Classico im ganzen tätig, und der technische Direktor Marco Pallanti, der in den frühen 80er Jahren nach Castello di Ama kam, erwarb sich nach und nach einen Ruf als einer der ernsthaftesten und fähigsten Weinmacher der Toskana. Geduldig, methodisch und hart arbeitend, unterstützt durch eingehende Kenntnis der großen Weine der Welt, hatte er gegen Ende der 1980er Jahre die Weine von Ama als führende Produkte ihrer Zone etabliert.

Pallanti erfuhr bedeutende Unterstützung in seiner Arbeit. Die Eigner von Ama – überzeugt, daß ein Input aus dem Ausland

die Verbesserung des allgemeinen Qualitätsstandards nur beschleunigen konnte – konnten eine wichtige Figur des französischen Weins zur Zusammenarbeit mit ihrem eigenen Önologen gewinnen: Patrick Léon, einen langjährigen Mitarbeiter von Alexis Lichine in Bordeaux und *régisseur* bei Château Mouton-Rothschild. Mit Pallanti teilte er die 80 Hektar Rebflächen in Tausende kleinster Parzellen auf und analysierte Boden und Mesoklima, um bestimmen zu können, welche Traubensorten die besten Resultate erbringen würden. Zur selben Zeit experimentierte man mit neuen Sorten – Merlot, Pinot Noir, Chardonnay und Sauvignon – auf Parzellen, auf denen der angestammte Sangiovese nicht gut reifte. Die Sangiovese-Flächen wiederum wurden in normale Chianti-Classico-Areale und solche für die Selektionen aufgeteilt.

Die genaue Kenntnis des Potentials jeder einzelnen Ecke des Guts zeitigte höchst zufriedenstellende Ergebnisse und zudem eine Sicherheit in der Kellerarbeit, die sich in den Weinen spiegelt. Die zwei Chianti-Classico-Selektionen von den Lagen Bellavista und Casuccia gehören zu den begehrtesten der ganzen Zone, und der Merlot, den man bei seiner Vorstellung 1985 als Offenbarung begrüßte, schlug schon bald in internationalen Blindverkostungen den Château Petrus. Pinot Noir, eine etwas kapriziöse Traube mit ungleichmäßigen Ergebnissen, zeigt ebenfalls kontinuierlichen Fortschritt, insbesondere in den Jahrgängen um die Mitte der 90er Jahre. Lorenza Sebasti, Tochter eines der ursprünglichen Investoren, lenkt nun die Geschicke dieses profilierten Guts; sie und ihr Ehemann Marco Pallanti bilden ein berühmtes Familienteam, ein für den toskanischen Wein einzigartiges Paar.

Empfohlene Weine

Chianti Classico Bellavista

Chianti Classico Casuccia

Vigna L'Apparita *aus Merlot*

Vigna Il Chiuso *aus Pinot Nero*

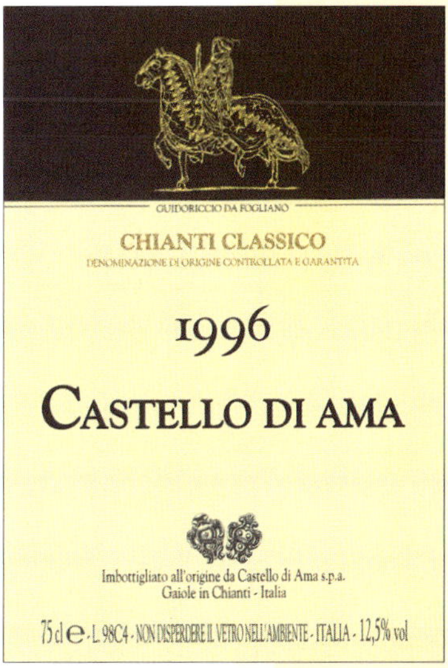

24 CASTELLO DI BROLIO

Erzeuger
Castello di Brolio
Località Cantine del Castello di Brolio
53013 Gaiole in Chianti (SI)
Tel. 0577 7301
Fax 0577 749 070

Direktor
Francesco Ricasoli

Weinmacher
Carlo Ferrini

Gründungsjahr
1141

Rebfläche
200 Hektar

Verkostung
nach Anmeldung

Wenige Namen im Bereich des italienischen Weins haben einen Klang wie Brolio, das die Italiener zu Recht als ihr Château Lafite oder Margaux betrachten: nicht nur als Ort, wo Wein von absoluter Qualität gemacht wird, sondern als einen mythischen Ort von historischer Bedeutung. Brolio und sein Schloß sind seit dem frühen Mittelalter Teil der großen Ländereien der Ricasoli Firidolfi, Grundherren großer Teile der Zentraltoskana, deren Zentrum bei Gaiole in Chianti liegt und die im Westen bis nach Radda, Castellina in Chianti und Siena reichen, östlich bis zum Arnotal. Schlösser, Villen und zahllose Häuser waren in ihrem Besitz, ebenso Wälder und Äcker, Weinberge und Olivenhaine; Zehntausende von Hektar, auf denen ihr Wort Gesetz war. In Mittelalter und Renaissance hatte die Republik Florenz ihr die Bekleidung öffentlicher Ämter untersagt, damit die Kombination von politischer Macht und Territorialherrschaft nicht zur Hegemonie in der Stadt selbst führen konnte.

Wein war immer Teil von Brolio, und er gewann im 19. Jahrhundert noch größere Bedeutung durch Bettino Ricasoli, den *barone di ferro* – den »eisernen Baron« –, einen führenden Kopf im Kampf um die Einigung Italiens und als zweiter Premierminister des jungen Italiens 1861 Nachfolger von Camille Cavour. Der ernste, nüchterne Mann, ein frommer Katholik mit jansenistischem Eifer, widmete sich der Reform und Verbesserung der Landwirtschaft; jahrzehntelang arbeitete er daran, seine Besitzungen auf eine solide finanzielle Basis zu stellen, ebenso experimentierte er unermüdlich im Weinbau und tat viel für die Verbesserung des Chianti. Seine Arbeit mit dem Sangiovese überzeugte ihn, daß dies die Traube sei, auf der die Zukunft der Zone ruhe, und er erfand den Standard-Verschnitt – die »Ricasoli-Formel« –, die bis in die 1970er Jahre gültig blieb: Sangiovese mit Canaiolo für Weine, die reifen sollten, Sangiovese mit Canaiolo und Malvasia Bianca für rasch trinkfertige Weine. Diese Regel wurde im 20. Jahrhundert bedauerlicherweise mehr durch ihre

Verletzung als durch ihre Befolgung bestätigt, und der kompromißlose Baron hätte die weitverbreitete Verwendung der plebejischen Trebbiano-Traube – die den Wein dünn und nichtssagend macht –, ohne Zweifel mit Abscheu betrachtet.

Ricasoli war auch ein gewiefter Geschäftsmann, und das Weinhandelshaus, das er gründete, war fast für ein Jahrhundert eine Dominante in der Toskana, ein Exporteur großen Stils, der für seine konstant hohe Weinqualität bewundert wurde. Die Gesetze der Statistik besagen, daß eine ungebrochene Erfolgsstory nicht endlos dauern kann, und in der Tat war die Zeit zwischen 1960 und 1990 keine der brillantesten in der Geschichte von Brolio; man gab Quantität den Vorrang vor Qualität, und eine Reihe unkluger Partnerschaften, erst mit Amerikanern, dann mit Australiern, die alle wenig Ahnung von der Toskana und ihren Weinen hatten, verschärften die Probleme nur.

Daß Castello di Brolio ein wahrhaft privilegierter Ort ist, wird seit 1993 eindrucksvoll demonstriert, als Francesco Ricasoli die Leitung des Guts und des Handelshauses übernahm. In enger Zusammenarbeit mit einem langjährigen Freund, Filippo Mazzei von Castello di Fonterutoli, und dem Agrarwissenschaftler und Weinfachmann Carlo Ferrini hat er eine Qualitätsrevolution bewirkt, die die Weine von Ricasoli in erstaunlich kurzer Zeit wieder an die Spitze gebracht haben. In den Jahrgängen 1994 und 1995 gab es in der Tat keinen besseren Sangiovese im Chianti Classico als den Casalferro von Brolio. Daß harte Arbeit und professionelle Einstellung mit den erwarteten Resultaten belohnt werden, ist normal, doch die Geschwindigkeit des Turnarounds erzählt Bände von der exzeptionellen Qualität dieser Weinberge.

Diese Qualität ist leicht zu erklären. Brolio liegt sehr weit im Süden des Chianti Classico – die Grenze zwischen den früheren Republiken Florenz und Siena ist nur einen Kilometer entfernt. Die Hügel des Chianti oder die Chiantiberge, wie sie einmal hießen, beginnen bei Greve und steigen kontinuierlich zu ihren

höchsten Punkten bei Castellina und Radda an. Brolio ist der Endpunkt dieses topographischen Phänomens: Das Schloß liegt 530 Meter über dem Meeresspiegel, und die unterhalb und südlich gelegenen Weinberge senken sich langsam in Richtung Castelnuovo Berardenga und Siena ab. Der Horizont ist offen und ungestört, Licht ist im Überfluß da, die Rebflächen sind vor kühler Luft aus dem Norden und dem Apennin durch hohe Hügel geschützt. Sangiovese, in der Tat: Alle roten Qualitätstrauben reifen zu einer Süße und Üppigkeit, die in der Toskana sonst kaum erreicht wird. Es ist kein Zufall, daß der Chianti hier erfunden wurde; Brolio ist in gewissem Sinn das historische Herz der Zone. Und neue Weinberge werden die planlosen Pflanzungen der 60er und 70er Jahre ersetzen und für noch großartigere Weine sorgen.

Empfohlene Weine

Chianti Classico Riserva

Casalferro
aus Sangiovese

Torricella
aus Chardonnay

25 CASTELLO DI CACCHIANO

Erzeuger
Castello di Cacchiano
Località Cacchiano di Monti in Chianti
53013 Gaiole in Chianti (SI)
Tel. 0577 747 018
Fax 0577 747 157

Direktor
Giovanni Ricasoli

Weinmacher
Federico Staderini

Gründungsjahr
1974

Rebfläche
20 Hektar

Verkostung
nach Anmeldung

Das Castello di Cacchiano war über 800 Jahre lang Teil der immensen Besitzungen der Ricasoli im Gebiet des Chianti Classico, und ein Dokument vom 23. Januar 1167 bestätigt die Verleihung der erblichen Herrschaft über Tornano und Campi einschließlich Brolio, Cacchiano und anderer Burgen. Diese Besitzungen lagen in Gaiole in Chianti, und obwohl Siena nur 20 Kilometer entfernt ist und Florenz über 60, waren die Ricasoli seit je unzweideutige Parteigänger der letzteren Stadt. Sie bezahlten einen hohen Preis für ihre politische Loyalität: Ihre Territorien und Burgen, die an der Grenze zwischen diesen Staaten lagen, wurden ständig belästigt und attackiert, 1252 besetzt, 1478 zerstört, 1529 neuerlich besetzt und gebrandschatzt. Teile des Castello rühren noch aus dem Mittelalter, so das Tor und einige gotische Fenster, doch der große Teil ist Renaissance, einschließlich der Villa, die als Familienwohnsitz dient.

Was den Wein angeht, so waren die Geschicke von Cacchiano bis 1974 mit Brolio verknüpft, als es durch eine Teilung des Familienvermögens unter den Erben an Alberto Ricasoli fiel. Zunächst war er es – und nach seinem viel zu frühen Tod seine Witwe, Baronin Elisabetta Balbi Valier Ricasoli, eine der großen Frauen des Chianti Classico, eine kultivierte und charmante Dame mit klaren Vorstellungen –, die das noch in den Kinderschuhen steckende Gut kompetent führten und es als unabhängiges Unternehmen etablierten. Drei Kinder aufzuziehen und zwei Wohnsitze zu unterhalten, einen in Florenz und einen 70 Kilometer entfernt, während ein Weingut zu leiten war, war keine leichte Aufgabe; doch Elisabetta Ricasoli entledigte sich ihrer mit Kompetenz und gelassenem, entwaffnendem Humor. Vielleicht hat ihr dabei das Bewußtsein geholfen, daß dieser Platz so lange schon den Ricasoli gehörte; verglichen mit den jahrhundertelangen Wechselfällen können die Schwierigkeiten zu irgendeinem Zeitpunkt nur geringfügige Komplikationen darstellen.

Eine lange Geschichte bedeutet im Fall des Castello di Cacchiano nicht, daß man in der Weinproduktion übermäßig traditionell denkt. Der Chianti Classico Riserva des Hauses, Millennio, altert in großen Fässern und in Barriques, der RF (für »Ricasoli Firidolfi«, in der Toskana ein Name von mächtigem Zauber) aus den besten Sangiovese-Reben des Guts reift gänzlich in Barriques. Eine intelligente Mischung von Innovation und Altbewährtem ist das Prinzip, das man von Anfang an verfolgt, und es spiegelt sich in den Weinen, die es heute gibt und die für die Zukunft geplant werden. Der sehr gute Vin Santo, zu 100 Prozent aus Malvasia Bianca, ist ein vollständig traditioneller Wein, und der qualitätvolle Canaiolo, der in den Rebflächen zu finden ist, wird im normalen Chianti Classico verwendet. Aber auch Merlot wurde angepflanzt, er wird in künftigen Weinen von Cacchiano eine wichtige Rolle spielen.

Giovanni Ricasoli, der älteste Sohn, der schon einige Jahre auf Cacchiano präsent ist, übernimmt nach und nach die Leitung von Produktion und Marketing. Er und seine Mutter profitieren seit über zehn Jahren vom zuverlässigen Rat des freien Önologen Giulio Gambelli, eines der großen Veteranen des toskanischen Weinbaues. Jetzt, da er in Pension gegangen ist, vermißt man ihn natürlich, doch seinen Platz nimmt ein jüngerer Mann ein, der ähnliche Qualität erwarten läßt: Federico Staderini, der außer in bedeutenden Engagements in der Toskana bereits in Kalifornien und Ungarn gearbeitet hat. Staderini kann mit vielen Pluspunkten an die Arbeit gehen. In allererster Linie sind das die Weinberge in Monti in Chianti, die einhellig zu den besten Lagen im Chianti Classico gerechnet werden: der richtige Boden, richtige Höhe, volle südliche Ausrichtung, Weine von Kraft und Eleganz. Ein Testweinberg auf dem Gut, der als Teil des Forschungsprogramms des Consorzio angelegt wurde, hat Daten geliefert, die beredt Zeugnis geben von der Qualität der Lage. R10, der in der Zone am häufigsten gepflanzte Sangiovese-Klon, ergab fast überall mediokre, enttäuschende Weine; aber auf Castello di Cacchiano schien er wie verwandelt: Hier lieferte er ein Produkt, das am Gaumen wie im Labor eine Fülle zeitigte, die im Vergleich mit anderen Weingütern völlig ungewöhnlich ist.

Empfohlene Weine

Chianti Classico Riserva Millennio

RF
aus Sangiovese

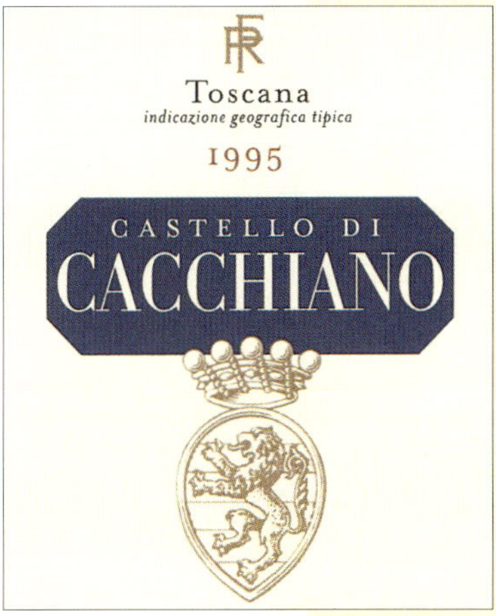

26 PODERE IL PALAZZINO

Erzeuger
Il Palazzino
Località Monti in Chianti
53013 Gaiole in Chianti (SI)
Tel. 0577 747 008
Fax 0577 747 148

Direktor
Alessandro Sderci

Weinmacher
Alexander Trolf

Gründungsjahr
1972

Rebfläche
8 Hektar

Verkostung
nach Anmeldung

Kleine Erzeuger, die ihre Weine selbst abfüllen, sind in der Toskana, ja in ganz Italien ein noch recht neues Phänomen. Wein hatte in italienischer Lebensart und Kultur immer einen zentralen Platz inne, eine Mahlzeit ohne Wein war zuzeiten schlicht undenkbar, und der Verbrauch pro Kopf und Jahr lag bei 120 Litern. Doch der Wein wurde in den meisten Fällen in großen Mengen gekauft, in 50 bis 60 Liter fassenden Glasballons, und zu Hause in Flaschen gefüllt. Soweit der Wein aus dem Chianti Classico überhaupt in Flaschen in den Handel kam, dann in keulenförmigen, strohummantelten Flaschen, einst das Symbol für die Zone schlechthin, in kellertechnischer Hinsicht jedoch höchst unpraktisch: Normale Flaschen können horizontal gelagert werden, eine auf der anderen, wobei der Wein den Korken benetzt und ihn vor dem Austrocknen bewahrt, so daß er keine Luft eindringen läßt; derartiges ist bei der dickbauchigen, dünnhalsigen Flasche nicht möglich.

Die Familie Sderci in Monti di Gaiole in Chianti füllt ihren Wein erst seit den 1970er Jahren ab, und ihr Chianti Classico hat trotz der geringen Menge – selten mehr als 30 000 bis 35 000 Flaschen im Jahr – ein großes Renommee erworben; er wird in anspruchsvolle Märkte wie Deutschland, Schweiz, USA und Japan exportiert. Bevor sie unabhängige Erzeuger wurden, versuchte die Familie eine Alternative zu dem traditionellen System des Chianti Classico zu entwickeln, in dem kleine Winzer ohne Marktbedeutung und Handelsmacht ihre Trauben praktisch zu dem Preis verkaufen mußten, den ihnen die großen Handelshäuser boten. Mit sechzehn anderen Winzern, hauptsächlich aus Gaiole in Chianti, gründeten sie 1961 die erste Genossenschaftskellerei der Zone, die *Agricoltori del Chianti Geografico.*

Auf Flaschen gezogener Wein war ein Abenteuer und zog eine neue Dimension in der Weinbereitung nach sich. Das Produkt ist nicht mehr Bestandteil eines anonymen Verschnitts, sondern geht mit einem Etikett in die Welt hinaus, das den Erzeuger mit Vor- und Nachnamen und Adresse identifiziert. Er kann sich nicht mehr verstecken, wenn das Produkt dem geforderten Standard nicht entspricht. Kein Problem war dies für Andrea Sderci, der Il Palazzino ab Mitte der 1970er Jahre trotz anderer Verpflichtungen leitete: Er hat eine verantwortliche Position in der ältesten Bank Italiens inne, der Monte dei Paschi di Siena, und kann sich nur abends und am Wochenende um Weinberge und Keller kümmern. Aber er verfügt über fähige Mitarbeiter, die er gut ausgebildet hat, und seine Tochter hat ihn jüngst von einigen administrativen Problemen entlastet, die mit einer so genau zu planenden Tätigkeit wie der Produktion von DOC-Wein unweigerlich einhergehen.

Sderci ist aber auch das, was man in Frankreich eine *fine bouche* nennt, ein Mann mit einem erfahrenen und anspruchsvollen Gaumen. Er weiß, wie ein großer Wein zu schmecken hat, und an Ehrgeiz mangelte es ihm nie. Seine Sache war ein Chianti Classico mit Stoff und Substanz, als leichte, einfache Weine noch das Credo der Zone waren. Obwohl kein ausgebildeter Weinmacher, war er einer der ersten, die mit Barriques experimentierten, und sein Grosso Sanese ist seit 1982 einer der besten Barrique-gereiften reinen Sangiovese-Weine der Toskana. Dafür ist großenteils Monti verantwortlich: Diese nur bei gut informierten Kennern des Chianti Classico bekannte Subzone zwängt sich zwischen die Hügel des oberen Chianti (Monte di Vielle, Monte di Valdenano) und Castelnuovo Berardenga, der Mittagssonne voll ausgesetzt und geschützt vor kaltem Wind von Norden. Ein ernsthafter Winzer kann hier nur erstklassige Trauben ernten, der Rest ist seine Sache. Im Fall von Andrea Sderci demonstrieren die Weine, daß er sehr gut weiß, was er zu tun hat, sobald die Trauben vom Weinberg kommen.

Empfohlene Weine

Chianti Classico

Chianti Classico Riserva
Grosso Sanese

27 SAN GIUSTO A RENTENNANO

Erzeuger
Fattoria
San Giusto a
Rentennano
Località San
Giusto, 20
Monti in Chianti
53013 Gaiole in
Chianti (SI)
Tel. 0577 747 121
Fax 0577 747 109

Direktoren
Francesco und
Luca Martini
di Cigala

Weinmacher
Maurizio Castelli

Gründungsjahr
1906

Rebfläche
32 Hektar

Verkostung
nach Anmeldung

Im 15. Jahrhundert schrieb Cosimo de' Medici in einem Werk über die Künstler seiner Zeit: »Ogni dipintore dipigne di sè« – Jeder Maler malt sich selbst. Daß das Werk seinen Schöpfer kündet (wenn es ihn schon nicht lobt), ist ein alter Gedanke in der abendländischen Philosophie; Philon von Larissa, ein Lehrer Ciceros, schrieb: »Unfehlbar lassen Werke der Kunst ihren Schöpfer erkennen, denn wer entwickelt nicht eine Vorstellung vom Bildhauer oder Maler, wenn er eine Statue oder ein Bild betrachtet?«

So anfechtbar dieser Gedanke sein mag, höchst naheliegend ist er im Fall von Francesco Martini di Cigala, dem Mann, der San Giusto a Rentennano dem Vergessen entriß und zu einem der renommiertesten Labels der Toskana machte. Kräftig gebaut, mit der Physis eines Rugbyspielers, der den Eindruck vermittelt, jeden aus dem Weg räumen zu wollen, der ihm Schwierigkeiten macht, ein Mann, der Kompromisse verachtet und sich mit Narren und Langweilern nicht abgibt, machte sich Martini di Cigala mit dem 1985er Jahrgang des Percarlo einen Namen, einem Wein aus Trauben, die nach Meinung seines damaligen Önologen gefährlich überreif zu werden drohten. Er ignorierte den Rat und vertraute seinem eigenen Instinkt – und machte einen Wein von legendärer Kraft und Intensität, einen der ganz großen Toskaner seit dem Zweiten Weltkrieg. Martini geht seinen eigenen Weg, und in puncto Wein heißt dieser: Körper, Konzentriertheit, Opulenz, der Schluck, der den Mund ausfüllt und einen unvergeßlichen Eindruck am Gaumen hinterläßt. Eleganz fehlt keineswegs, doch ist dies kein Wein für Ästheten.

Zunächst deutete nichts darauf hin, daß Martini di Cigala – jetzt mit der kundigen Unterstützung durch seinen Bruder Luca, der die Weinberge unter sich hat – einer der prominentesten jungen Erzeuger Italiens werden sollte. Von mütterlicher Seite ist er ein Ricasoli, die Familie seines Vaters hingegen besitzt bedeutende Marmorbrüche an der toskanischen Küste; so verbrachte er seine jungen Jahre in Carrara.

Das Familiengut San Giusto a Rentennano zog ihn jedoch magisch zurück in die Toskana, und Anfang der 80er Jahre sah er sich mit den Problemen konfrontiert, die verkommene Weinberge und ein Keller, der über Jahrzehnte keine Investitionen gesehen hatte, aufwarfen. Dazu kam die Überzeugung seines Vaters, eines ausgebildeten Agrarwissenschaftlers, daß der Chianti ein einfacher Zechwein sei und daß ausschließlich darin seine Zukunft liege.

Es ähnelt Francesco Martini di Cigala jedoch nicht, sich von konträren Meinungen abschrecken zu lassen; er strebte nach Höherem. Der erste, noch experimentelle Jahrgang des Percarlo, 1983, überzeugte ihn nicht ganz, aber er sah, daß er auf dem richtigen Weg war. Die 1985er Version wischte alle Bedenken beiseite. Die Techniken, die er bei ihm verwendete – extrem reife, zuckerreiche Trauben, lange Fermentation bei hohen Temperaturen, ein Gutteil neuer Barriques für den Ausbau – hat er auch teilweise auf den hervorragenden Chianti Classico Riserva übertragen, der nun ebenfalls zum Teil in Barriques reift. Doch was San Giusto a Rentennano wirklich auszeichnet, ist nicht die besondere Kellertechnik, sondern die einzigartige Lage. Ein Kloster, bis die Mönche im frühen 13. Jahrhundert nach Siena übersiedelten, dann eine Festung der Ricasoli, die 1390 von Siena erstürmt wurde (mit Hilfe von Truppen der Visconti, wobei zum ersten Mal Schußwaffen verwendet wurden), ist das Gut eines der niedrigstgelegenen im ganzen Chianti Classico. Seine Weinberge befinden sich, was für die Zone sehr ungewöhnlich ist, unter 300 Meter über dem Meeresspiegel. Die große Hitze und der tuffsteinhaltige Boden ergeben Weine von unvergleichlicher Kraft, ähnlich einem Brunello di Montalcino, jedoch von ganz anderem Charakter. So wie der Mann, der sie schuf und sie weiterhin gestalten wird, sind sie nichts für die Zaghaften.

Empfohlene Weine

Chianti Classico

Chianti Classico Riserva

Percarlo
aus Sangiovese

28 VALTELLINA

Erzeuger
Valtellina
Località Rietine
53013 Gaiole in Chianti (SI)
Tel. 0577 731 005
Fax 0577 731 083

Direktor
Christoph Schneider

Weinmacher
Vittorio Fiore und Andreas Stössel

Gründungsjahr
1977

Rebfläche
7 Hektar

Verkostung
nach Anmeldung

Fattoria Valtellina« ist ein merkwürdiger Name für ein Weingut des Chianti Classico: das Valtellina, das Tal des Flusses Adda, der nach Westen in den Comer See fließt, ist selbst ein Weinbaugebiet und das einzige Areal außerhalb Piemonts, wo hochwertiger Nebbiolo produziert wird. Die Erklärung ist relativ einfach: Vor einigen Jahrzehnten züchtete ein Eigentümer der Fattoria Valtellina – neben dem Anbau von Rebstöcken – Rinder einer Rasse, die in Italien als Valtellina bezeichnet wird.

Über die Fleischqualität der ehedem hier gezogenen Valtellina-Rinder ist nichts bekannt, auf jeden Fall aber scheint dieser Teil von Gaiole in Chianti wesentlich besser für die Produktion von Wein und Oliven geeignet zu sein als für alles andere. Einst war die Fattoria ein abgelegener kleiner Bauernhof, ein *podere*, der zu dem großen und bedeutenden Gut Rocca di Castagnoli gehörte, einem imposanten Schloß im Besitz der Ricasoli (was wohl unvermeidlich war, in Anbetracht des Gebiets, in dem es liegt).

Die moderne Produktion von hochwertigem Wein begann 1977, als Giorgio Regni die Fattoria erwarb, ein Manager der Reifenfirma Pirelli, der in vielen Ländern gelebt hatte, viele Sprachen beherrschte und als Weinfreund breite internationale Kenntnisse hatte. Als fähiger Verkäufer verschaffte er dem Etikett rasch einen Namen, auch bei wichtigen italienischen Restaurants. Merlot wurde in den Weingärten gepflanzt und in den Weinen verwendet, und die ersten kleinen Fässer tauchten im Keller auf. Bald wurde die Arbeit aber für einen Mann eines gewissen Alters physisch zu anstrengend, und 1990 wurden Haus und Gelände verkauft.

Der Käufer war diesmal kein Italiener und fast ein halbes Jahrhundert jünger als Regni. Christoph Schneider war dabei, in München seine Doktorarbeit in Volkswirtschaft fertigzustellen, doch Wein war seit je seine Passion, und er suchte eine Möglichkeit, in der Welt des Weins aktiv mitzumischen. Sein Erscheinen im Chianti Classico 1990 – mit Kapital von befreundeten Investoren – fiel mit einem der großen Jahrgänge der ganzen Nachkriegszeit zusammen, doch die völlig andere

Empfohlene Weine

Chianti Classico

Chianti Classico Riserva

Convivio
aus Sangiovese und Cabernet Sauvignon

Qualitätsstufe seiner Weine beruhte bei weitem nicht nur auf dem Glück des Anfängers oder günstigen Witterungsbedingungen. Er hatte sofort Vittorio Fiore als Weinfachmann engagiert, seit Mitte der 1970er Jahre ein Protagonist in der Toskana; und dieser war verblüfft über die Kompetenz und Hingabe, das Wissen und die Kultiviertheit, über die penible Detailgenauigkeit, die Schneider in sein neues Betätigungsfeld einbrachte.

Nicht nur der erste Jahrgang, alle Weine, die seit 1990 produziert wurden, haben das Konzept des engagierten Amateurs als neuen und wichtigen Faktor bestätigt. Christoph Schneider war nicht der erste, aber einer der wenigen, die so durchgängig gute Weine zustande bringen; selbst so schwierige Jahrgänge wie 1991 und 1992 ergaben sehr respektable Resultate. Cabernet Sauvignon wird zusammen mit Merlot im Verschnitt eingesetzt, doch auch die einfacheren Weine der Fattoria Valtellina, auf der Basis von Sangiovese, können es mit den besten der Zone problemlos aufnehmen. Die zwei Selektionen, Riserva und Convivio, gehören zu den begehrtesten des Chianti Classico; sie sind ungewöhnlich körperreich und kräftig für ein Gut, dessen Trauben auf 450 Metern Höhe reifen. Von Barriques wird meisterhaft Gebrauch gemacht, und die Weine – von gleichzeitig internationalem wie unverkennbar toskanischem Stil – haben sich als höchst eigenständige Produkte einen guten Namen erworben.

29 CASTELL'IN VILLA

Erzeuger
Castell'in Villa
Località
Castell'in Villa
53019 Castelnuovo Berardenga (SI)
Tel. 0577 359 074
Fax 0577 359 222

Direktor
Coralie Ghertsos Pignatelli della Leonessa

Weinmacher
Giacomo Tachis

Gründungsjahr
1967

Rebfläche
50 Hektar

Verkostung
nach Anmeldung

Der Name des Guts ist gleichzeitig eine Kurzbeschreibung seiner Geschichte und seiner Architektur. Als erstes war es Residenz von Wuinigi, einem Berardenga-Herzog fränkischer Abstammung und Gründer der Abtei San Salvatore a Fontebuoni im Gebiet von Gaiole in Chianti; in Anbetracht der turbulenten Zeiten war sie natürlich massiv gebaut und gut befestigt. Als friedlichere Zeiten in diesem Teil der Toskana einkehrten, war es nur logisch, daß der Komfort eines kultivierten Lebensstils im Alltag eine größere Rolle spielte und die kasernenartige Burg zu einer Villa des toskanischen Adels umgewandelt wurde.

Castell'in Villa diente den Passeri aus Siena als Jagdhaus, bis es 1967 von Riccardo und Coralia Pignatelli erworben wurde. Zunächst wollten sie es als Wochenendrefugium nützen; dem gebürtigen Prinz und rasch Karriere machenden Mitglied des diplomatischen Corps Riccardo Pignatelli erschien es als attraktive und günstig gelegene Möglichkeit, der Hitze und dem Streß Roms zu entfliehen. Wie jedes toskanische Landhaus mit einigem Grund und Boden verfügte der Besitz über einige Hektar Reben, doch hatte man noch nie irgend etwas Kommerzielles damit angefangen, noch hatten die Pignatellis etwas Derartiges im Sinn. Die Metamorphose von gelegentlichen Besuchern im Chianti zu dauerhaft Ansässigen und, noch wichtiger, zu wichtigen Weinerzeugern ist mehr den Bürokraten in Brüssel zuzuschreiben als einer eigenen, unabhängigen Entscheidung. Ende der 60er Jahre und fast die ganzen 70er Jahre hindurch gewährte die EG, die den Pro-Kopf-Verbrauch steigen sah und eine Verknappung des Weins – in Ländern wie Frankreich und Italien ein unverzichtbarer Teil der alltäglichen Ernährung – befürchtete, beträchtliche Subventionen für die Anpflanzung von Weinbergen. Die Tradition von Castelnuovo Berardenga als Weinanbaugebiet lag auf der Hand, Kosten und Risiken gab es so gut wie keine – so mußte man nicht lange nachdenken, um den Sprung ins Wasser zu wagen.

Die Pignatelli brauchten auch nicht lange, um festzustellen, daß ihre neuen Weinberge mit all dem Licht und der Wärme, die den Südteil des Chianti Classico charakterisieren, Weine von Substanz und Charakter liefern. Wenn sie je Zweifel hatten, lösten sie sich angesichts der vielen Handelshäuser rasch auf, die nach ihrem Wein Schlange standen; zuvörderst Piero Antinori, der wichtiger Vorreiter der Qualitätsrenaissance der Zone wurde. Schnell entwickelte sich eine Freundschaft zwischen Coralia Pignatelli und dem Chefönologen von Antinori, Giacomo Tachis, die bis heute anhält. Tachis ist ein rückhaltloser Bewunderer der Weine von Castelnuovo Berardenga überhaupt und von Castell'in Villa im besonderen, und seit über 25 Jahren vertraut man seinem Rat.

Coralia Pignatelli hat dennoch ihre eigenen Ideen, und sie leitet ihr Gut nach ihren Vorstellungen, die nicht immer mit denen ihres Beraters übereinstimmen. Sie ist in gewisser Weise ein Traditionalist mit einem Faible für Sangiovese und die großen Fässer, die schon immer für seinen Ausbau verwendet werden, während Giacomo Tachis den Cabernet Sauvignon und die Barriques in der Zentraltoskana eingeführt hat. Castell'in Villa macht zwar einen Verschnitt aus Sangiovese und Cabernet Sauvignon, Santa Croce, der in kleinen Fässern reift, gab aber immer dem Chianti Classico und dem Chianti Classico Riserva den Vorrang, die beide zu den besten der Zone zählen. Der Riserva ist ein hervorragend langlebiger Wein; vertikale Vergleiche, die man Mitte der 90er Jahre veranstaltete, um mit alten Flaschen zu werben, ergaben, daß Jahrgänge wie 1975 und 1983 immer noch in blendender Verfassung und nach jedem Standard exzeptionelle Weine sind. Kein geringer Erfolg für Coralia Pignatelli, die ab 1990 – als ihr Mann, damals italienischer Botschafter in Marokko, starb – allein für das Gut verantwortlich war; sie war ohne jede Ausbildung zum Wein gekommen und hat ihre Arbeit nicht sosehr auf die Technik als auf ihre Liebe zu dem Land, seinen Bewohnern und Traditionen gegründet, das zu ihrer zweiten Heimat geworden ist.

Empfohlene Weine

Chianti Classico

Chianti Classico Riserva

Santa Croce
aus Sangiovese und Cabernet Sauvignon

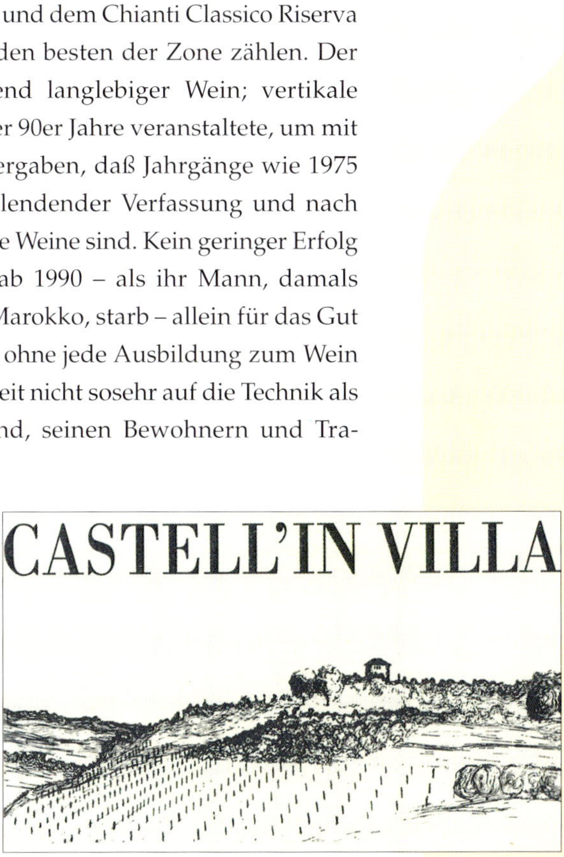

30 FELSINA

Erzeuger
Fattoria di Felsina
Strada Chiantigiana, 484
53019 Castelnuovo Berardenga (SI)
Tel. 0577 355 117
Fax 0577 355 651

Direktor
Giuseppe Mazzocolin

Weinmacher
Franco Bernabei

Gründungsjahr
1966

Rebfläche
70 Hektar

Verkostung
nach Anmeldung

Der Name Félsina ist etruskischen Ursprungs, eine Tatsache, die Giuseppe Mazzocolin, der dieses Familiengut seit Anfang der 1980er Jahre leitet und ihm weltweite Reputation verschafft hat, als Zeichen für eine zweieinhalbtausendjährige ununterbrochene Tradition versteht.

Natürlich kann man nicht wissen, was dieses mysteriöse alte Volk, dessen Alphabet und Sprache noch immer nicht entschlüsselt sind, in diesem Areal sahen. Aber wir können eine Vermutung wagen: Felsina liegt auf den Hügeln am Rand des Chianti mit Blick über die *crete,* die lehmreichen Ebenen und sanften Hügel, die Siena umgeben. Es stellt eine Art natürlichen Wachtturm dar, vor 2500 Jahren von besonderer Bedeutung, als physische Sicherheit gleichzeitig wichtig und schwer zu erreichen war. Die folgende Besiedlung durch die Römer und die vielen wandernden Völker, die im Lauf vieler Jahrhunderte über diese südlichen Breiten hinwegschwappten, machen deutlich, daß die Etrusker diesen Ort nicht zufällig so hoch schätzten.

Alles dies hat Mazzocolin wohl bedacht, ein nachdenklicher Mann, der Professor für Altgriechisch, Latein und italienische Literatur war, bevor er sich ganz dem Wein widmete. Wein ist für ihn mehr als nur ein Getränk, er ist Teil der Geschichte vergangener Zivilisationen, integraler Bestandteil der mediterranen Welt, viel mehr ein anthropologischer Faktor als ein Konsumgut, wieviel Freude er auch immer machen mag. Mazzocolin war durchaus bewußt, selbst in den unerfahrenen ersten Monaten, daß Felsina das Zeug zu sehr gutem Wein hatte. Die Chianti-Classico-Jahrgänge 1970 und 1971, die herauskamen, kurz nachdem sein Schwiegervater Giuseppe Poggialli das Gut gekauft hatte, waren ausnehmend gut und werden immer noch von kenntnisreichen Journalisten zitiert, die das Glück hatten, sie bei ihrem Erscheinen verkosten zu können.

Zuverlässig guter Wein ist jedoch das Resultat von Analyse, Planung und vorausschauender Aktion, und Giuseppe Poggialli, ein vielbeschäftigter Bauunternehmer, der wesentlich am Bau des Hafens von Ravenna beteiligt war, konnte trotz seiner

Passion für den Sangiovese seinem Besitz in der Toskana nicht genug Zeit widmen. Giuseppe Mazzocolin nahm die Sache 1982 in die Hand und ging mit derselben Hingabe an sie heran wie an seine akademische Karriere. 1983 traf er auf Franco Bernabei, sein Alter ego, damals ein junger, vielversprechender freier Önologe, der nach seinem Studium an der berühmten Weinfachschule in Conegliano Veneto in die Toskana gegangen war. Zusammen kartographierten sie die Weinberge von Felsina, Lage für Lage, Fleckchen für Fleckchen, und untersuchten Boden und Exposition, um das Potential des sich über mehr als 400 Hektar ausbreitenden Besitzes zu bestimmen. 1983 war, so wollte es das Schicksal, der Wendepunkt, ein Jahrgang, nach dem auf Felsina nichts mehr war wie vorher. Die zwei ersten Selektionen, Fontalloro und der Chianti Classico Riserva aus der Lage Rancia, waren etwas ganz Neues und sehr Erfreuliches. Der großartige Fontalloro 1985, einer der besten Weine dieses hervorragenden Jahrgangs in der Toskana, besorgte den Rest.

Auf Felsina hat man dieselben Experimente mit nichttraditionellen Rebsorten gemacht: Chardonnay wurde in einer kühleren Ecke des Areals gepflanzt und ergab regelmäßig gute Resultate; Cabernet Sauvignon, den man auf sandigem Boden anpflanzte, bewies ein gutes Potential. Doch für die Eigentümer wie für das Publikum ist Felsina gleichbedeutend mit Sangiovese, und das ist vielleicht nur zu natürlich: Die Traube hat sehr weit zurückreichende Ursprünge und wurde in diesem Teil Italiens jahrtausendelang kultiviert. Sollte es uns überraschen, wenn einer der besten Sangiovese-Weine von einem etruskischen Vorposten im südlichsten, wärmsten Teil des Chianti Classico kommt?

Empfohlene Weine

Chianti Classico

Chianti Classico Riserva

Chianti Classico Riserva Rancia

Fontalloro
aus Sangiovese

31 POGGIO BONELLI

Erzeuger
Agricola Poggio Bonelli
Località Poggio Bonelli
53019 Castelnuovo Berardenga (SI)
Tel. 0577 355 382
Fax 0577 355 383

Direktor
Daniela Salvioni

Weinmacher
Vittorio Fiore

Gründungsjahr
1981

Rebfläche
17,5 Hektar

Verkostung
nach Anmeldung

Schweizer Bürger stellen heute ein beträchtliches Kontingent in den toskanischen Weinanbaugebieten, sie kaufen Villen und Bauernhäuser und unterziehen sich der langwierigen (Baugenehmigungen gibt es hier nur mit Zustimmung der Denkmalpfleger, und die überlegen sich alles gründlich) und teuren Aufgabe, sie wieder bewohnbar zu machen, die Obstbäume, Olivenbäume und Weinberge wieder in Ordnung zu bringen, die sie auf ihrem Anwesen vorfinden, und neue Reben zu pflanzen. Es ist wirkliche Liebesmüh, die sich aus der Sehnsucht nach dem Süden, nach der mediterranen Welt und Kultur nährt.

Der größte Teil der neuen Siedler kommt aus dem deutschsprechenden Teil der Eidgenossenschaft, mit der bedeutsamen Ausnahme der Salvioni, die aus dem Tessin kamen und seit 1981 auf Poggio Bonelli, einem Gut zwischen Castelnuovo Berardenga und San Piero in Barca im äußersten Süden des Chianti Classico, ansässig sind. Sergio Salvioni, ein vielbeschäftigter Anwalt, konnte sich in den ersten Jahren nur sporadisch dem toskanischen Gut widmen, doch lebt und arbeitet seit Ende der 1980er Jahre seine Tochter Daniela hier, eine polyglotte Weltenbummlerin, die – wie Giovanella Stianti, Laura Bianchi und Coralia Pignatelli auf Castello di Volpaia, Castello di Monsanto und Castell'in Villa – gezeigt hat, daß talentierte und ehrgeizige Frauen in der männerdominierten Welt des italienischen Weins problemlos zurechtkommen.

Daniela Salvioni wurde und wird bei ihren Aufgaben von einer Reihe begabter Önologen unterstützt, die zu den besten der Toskana gehören: Weinmacher Vittorio Fiore, Agrarwissenschaftler Remigio Bordini, Agrarwissenschaftler und Önologe Stefano Chioccioli. Doch schon vor ihrem Auftauchen besaßen die Weine des Guts unter Kennern einen guten Ruf. Andrea Mazzoni, der über 25 Jahre als Weinberater und als Lehrer an der Weinfachschule in Siena tätig war, meint, daß der beste sortenreine Chianti Classico, den er je probierte, der 1975er von Poggio Bonelli war. Dennoch war die Hand Vittorio Fiores sofort zu spüren; 1985 und 1988 gab es hervorragende Resultate, und die Weine der 1990er Jahre sind ebenso gut.

Professionelles Können ist für die Produktion von Qualitätswein offenkundig vonnöten, doch kann auch der gewiefteste Spezialist wenig ausrichten, wenn die objektiven Bedingungen dazu nicht vorhanden sind. Poggio Bonelli hat denselben tuffstein- und lehmhaltigen Boden wie Castelnuovo Berardenga, und seine Lage auf den äußersten Bollwerken des Chianti Classico verschafft die heißen Tage und kühlen Nächte, die für reife und ausgewogene Trauben notwendig sind.
Obwohl es keinen Grund zu der Annahme gibt, daß in Castelnuovo Berardenga eine Reihe verschiedener Sorten nicht gut reifen kann, stützt sich der Weinbau, selbst in der kurz zurückliegenden sehr experimentierfreudigen Phase, fast ausschließlich auf Sangiovese. Poggio Bonelli teilt diese Vorliebe für die einheimische Traube, und seine beiden Selektionen beruhen auf Sangiovese. Tramonto d'Oca, der Spitzenwein des Guts, wird natürlich aus den besten Sangiovese-Trauben gemacht und reift in Barriques, während der Chianti Classico Riserva, der in den letzten Jahren sehr viel besser geworden ist und dem Tramonto nahekommt, von der inzwischen gesammelten Erfahrung mit Barriques profitiert und sowohl in großen wie in kleinen Fässern reift.

Empfohlene Weine

Chianti Classico Riserva

Tramonto d'Oca
aus Sangiovese

2 Montalcino

Montalcino

Der Brunello di Montalcino wurde in nicht einmal einem Jahrhundert zum angesehensten Wein der Toskana, zum reinsten Ausdruck des Sangiovese, der bedeutendsten einheimischen Traube, und – neben dem Barolo – zum klassischen Beispiel für einen kraftvollen, charakteristischen und langlebigen italienischen Rotwein. Es ist daher etwas überraschend zu hören, daß Montalcino fast immer als Zone galt, die eher für die Produktion von Weißwein geeignet ist, insbesondere für einen süßen Dessertwein namens Moscato di Montalcino, der aus der in der ganzen Welt bekannten Muskat-Traube gemacht wurde.

Und doch ist die Geschichte Montalcinos in diesem Punkt unmißverständlich. Wein heißt in diesem Teil der Toskana Moscadello. Francesco Redi beschrieb ihn in seinem *Bacco in Toscana* als »bezaubernd und anmutig… die Grazie selbst«. Derlei Übertreibung mag man als Schwulst abtun, als poetischen Erguß, doch es gibt viele Stimmen, die dieselbe hohe Meinung von dem Wein haben, und zwar nicht nur italienische. Der Engländer James Thompson, der 1744 Italien bereiste, sprach so von diesem Wein: »Montalcino ist für nichts anderes so berühmt wie für die Güte seines Weins.« Es ist durch Dokumente vielfach bezeugt, daß er in dieser ganzen Epoche in England wohlbekannt und geschätzt war. Sir Lambert Blackwell schrieb in einem Brief an den Minister Wilhelms III.: »Ich habe den allerbesten Wein der kommenden Ernte bestellt, Wein der Art, die Ihre Majestät vor allen anderen bevorzugt, den von Montalcino.«

Moscadello blieb für die folgenden zwei Jahrhunderte ein sehr bedeutender Wein, und Clemente Santi, Erzeuger von Rotwein und Großvater von Ferruccio Biondi Santi – dem Erfinder des Brunello di Montalcino, wie wir ihn kennen –, war vor allem für seinen Dessertwein bekannt, der sowohl in

Montalcino 1865 wie auf der Weltausstellung in Paris 1867 ausgezeichnet wurde.

Aber auch Sangiovese wurde in Montalcino angebaut, und der Brunello di Montalcino, der Wein, der die abgelegene Bergstadt zu einem international renommierten Zentrum der Qualitätsweinproduktion gemacht hat, tritt in der zweiten Hälfte des 19. Jahrhunderts in das Licht der Geschichte. Ein Schlüsseldatum ist 1865, als der »rote Auslese-Wein *(brunello)*« in Montalcino eine Medaille errang, ein weiteres 1888, als der erste Brunello (dieses Mal und für immer groß geschrieben) von Ferruccio Biondi Santi abgefüllt wurde. Doch es gibt starke Indizien dafür, daß – zumindest für informierte Kenner des toskanischen Weins – schon im 19. Jahrhundert das Potential Montalcinos als Qualitätsweinbaugebiet wohlbekannt war. Ein zuverlässiger Zeuge ist Cosimo Ridolfi, der aus einer alten, vornehmen Florentiner Familie stammte (Roberto Ridolfi, ein direkter Nachfahr, schrieb als Standardwerke geltende Biographien über Machiavelli, Guicciardini und Savonarola) und ein engagierter Agrarreformer war. »Alle unsere Weine«, schrieb Ridolfi 1831, über 50 Jahre bevor Ferruccio Biondi Santi seinen epochemachenden Wein abfüllte, »sollten wie die aus Chianti, Pomino, Carmignano und Montalcino werden, mit denselben Charakteristika bezüglich Aroma, Farbe und Geschmack, die für dauernde und allgemeine Vertrauenswürdigkeit sorgen.«

Es wäre jedoch ein großer Fehler, die Errungenschaften von Ferruccio Biondi Santi zu unterschätzen. Was auch immer sein Großvater und anderer Erzeuger des späten 19. Jahrhunderts, wie Giuseppe Anghirelli und Camillo Galassi, beigetragen haben mögen, er war es, der die Teile des Puzzles zusammenfügte und den Prototypen des Brunello di Montalcino schuf. Der erste Schritt war, einen besonders guten Sangiovese-Klon zu selektieren, einen mit dickerer Beerenhaut und kräftigerer Farbe, die dem Wein eine gute Statur geben sollten. Dann ging er dazu über, ihn separat zu vinifizieren, ohne die roten und weißen Traubensorten, die damals im Chianti verwendet wurden. Eine ganz wichtige Entscheidung war, auf den *governo alla toscana* zu verzichten, die zweite Gärung, die durch die Zugabe von Most aus rosinierten Trauben in Gang gesetzt wurde, die Säure verminderte und so den Wein früher trinkbar machte. Biondi Santi hatte einen ganz anderen Wein vor Augen, ein weiterer fruchtiger, gefälliger Wein für den raschen Verbrauch war das letzte, was ihn interessierte. Als Konsequenz ließ er den Wein lange im Faß reifen, was seine

Struktur und Langlebigkeit zusätzlich stärkte. So wurde der Brunello geboren, wie wir ihn kennen, und sein Ausnahmecharakter wurde sofort erkannt. Baron Luigi Ricasoli, der Urenkel von Bettino Ricasoli, der auf Castello di Brolio die berühmte Formel des Chianti Classico erfand, soll nach einer Verkostung der Brunello von 1888 und 1891 gesagt haben: »Nun, das ist mehr, als mir möglich ist.«

Die Arbeit im Weinberg und im Keller kann nur etwas vollenden, was bereits da ist. Die Vorrangstellung, die der Brunello di Montalcino in allen Diskussionen über den Sangiovese einnimmt, beruht in weit größerem Maß auf den Eigenschaften der Region als auf bestimmten Produktionsmethoden, die – überflüssig, dies hervorzuheben – sich im Lauf der Zeit beträchtlich geändert haben. Ein Hauptfaktor ist der Boden, der bröckelige Tonmergel und Kalkstein, der in großen Teilen des Territoriums von Montalcino vorhanden ist. Doch trifft man auch in anderen Teilen der Toskana auf diesen Boden, wo er nicht diese Resultate zeitigt. Das eigentliche Geheimnis der überragenden Qualität des Brunello ist das Klima. Wir sind hier im tiefen Süden der Toskana, näher an Latium als an Florenz, und Gaiole in Chianti, wo der Chianti Classico kreiert wurde, liegt fast 50 Kilometer weiter nördlich, hinsichtlich der Reifung der Trauben eine beträchtliche Distanz. Montalcino ist gewissermaßen das Tor zur Maremma, dem heißesten Teil der Toskana, wo die Temperaturen während der Wachstumsperiode deutlich höher sind als in anderen bedeutenden Sangiovese-Anbaugebieten. Doch wird die Hitze durch die Höhe und die Winde gemildert, die vom Tyrrhenischen Meer heraufwehen und während der Hundstage in Juli und August für eine permanente Ventilation und Kühlung sorgen. Das Klima der Maremma mit der Topographie des Chianti Classico, das ist das Geheimnis des Brunello di Montalcino. Und auch das Licht ist hier anders: Das Gelände ist keine Abfolge von engen Tälern, sondern auf allen Seiten offen bis zum Horizont, wobei nur der Monte Amiata, der im Südosten aufragt, manchmal das gleißende Sonnenlicht des toskanischen Sommers unterbricht. Der Sangiovese erreicht hier eine Fülle, Üppigkeit und Größe wie sonst kaum irgendwo. Wenn dieser Sangiovese nie mit anderen Sorten verschnitten wurde, so hat das einen guten Grund: Wenn er richtig kultiviert und vinifiziert wird, braucht er wirklich nichts anderes mehr. Das Renommee des Weins – und die Preise, die für ihn bezahlt werden – zeigen, daß das Publikum nicht lange gebraucht hat, um dies zu erkennen.

32 BIONDI-SANTI

Erzeuger
Tenuta Greppo
Biondi Santi
Località Greppo
53024 Montalcino
(SI)
Tel. 0577 848 087
Fax 0577 849 396

Direktor
Franco Biondi
Santi

Weinmacher
Franco Biondi

Gründungsjahr
1826

Rebfläche
19 Hektar

Verkostung
nach Anmeldung

Der Brunello di Montalcino ist ein außergewöhnliches Phänomen unter den berühmten Weinen der Welt, denn in einem emphatischen Sinn ist er die Erfindung *eines* Mannes. Nicht daß Ferruccio Biondi Santi, der diesen Wein 1888 der Öffentlichkeit präsentierte, je behauptet hätte, die besonderen Klone der Sangiovese Grosso – die er als fundamental für Qualität betrachtete – nach Montalcino gebracht zu haben. Auch war er nicht für das exzellente Klima verantwortlich oder für den Boden – eine klassische Mixtur aus Tonmergeln und Kalkstein, die die Sangiovese zu Höchstleistungen treibt –, der für weite Teile Montalcinos charakteristisch ist.

Was Biondi Santi tat, mit Konsequenzen, die heute noch zu spüren sind, war, alle Mosaiksteine zu einem Bild zusammenzusetzen: die besten Sangiovese-Reben auszuwählen, die in der Zone zu bekommen waren; sie sachgerecht zu kultivieren; mit Sorgfalt gären und reifen zu lassen – und einen Wein zu schaffen, der aufgrund seiner Kraft, Fülle und Intensität neue Standards für den Sangiovese setzte. In der Tat kreierte er nicht nur einen Wein, sondern eine Zone; das Territorium von Montalcino war weithin von Steineichenwäldern bedeckt (die der Stadt ihren Namen »Mons Ilcinus« gaben, von lat. *mons* und *ilex*). Vor Biondi Santis Werk wurde in diesem Teil der Toskana nur ein Wein von Bedeutung gemacht, ein Weißwein aus der Moscato-Traube. Dieser Moscato wurde ob seiner Qualität von englischen Reisenden des 17. und 18. Jahrhunderts erwähnt, zuvor sogar noch von Francesco Redi und dem päpstlichen Weinbeauftragten Sante Lancerio; aber das war definitiv nicht der Wein, den Ferruccio Biondi entwickelte und der Montalcino auf die Weinlandkarte setzte.

Biondi Santi hätte selbst darauf verwiesen, daß er nicht am Nullpunkt begann und daß es in seiner Familie eine wichtige Tradition der Weinforschung gab. Sein Großvater mütterlicherseits, Clemente Santi, war 1865 auf einer örtlichen Messe mit einem Preis für einen Wein ausgezeichnet worden, den er als »roten Auslese-Wein (brunello)« bezeichnet hatte. Ferruccio hingegen schuf eine Methode, strukturierte, alterungsfähige und -werte Weine zu machen, die bis heute Bestand hat. Die Ernte wurde begrenzt, um extraktreiche Trauben zu erhalten; nur voll ausgereifte Trauben wurden für Weine ausgelesen, die auf Flaschen gefüllt werden sollten (der Rest wurde damals üblicherweise in Glasballons verkauft); keine weißen Trauben wurden mit dem Sangiovese verschnitten; und schließlich ließ man den Wein lange in Holzfässern reifen, um seine Struktur zu vertiefen.

Nach heutigen Maßstäben erscheint dies alles als elementar, doch damals war es revolutionär. Auch was die Behandlung der Jahrgänge angeht, verfuhr man rigoros. Über Generationen hinweg wurden nur hervorragende Jahrgänge abgefüllt; in der Tat geschah das von Ende des 19. Jahrhunderts bis Ende des Zweiten Weltkriegs nur viermal: 1888, 1891, 1925 und 1945. Die äußerst geringen Mengen, der hohe Preis und der Mythos, der sich allmählich um diesen Sangiovese mit ausgezeichneter Alterungsfähigkeit entwickelte, machten den Brunello di Montalcino zu einem legendären Wein. Und ebenso legendär wurde die Familie Biondi Santi, für 60 Jahre die alleinigen Erzeuger.

Hinter der Legende gibt es jedoch eine reiche Substanz. Tancredi Biondi Santi, Ferruccios Enkel, war einer der großen Önologen der Toskana, ja Italiens, Berater für viele Güter ebenso wie eigener Produzent, ein Mann mit ungewöhnlichen wissenschaftlichen und sensorischen Fähigkeiten. Die Brunellos, die er zwischen 1955 und 1964 machte, sind in jeder Hinsicht große Weine, deren Ruhm noch heute weithin hallt. Sohn Franco und Enkel Jacopo setzen die große Tradition des Hauses fort. Nach alldem verdient Montalcino aufgrund ihrer Anstrengungen Aufmerksamkeit, und die Biondi Santi können mit Recht sagen – auch wenn schon die alten Griechen meinten, daß eine *creatio ex nihilo* unmöglich sei –, aus nichts etwas geschaffen zu haben.

Empfohlene Weine

Brunello di Montalcino

Brunello di Montalcino Riserva

33 CASE BASSE

Erzeuger
Azienda Agricola
Case Basse
Villa Santa
Restituta
53024 Montalcino
(SI)
Tel. 02 461 544
Fax 02 481 953 41

Direktor
Gianfranco
Soldera

Weinmacher
Giulio Gambelli

Gründungsjahr
1972

Rebfläche
6,5 Hektar

Verkostung
nach Anmeldung

Gianfranco Soldera stieß 1972 mit gigantischem Aufwand nach Montalcino vor, und seitdem ist in diesem Teil der Toskana nichts mehr so wie früher. Solera kam im Gefühl einer Sendung hierher: einen wirklich großen Wein zu machen. »Wiederzubeleben« wäre vielleicht das bessere Wort, denn er hatte eine ganz präzise Vorstellung davon, was er erreichen wollte und wie er es erreichen wollte. Als unerbittlicher Gegner moderner chemischer und technischer Verfahren in der Weinbereitung, als kompromißloser Weinbauer, der nur mit Mist düngt und dafür sorgt, daß Vögel als natürliche Schädlingsbekämpfer in seinen Weinbergen nisten, will Soldera den Bauernwein von gestern machen, einen Wein, der absolut natürlich ist. Aber ohne die Fehler, die die Bauern begingen: sauber durch penible Kellerarbeit, komplex durch die Verwendung bester Eichenfässer. Und vor allem kraftvoll durch geringe Erträge und zuckerreiche Trauben, unmöglich für die verarmten Bauern, für die große Ernten lebensnotwendig waren. Soldera muß aus dem Wein keinen Gewinn ziehen; für den erfolgreichen Versicherungsmakler aus Mailand ist der Wein schlicht ein Steckenpferd.

Werfen wir zuerst einen Blick auf das Weingut, bevor wir uns die Arbeit in Weinberg und Keller genauer ansehen. Der Besitz ist klein, mit knapp über 6 Hektar Rebfläche. Es gibt zwei Häuser, »gewöhnliche Häuser«, wie der Name sagt; eines dient als Landhaus für die Solderas, das andere als Kellereigebäude mit den Gär- und Lagerfässern. Die Fässer aus slowenischer Eiche für den Ausbau der Weine – speziell geküfert von Piero Garbellotto, mit dem Soldera seit langem vertrauensvoll verbunden ist – sind von höchster Qualität; doch sonst ist der Keller die Einfachheit selbst, irgendeine komplizierte oder teure Maschinerie ist nicht zu entdecken.

Was Soldera die Gelegenheit gab, sein Projekt eines »neuen Landweins« zu realisieren, sind die Weinberge, die mit einer Sorgfalt bestellt werden, die mehr mit Garten- als mit Weinbau zu tun hat. Die Höhe von 350 Metern über dem Meer ist ideal, ebenso die südsüdwestliche Ausrichtung, die sowohl allen nachmittäglichen Sonnenschein einfängt als auch die kühlen abendlichen und nächtlichen Brisen, die vom Mittelmeer her durch die Maremma nach Montalcino wehen. Sangiovese erreicht in diesem Klima seine größten Höhen, und Soldera selbst gesteht gerne zu, daß seine Weinberge diesem Brunello die unnachahmliche Größe geben.

Wenn die ganze Vegetationsperiode über, vom Rückschnitt im Spätwinter bis zur Ernte Ende September, Anfang Oktober, alles für die beste Qualität der Trauben getan wird, so wird der Gärung und der Reifung die gleiche Sorgfalt und Aufmerksamkeit gewidmet. Der Perfektionismus, der in anderen Zusammenhängen nur irritieren würde, geht in ein einziges Ziel ein, das Gianfranco Solderas ganze Karriere charakterisiert: ein Brunello, der mit den großen Weinen der Welt konkurrieren kann. Und das geschieht mit einfachsten Mitteln: Die Trauben werden entrappt und gequetscht, dann ohne Kühlung vergoren (ein Verfahren, das Soldera absolut verachtet); der Most wird häufig und kräftig über den Tresterhut gepumpt, um die Extraktion von Substanzen aus den Häuten zu fördern. Ausgewählte Hefen werden nicht eingesetzt und der Gebrauch von Schwefeldioxid – einem Antioxidans – auf das Notwendigste beschränkt. Ausgedehnte Gärzeiten, wie sie früher üblich waren, sind die Regel, ebenso lange Reifung im Faß; der Wein soll langsam seine Komponenten verschmelzen, seine jugendlichen Ecken verlieren und samtige Kraft entwickeln. In guten Jahrgängen wie 1983 und 1990 hat der Brunello Riserva von Case Basse mit wirklich bemerkenswerten Weinen das Potential der Zone definiert. Doch widmet Soldera weniger begünstigten Jahrgängen dieselbe Aufmerksamkeit, und er ist fest davon überzeugt, daß ein Gut daran gemessen werden kann – gemessen werden muß –, was es unter nicht optimalen Bedingungen zustande bringt. Und so setzen auch seine Brunellos von 1987 und 1991, wunderbare Weine aus Regenjahren, die Maßstäbe.

Empfohlene Weine

Brunello di Montalcino

Brunello di Montalcino Riserva

34 PIEVE DI SANTA RESTITUTA

Erzeuger
Azienda Agricola Pieve Santa Restituta
Località Chiesa di Santa Restituta
53024 Montalcino (SI)
Tel. 0577 848 610
Fax 0577 849 309

Direktor
Lucia Giordano

Weinmacher
Attilio Pagli

Gründungsjahr
1972

Rebfläche
18 Hektar

Verkostung
nach Anmeldung

Zu den Themen, die in den letzten zehn Jahren in Montalcino am lebhaftesten diskutiert wurden, gehören die Eigenschaften der einzelnen Teile der Produktionszone. Das ist die natürliche Konsequenz aus einer grundlegenden Tatsache: Montalcino hat ein großes Gemeindegebiet, und dementsprechend groß ist der DOC-Bereich, der mit den Verwaltungsgrenzen von Montalcino übereinstimmt. Das Territorium dehnt sich über 240 km² aus, von der Grenze zu Buonconvento im Norden bis zum Orcia – der Grenze zur Provinz Grosseto –, und die west-östliche Distanz ist ebenso groß. Böden, Höhenlagen und Kleinklimate sind da natürlich sehr unterschiedlich.

Diese Variabilität gab seit Mitte der 1980er Jahre Anlaß zu vielen Debatten – manchmal besonnenen und eher philosophischen, dann wieder hitzigen und erbitterten – über die Subzonen und die spezifische Charakteristik ihrer Weine. Es wäre närrisch, hier Einigkeit zu erwarten, aber zu den wenigen Punkten, in denen man übereinstimmt, ist die Eigenart des Brunello aus dem südwestlichen Quadranten des Montalcino-Gebiets. Der Boden ist da ein wichtiger Punkt, wichtiger aber noch sind Sonnenexposition und Kleinklima; jedenfalls besitzen gut gemachte Exemplare eine seltene, ja einzigartige Kombination von Kraft und Finesse. Der Brunello aus dem Süden mag mächtiger und alkoholreicher sein, der aus dem Norden aromatischer und duftiger; die Ausgewogenheit der Weine aber, deren Wiege westlich der Straße von Montalcino nach Sant'Angelo in Colle steht, ist unvergleichlich.

So seltsam es erscheinen mag, es waren zwei Außenseiter aus der Lombardei, die als erste den besonderen Charakter dieser Subzone unter Beweis stellten. Gianfranco Soldera von Case Basse und Roberto Bellini kamen 1972 hierher, und die beiden Güter, die sie kauften, grenzten direkt aneinander. Das von Bellini war beträchtlich größer und umfaßte sogar eine kleine romanische Kirche, die bereits im 8. Jahrhundert dokumentarisch belegt ist. Bellini nannte es nach der Kirche »La Chiesa di Santa Restituta«, bepflanzte 15 Hektar mit Reben und heuerte Pietro Rivella – den Bruder von Ezio Rivella, dem Gründer von Villa Banfi – als beratenden Önologen an und konnte bereits Ende der 1970er Jahre einen hochklassigen Brunello präsentieren. Der 1979er wurde im Jahr 1985 sogar auf einem Wettbewerb in Bordeaux ausgezeichnet.

Die frühen 1990er Jahre sahen einige bedeutsamere Veränderungen in der Unternehmung. 1992 wurde Attilio Pagli Weinmacher, eines der großen jungen Talente der Toskana, und 1993 wurde Angelo Gaja Geschäftspartner. Gaja, dessen Pioniergeist die Weine in seiner Heimat Piemont radikal verändert hat, ist ebenso einer der bekanntesten Qualitätserzeuger Italiens wie ein unermüdlicher Experimentierer; er ist überzeugt, daß die Weine seines Landes internationaler und gleichzeitig hinsichtlich ihrer Herkunft authentischer werden müssen. Zwei Konzepte, die zunächst kaum vereinbar erscheinen, doch Gaja hat sein Leben lang an der Quadratur des Kreises gearbeitet und ist darüber zu einem der größten Stars der Weinwelt geworden. Ein diplomierter Landwirt wurde zur Überwachung der Weinberge fest angestellt, außerdem haben Gaja und Pagli die Keller neu organisiert: Eichenfässer für die Gärung, längere Gärung bei höheren Temperaturen, kleine Eichenfässer für die malolaktische Gärung. 1996 wurde Gaja alleiniger Eigentümer, der gleich den Namen des Guts änderte: Die Kirche auf dem Areal war eine *pieve,* die Kirche einer ländlichen Pfarrei; aus »La Chiesa di Santa Restituta« wurde »Pieve di Santa Restituta«. Wesentlich bedeutsamer aber war der Qualitätssprung: Der Einzellagen-Brunello di Montalcino Sugarille aus dem Jahrgang 1993 ist schon jetzt einer der besten Weine der Zone, und ein noch großartigerer 1995er kommt demnächst auf den Markt.

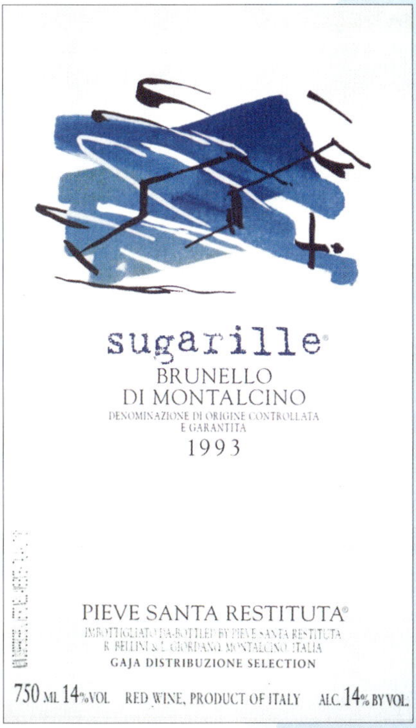

Empfohlene Weine

Brunello di Montalcino Rennina

Brunello di Montalcino Sugarille

35 IL POGGIONE

Erzeuger
Azienda Agraria
Il Poggione
Frazione
Sant'Angelo in
Colle
53020 Montalcino
(SI)
Tel. 0577 844 029
Fax 0577 844 165

Direktor
Fabrizio Bindocci

Weinmacher
Fabrizio Bindocci

Gründungsjahr
Ende 19. Jh.

Rebfläche
88 Hektar

Verkostung
nach Anmeldung

Il Poggione ist einer der großen Namen in Montalcino, seitdem der auf Flaschen gefüllte Wein ein wichtiger Teil der lokalen Wirtschaft wurde. Das ist keine lange Zeit, denn gegen Ende der 1950er Jahre gab es in der heutigen DOC-Zone nur etwas mehr als 60 Hektar Rebflächen, und es dauerte zwanzig Jahre, bis es 600 Hektar waren. Doch hat Il Poggione – außer daß es eine wichtige Rolle in der Entwicklung des Brunello di Montalcino spielte – eine sehr viel längere Geschichte als landwirtschaftliches Gut, und allein schon seine größte und strategisch günstige Lage gab ihm eine Bedeutung, die weit über die Zahl der jährlich abgefüllten Flaschen hinausgeht, so beträchtlich sie auch sein mag.

Beginnen wir mit dem Gut, das einmal sehr viel größer war als heute. Im Lauf der Jahrhunderte gehörte es verschiedenen bekannten Adelsfamilien, vor allem den Servadio und den Tolomei, und es breitete sich über einen großen Teil der Südhälfte von Montalcino aus: von dem Weiler Sant'Angelo in Colle bis hinunter zum Orcia. Gegen Ende des 19. Jahrhunderts kaufte es die Florentiner Familie der Franceschi, wie es heißt auf Empfehlung eines Schäfers, der mit seinen Schafen regelmäßig von der Maremma bis vor die Tore von Florenz wanderte. »Es ist ein großes Stück Land«, meinte er, »aber am Arsch der Welt.« Keine schlechte Beschreibung in einer Zeit primitiver Straßen, als das 40 Kilometer südlich von Siena gelegene Montalcino kaum zu erreichen war. Man bezahlte damals die fürstliche Summe von 700000 Lire.

Wein, und zwar guter, wurde schon nach dem Ersten Weltkrieg auf Il Poggione produziert, und das Gut kann eine Urkunde von der Weinausstellung in Siena 1925 vorweisen, in der er – noch nicht Brunello genannt – als »Luxuswein« bezeichnet wird. Die Geschichte von Il Poggione als ernsthafter Erzeuger in großem Stil begann Ende der 1950er Jahre, als es zwischen Stefano Franceschi, dessen Teil später die Tenuta Col d'Orcia wurde, und den Brüdern Clemente und Roberto Franceschi geteilt wurde, letzterer ein Mitglied des diplomatischen Corps Italiens. Die folgenden vierzig

Jahre sind jedoch unauflösbar mit Pierluigi Talenti verknüpft, einer der großen Namen Montalcinos und seiner Weine. Der studierte Landwirt begann 1947 in der Romagna für die Franceschi zu arbeiten; 1958 wurde er nach Montalcino gerufen, um die Teilung des Guts vorzubereiten und zu überwachen, und 1959 wurde er Direktor von Il Poggione. Er leitete es 35 Jahre lang, bepflanzte Weinberge, erbaute und rüstete die Keller aus und schuf den Wein, der einer der bedeutendsten Brunellos werden sollte. Fabrizio Bindocci, der inzwischen Talentis Platz einnimmt, stammt aus Sant'Angelo in Colle; seit seiner Ausbildung lebt er auf Il Poggione, wo er Seite an Seite mit Talenti arbeitete und in alle Geheimnisse der Rebkultur und des Weinmachens eingeweiht wurde.

Der Brunello di Montalcino von Il Poggione ist ein wahrhaft großer Wein und bei Vergleichen mit anderen Weinen der Zone leicht zu identifizieren. Die Weinberge, die alle nach Süden hin liegen, sind in einem der wärmsten Teile Montalcinos zu finden, und ihre Trauben ergeben körperreiche, runde, starke und intensive Weine. Sie altern lange in Fässern und sind reif und trinkfertig, wenn sie auf Flaschen gezogen werden, doch ihre sanfte Wärme kann trügerisch sein: Sie sind sehr konzentriert, und gute Jahrgänge können mehrere Jahrzehnte lagern. Sie sind, kurz gesagt, Klassiker ihres Typs und haben dazu beigetragen, den Brunello di Montalcino auf den Märkten der Welt zu definieren.

Empfohlene Weine

Brunello di Montalcino

Brunello di Montalcino Riserva

36 TALENTI

Erzeuger
Azienda Agricola Talenti
Frazione Sant'Angelo in Colle
Località Pian di Conte
53020 Montalcino (SI)
Tel. 0577 844 043
Fax 0577 844 004

Direktor
Pierluigi Talenti

Weinmacher
Pierluigi Talenti

Gründungsjahr
1980

Rebfläche
11 Hektar

Verkostung
nach Anmeldung

Eine Biographie von Pierluigi Talenti – die noch nicht geschrieben ist und wohl nie geschrieben wird, denn er ist nicht publicitysüchtig – würde wohl nicht anders heißen können als »Ein Leben für den Wein«. Den größten Teil seines Erwachsenendaseins hat er in der Toskana verbracht, genauer in Montalcino, aber er ist kein Toskaner. Geboren in Forlì, jenseits des Apennin in der Romagna, erhielt er eine solide landwirtschaftliche Ausbildung und begann nach dem Zweiten Weltkrieg, 1947, bei den Franceschi zu arbeiten, einer adligen Familie mit großen Besitzungen in der Toskana, in der Romagna und den Marken. Zehn Jahre engagierter Arbeit gaben ihm Gelegenheit, seine professionellen Fähigkeiten, sein Organisationstalent und seine unermüdliche Energie unter Beweis zu stellen; so waren die Franceschi überzeugt, daß er der Mann ist, die bevorstehende große Aufgabe zu meistern.

Das Franceschi-Imperium in Montalcino – anders kann man die 1200 Hektar Hügellandschaft, eines der besten Areale der Produktionszone Brunello di Montalcino, nicht bezeichnen – sollte zwischen zwei Linien der Familie geteilt werden. Die Teilung unparteiisch und gerecht vorzunehmen, so daß die Brüder Clemente und Roberto Franceschi auf der einen Seite und ihr Onkel Stefano Franceschi auf der anderen nicht nur quantitativ, sondern auch qualitativ gleichwertige Teile von den Weinbergen, Ölbaumhainen und Weizenfeldern erhielten, erforderte ebenso große professionelle Fähigkeiten wie diplomatisches Talent. Roberto Franceschi hat als Diplomat Karriere gemacht, aber er hat sicher noch nie so diffizile Verhandlungen geführt wie sein Agronom.

Als die herkulische Arbeit geleistet war, wurde Talenti Direktor von Il Poggione. Dort organisierte er die Expansion des Guts von den wenigen verstreut liegenden Hektaren der 1950er Jahre auf heute 85 Hektar, die Produktion stieg von 10000 Flaschen zu Beginn der 1960er Jahre auf jetzt 500000 Flaschen. Von Beginn an sah Talenti aber in Qualität die einzige echte Basis für die Zukunft von Montalcino und seinem

Wein, und seine Anstrengungen, das beste genetische Material in den Weinbergen auszusuchen, war nicht nur für Il Poggione von größter Bedeutung, sondern für die ganze Zone. Die ausgewählten Reiser, insgesamt 150 Tonnen, wurden zur Vervielfältigung an mehrere Rebschulen geschickt, und so mancher Sangiovese-Weinberg, natürlich in Montalcino, aber auch in anderen Teilen der Zentraltoskana, wurde mit Talenti-Material bepflanzt. Die Resultate waren fast überall höchst zufriedenstellend.

Die Familie Franceschi war nur zu gern bereit, die gediegenen Qualitäten des Mannes anzuerkennen, der die Geschicke dieses riesigen Montalcino-Besitzes (600 Hektar) fast allein lenkte. Ihre Dankbarkeit fand konkreten Ausdruck in dem Gut Pian di Conte, einem Außenposten von Il Poggione, das sie Talenti Ende der 1970er Jahre schenkte. Dieses Mini-Gut, einst die Besamungsstation, wo die Stiere von Il Poggione für Nachwuchs sorgten, wuchs im Lauf der Jahre; aus den 3 Hektar wurden elf, außerdem kamen 5 Hektar Olivenbäume hinzu. Die Gebäude inklusive eines alten Turms wurden mit Liebe restauriert und propere, moderne Gär- und Lagereinrichtungen geschaffen. Der Brunello di Montalcino, der 1981 erschien, wurde sofort als bedeutendes Gewächs anerkannt und hat seine Position bis heute behauptet. Es gibt auch einen neuen Wein, eine Cuvée aus Sangiovese, Colorino und Syrah (Talenti ist Traditionalist, wenn es ums Weinmachen geht, aber er weiß sehr genau, was draußen in der Welt vor sich geht), die seinen Namen trägt – absolut angemessen, betrachtet man die Leistungen eines Winzerlebens.

Empfohlene Weine

Brunello di Montalcino

Brunello di Montalcino Riserva

37 COL D'ORCIA

Erzeuger
Tenuta Col d'Orcia
Frazione Sant'Angelo in Colle
53020 Montalcino (SI)
Tel. 0577 808 001
Fax 0577 844 018

Direktor
Edoardo Virano

Weinmacher
Mario Olivero

Gründungsjahr
1973

Rebfläche
100 Hektar

Verkostung
nach Anmeldung

Col d'Orcia entstand wie Il Poggione gegen Ende der 1950er Jahre durch die Teilung der riesigen Franceschi-Besitzungen in Montalcino, seine Geschichte in den folgenden Jahrzehnten ist jedoch etwas komplizierter. Nach 15 Jahren, um genau zu sein 1973, verkaufte Stefano Franceschi – der kein junger Mann mehr war und sich der Führung eines 600-Hektar-Guts vielleicht nicht mehr gewachsen fühlte – Col d'Orcia an Cinzano, die große Vermouth- und Schaumweinfirma mit ihrem Sitz bei Alba im Piemont. Cinzano übertrug es 1992 einem Familienmitglied, Francesco Cinzano Marone, und seitdem wird es von Edoardo Virano, einem früheren leitenden Angestellten bei Cinzano, geleitet.

Diese ganzen Transaktionen könnten einem den Blick auf die wesentlichen Fakten betreffend Col d'Orcia nehmen. Also: Dies ist eines der größten und bedeutendsten Weingüter in Montalcino, das seit Ende der 1980er Jahre eine Reihe der besten Weine des Anbaugebiets präsentiert. Seine Arbeit beruht auf der bekannten Erfolgsstrategie: das fähigste önologische und agronomische Talent auszusuchen und ihm freie Hand zu geben, um höchstmögliche Qualität zu realisieren. Diese Profis – zunächst Alberto Antonini von 1989 bis 1994, dann Mario Olivero – haben erstklassiges Rebland als Basis ihrer Tätigkeit vorgefunden. Das Areal beginnt am Fluß Orcia am südlichen Rand der Zone Montalcino und steigt dann rasch steil an; die höchsten Parzellen des Guts liegen 450 Meter über dem Meer. Bei einer Größe von 100 Hektar verfügt man natürlich über eine große Zahl verschiedener Bodentypen, Höhenlagen, Expositionen und Kleinklimate. Die erste und wichtigste Arbeit, die Alberto Antonini (der später zu Antinori ging und sich zu einem international gefragten Weinberater entwickelte) in Angriff nahm, war die Kartierung der einzelnen Lagen, um die für sie geeigneten Rebsorten zu bestimmen, um die Kultivationsmethoden und die Art des jeweils am besten zu produzierenden Weins festzulegen. Dieses zeitraubende Werk wurde erfolgreich abgeschlossen und bildet seitdem die wertvolle Basis der Arbeit auf Col d'Orcia. Die große Palette unterschiedlicher Weine im Produktionsprogramm gab der eingehenden Kenntnis noch der kleinsten Lage überragende Bedeutung, um wirklich Qualität zu erzielen: Neben einem angenehmen, früh trinkbaren Zechwein aus Sangiovese, Canaiolo und Ciliegiolo produziert Col d'Orcia auch einen Barrique-vergorenen Chardonnay und einen Cabernet Sauvignon, 1993 und 1994 einer der besten in Montalcino. Einer der wichtigsten Weine, die in den 90er Jahren entwickelt wurden, ist der spätgelesene und im kleinen Eichenholzfaß ausgebaute Moscato mit üppiger Süße und Würze, die Nummer eins seiner Art in Montalcino. Moscato oder Moscadello, wie er hier genannt wird, war einmal der Stolz der Zone, lange vor der Zeit des Brunello, und die Anstrengungen von Col d'Orcia haben bewiesen, daß der Ruhm eine echte Basis hatte und nicht nur eine Legende war.

Der Brunello di Montalcino bleibt natürlich im Zentrum der Aktivitäten; mit 63 Hektar Brunello-Rebflächen wird Col d'Orcia nur von Villa Banfi und Castelgiocondo übertroffen. Diese Größe gibt den Weinmachern großzügige Möglichkeiten der Wahl zwischen den Lots im Keller, und so werden normalerweise drei Selektionen produziert. In den meisten Jahrgängen gibt es einen normalen Brunello und einen Riserva, in besonders guten Jahren auch einen Riserva von der besten Lage des Guts, Poggio al Vento. Die außerordentlich hohe Qualität von Jahrgängen wie 1985, 1988 und 1990 hat Col d'Orcia einen Platz an der Spitze von Montalcino gesichert.

Empfohlene Weine

Brunello di Montalcino Riserva

Brunello di Montalcino Riserva Poggio al Vento

Olmaia
aus Cabernet Sauvignon

Moscadello di Montalcino Pascena

38 ARGIANO

Erzeuger
Azienda Agricola Argiano
Frazione Sant'Angelo in Colle
53020 Montalcino (SI)
Tel. 0577 844 037
Fax 0577 844 210

Direktor
Sebastiano Rosa

Weinmacher
Giacomo Tachis

Gründungsjahr
1980

Rebfläche
30 Hektar

Verkostung
nach Anmeldung

Montalcino war für den größten Teil seiner Geschichte ein ziemlich entlegener und isolierter Ort. Am äußersten südlichen Rand der Provinz Siena als Tor zur Maremma – selbst ein entvölkerter, von der Malaria geplagter Teil der Toskana – gelegen, verhinderte darüber hinaus die bergige Topographie engere Kontakte mit den Stadtkulturen der Region. Als Siena 1555 von den Truppen Kaiser Karls V. (hinter denen Cosimo I. de' Medici stand) erobert wurde, floh ein Teil der Bevölkerung – Adelige ebenso wie einfache Bauern und Handwerker – nach Montalcino, das aufgrund der dichten Wälder und seiner Höhe, über 500 Meter über dem Meer, eine Art Festung darstellte. Cosimo brauchte weitere vier Jahre, um diesen Widerstand zu brechen.

Bedeutende und architektonisch interessante Bauwerke sind daher in Montalcino selten, doch Argiano, eines der historischen Güter der Zone, besitzt gleich zwei. Das eine ist das Castello, heute kaum mehr als ein Wehrturm, der »Argianaccio« aus dem 12. Jahrhundert. Das andere ist die imposante Renaissance-Villa Bellaria, die zwischen 1581 und 1596 errichtet wurde. Die Kosten waren immens, und vor den Pecci, den Erbauern der Villa, hatte Argiano einer Reihe reicher Familien gehört: Buonsignori, Albizzeschi, Tolomei, Montanini, Sozzini, Colombini. Später, 1829, kam Argiano durch die Vermählung von Francesco Lovatelli und Costanza Chigi in die Hand der Lovatelli d'Aragona.

Die Lovatelli hatten, wie die historischen Dokumente ausweisen, einiges Interesse am Wein und taten das Beste, um gute Qualität zu produzieren. Einer derjenigen, die ihre Anstrengungen zu schätzen wußten, war Giosuè Carducci, Träger des Literatur-Nobelpreises, der im Dezember 1886 in einem Brief an Gräfin Lovatelli ihren Wein in widerwärtig übertriebenen Worten pries. Es gab sicher genug Land für den Weinbau; ein großer Teil des Südwestens von Montalcino, von Argiano nordwestlich Richtung Tavarnelle, gehörte den Lovatelli, bevor er in den späten 1970er Jahren an Villa Banfi verkauft wurde. Die weitläufigen, hochgewölbten Keller unter der Villa Bellaria sind die schönsten in Montalcino, und

ihre dunklen, kühlen Ecken sind die ideale Umgebung, um den Brunello vor und auch nach der Abfüllung reifen zu lassen.
Die moderne Geschichte Argianos begann, so kann man sagen, im Jahr 1980, als Graf Loffredo Lovatelli das Gut an Cinzano verkaufte, nachdem sich sein Sohn mit Noemi Cinzano Marone verheiratet hatte. Man begann Wein von beachtlicher Qualität zu machen, eine Bestätigung dafür, daß Carduccis Meinung nicht bloß die des Dilettanten war. Argiano besitzt in der Tat alles, um einen der besten Weine Montalcinos zu erzeugen: ausgezeichnete südliche Lagen im heißen Südwestteil der Zone und eine Höhe – 250 Meter über dem Meer –, die sowohl Tageshitze wie Nachtkühle gewährleistet. Der Fortschritt beschleunigte sich, als 1990 Sebastiano Rosa und Giacomo Tachis dazukamen. Ersterer ist der Stiefsohn von Nicolò Incisa della Rocchetta, Eigentümer der Tenuta San Guido in Bolgheri und Produzent des Sassicaia, bei dem er eine unschätzbare Lehrzeit absolvierte, letzterer der berühmteste lebende Weinmacher, ehemals Chefönologe bei Antinori und heute, als über 60jähriger, unermüdlicher Berater einer großen Zahl hochklassiger Weingüter. Tachis kam gerade rechtzeitig, um die Reifung des 1990er Brunello abzuschließen und die Vinifizierung des 1991ers komplett zu überwachen. Der ausgezeichnete Riserva aus diesem Jahrgang und der sehr gute Brunello 1993 (der Riserva soll eingestellt werden; man will nur einen, aber wirklich hochrangigen Brunello machen, und dazu braucht man den Wein, der bis dato für den Riserva verwendet wurde) bezeugen das brillante Können und die Sensibilität dieses vollendeten Weinmachers. Tachis ist ein geborener Experimentator und der Sassicaia natürlich das klassische Beispiel für herausragenden italienischen Cabernet. Es war nur eine Frage der Zeit, bis ein neuer, avantgardistischer Wein auf Argiano erschien, doch haben die Resultate 1995 wie 1996 alle Erwartungen übertroffen. Diese Cuvée aus Sangiovese, Cabernet Sauvignon, Merlot und Syrah ist bereits einer der originellsten Weine der Toskana, und der überwältigende 1997er, der jetzt in den Kellern von Argiano reift, wird wohl die ausgezeichneten ersten Jahrgänge noch übertreffen.

Empfohlene Weine

Brunello di Montalcino

Brunello di Montalcino Riserva

Solengo
aus Sangiovese, Cabernet Sauvignon, Merlot und Syrah

39 BANFI

Erzeuger
Banfi srl
Località Castello di Poggio alle Mura
53024 Montalcino (SI)
Tel. 0577 840 444
Fax 0577 574 145

Direktor
Ezio Rivella

Weinmacher
Pablo Harri

Gründungsjahr
1978

Rebfläche
800 Hektar

Verkostung
nach Anmeldung

Die Erschaffung von Villa Banfi wurde vielleicht, wenn auch nur höchst indirekt, durch das Matthäus-Evangelium (17, 20) geweissagt: »Denn ich sage euch wahrlich: Wenn ihr Glauben habt wie ein Senfkorn, so könnt ihr sagen zu diesem Berge: Hebe dich von hinnen dorthin! So wird er sich heben ...« Wir kennen die religiösen Überzeugungen der Brüder John und Harry Mariani und von Ezio Rivella, ihrem Mann in Italien, nicht, auch wenn sie wahrscheinlich praktizierende Katholiken sind. Wahrheit ist aber, daß ihr Glaube einen großen Teil von Montalcino sich von hinnen heben ließ, Hindernisse beseitigte, Hügelflanken glättete, so daß Reben und Olivenbäume gepflanzt werden konnten, und die Wiesen in den Ebenen umbrach, so daß man Weizen säen und Obstgärten anlegen konnte. Das Werk wurde 1977 begonnen, und zwei Jahrzehnte später haben wir eines der größten Weingüter Italiens vor uns: Seine 800 Hektar entsprechen in etwa den Flächen von Frescobaldi, das seit 30 Generationen Wein herstellt.

Ein solches Vorhaben erschien der großen Mehrheit der Beobachter in der Mitte der 1970er Jahre einigermaßen verrückt. Der Brunello di Montalcino war damals kaum bekannt und wurde nur in kleinen Mengen produziert; ein Gut von solchem Maßstab aufzubauen erforderte einen Kapitaleinsatz, der von den beim Wein möglichen Profitmargen her nicht zu rechtfertigen war. Auf rationaler Ebene war das Nonsense, doch Rivella und die Marianis waren Träumer, denen die nebelhaften Aspekte ihrer Absichten die Sache nur noch realer machte. Um zu den religiösen Metaphern zurückzukehren: Ihr Glaube war »eine gewisse Zuversicht des, das man hofft, und ein Nichtzweifeln an dem, das man nicht sieht« (Brief an die Hebräer, 11, 1).

Dennoch war der Aufbau des Guts ein echtes Abenteuer mit eigener Chronologie. Die Brüder Mariani importierten erfolgreich italienischen Wein in die USA; ihre Einführung des Lambrusco bei den amerikanischen Konsumenten schuf einen jahrelang anhaltenden Trend. Rivella, Piemonteser und studierter Önologe, machte in den 1970ern den Weißwein Castelli Romani, den die Marianis importierten. Brunello war

Teil ihrer Produktlinie, und Rivella wurde ausgeschickt, um Produzenten ausfindig zu machen. Er war jedoch sehr häufig von den Weinen enttäuscht und mehr noch von der allgemeinen Produktionsweise in der Zone. Das große Gebiet mit dem bedeutenden Namen, doch nicht in puncto Wein, erschien als das logische Set für ein Projekt in großem Stil. Rivella dachte gerne groß, »think big«, wie es in Amerika heißt, und sein Plan trug ein nettes Preisschild: 150 Millionen Dollar. Und das war noch zögerlich geschätzt, am Ende war's fast doppelt soviel.

Rivella und die Marianis hatten das Glück, sehr schnell zwei substantielle Güter kaufen zu können, die der Kern der Holding von Villa Banfi wurden: ein großer Teil des Landes, das den Lovatelli d'Aragona gehörte, und Poggio alle Mura der Familie Mastropaolo. In der Nähe von Sant'Angelo Scalo, an der Südgrenze von Montalcino, wurden nach Rivellas Spezifikationen große, moderne Kelleranlagen gebaut. Ehrgeizige Rebenpflanzaktionen wurden durchgeführt, wobei Moscadello den Hauptanteil stellte; der Lambrusco boomte voll, und ein neuer, leicht süßer Wein erschien für die Einhaltung der Finanzpläne notwendig. Internationale Varietäten wie Chardonnay, Sauvignon, Cabernet, Merlot, Syrah und Pinot Nero wurden ebenso angepflanzt, auch Sangiovese für einen Brunello di Montalcino.

Die Entwicklung des Markts in den letzten fünfzehn Jahren hat die ursprünglichen Pläne über den Haufen geworfen. Moscadello di Montalcino wird immer noch hergestellt, doch nimmt sein Stellenwert im Portfolio ständig ab. Cabernet Sauvignon hat sich als bedeutender Erfolg herausgestellt, ebenso der Verschnitt aus den besten roten Trauben, der »Summus« getauft wurde. Im Zentrum der Aufmerksamkeit aller, für Rivella wie für seine rechte Hand Pablo Harri, steht heute aber der Brunello, und mit fast 155 Hektar Sangiovese-Rebfläche ist Villa Banfi wohl der größte Erzeuger dieses Weins. Besondere Zuwendung erfährt der Brunello Riserva, der auf den Hängen von Tavarnelle im Südwesten des DOC-Gebiets wächst. Dies ist einer der besten Plätze in Montalcino für Sangiovese höchster Qualität, und in den guten Jahrgängen – und nur in diesen wird Riserva gekeltert – ist der Brunello di Montalcino Poggio all'Oro ein wahrhaft großer Wein.

Empfohlene Weine

Brunello di Montalcino Riserva Poggio all'Oro

Tavarnelle
aus Cabernet Sauvignon

40 LISINI

Erzeuger
Fattoria Lisini
Frazione Sesta
Località
Sant'Angelo in Colle
53020 Montalcino (SI)
Tel. 0577 844 040
Fax 0577 844 219

Direktor
Elina Lisini

Weinmacher
Franco Bernabei

Gründungsjahr
1500

Rebfläche
10 Hektar

Verkostung
nach Anmeldung

Die Fattoria di Sant'Angelo in Colle, wie das Gut von Elisa Lisini (die es leitet) und ihrer Familie offiziell heißt, ist einer der ältesten Sitze von Weinproduzenten in Montalcino. Und das in vielfacher Hinsicht. Man begann hier den Brunello 1967 unter eigenem Etikett abzufüllen, im Anschluß an eine Pioniergruppe von Winzern, die einem Wein, der damals kaum bekannt war und nur in kleinen Mengen produziert wurde, einen Namen verschafften. Doch wenn wir nach den archäologischen Befunden gehen, erhalten wir ganz andere zeitliche Dimensionen. Etruskische Bestattungsurnen, die auf dem Besitz gefunden wurden, bezeugen eine kontunierliche Besiedlung der Gegend seit über 2500 Jahren; und wo es etruskische Siedlungen gab, gab es fast sicher auch Reben und Wein.

Die Lisini erbten Sant'Angelo in Colle Mitte des 19. Jahrhunderts von den Clementi, einer Patrizierfamilie venezianischen Ursprungs. Erstere stammen aus Siena und sind heute in Florenz ansässig, eine vielleicht ungewöhnliche Wahl in Anbetracht der jahrhundertealten Feindschaft zwischen den beiden Städten; viele Bürger Sienas bezeichnen sich eher als Sienesen denn als Toskaner, und sie betonen eifrig die historischen und kulturellen Unterschiede zu den Florentinern. Wenn die Lisini die Spannungen auch nur ein klein wenig mildern konnten, haben sie zu etwas Größerem einen Beitrag geleistet als nur zur Sachen des guten Weins.

Die Clementi lebten in ihrem Palazzo in Montalcino, und Sant'Angelo in Colle war nur ein landwirtschftliches Gut, auf dem die typischen Grundnahrungsmittel der mediterranen Welt produziert wurden: Getreide, Oliven und Wein. Diesen Teil der Tradition setzten die Lisini fort, die nur das Gutsgebäude vergrößert haben, um die Gär- und Lagerkeller zu erweitern und einen Raum für Besucher einzurichten, die Weine verkosten wollen. Im ersten Stock gibt es eine elegante Loggio und reichlich Wohnraum, aber das Haus wird nicht zum Wohnen genützt; Lorenzo Lisini-Baldi, der das Unternehmen zur Zeit kommissarisch leitet, lebt viel lieber in Montalcino als auf dem Lande.

Liebhaber des Brunello di Montalcino sind aber mehr am Wein interessiert als an der Lebensweise der Lisini. Und da sprechen die Fakten eine deutliche Sprache: Er ist seit den 1970er Jahren beständig einer der besten Brunellos, und seit Mitte der achtziger Jahre hat er noch an Qualität gewonnen. Die Lage der Weinberge ist der wichtigste Faktor für diesen Qualitätsstandard; das Gut Sant'Angelo in Colle ist nördlich des gleichnamigen Hügeldorfs in Colle gelegen, unmittelbar östlich der Straße von Montalcino nach Sant'Angelo in Colle, die den Süden der Produktionszone zweiteilt. Zwar ist das Klima hier recht warm, deutlich wärmer als im Bereich nördlich von Montalcino, andererseits aber kühler als in der Teilzone südlich von Sant'Angelo in Colle, das von der Hitze im Tal des Orcia und der Maremma beeinflußt wird. Und diesen Tick zusätzlicher Frische spürt man in den Weinen von Lisini, in ihrer Frucht und der stützenden Säure. Natürlich spielt auch der Boden eine Rolle: Das ganze Gelände zwischen Sant'Angelo in Colle und Castelnuovo dell'Abate enthält neben dem typischen Tonschiefer vieler toskanischer Weinberge auch einen bedeutenden Anteil harten Kalksteins, der für feste, strukturierende Tannine und einen noblen Ernst verantwortlich ist, die den Brunello von hier zu einem der alterungsfähigsten macht.

Franco Bernabei, der seit 1985 auf Lisini beratend tätig ist, hat die klimatischen und geologischen Bedingungen sorgfältig untersucht. Seine Arbeit ist in den Weinen zu spüren, die heute noch reintöniger und profilierter erscheinen als zuvor. Neue Fässer und Barriques (für den Einzellagen-Brunello Ugolaia) haben im Keller Einzug gehalten, um ihren Beitrag zur Verbesserung zu leisten. Der Ugolaia hat sich seit seinem Premierejahrgang 1990 als einer der gefragtesten Weine von Montalcino etabliert und ist Garant für höchstmögliche Qualität.

Empfohlene Weine

Rosso di Montalcino

Brunello di Montalcino

Brunello di Montalcino Ugolaia

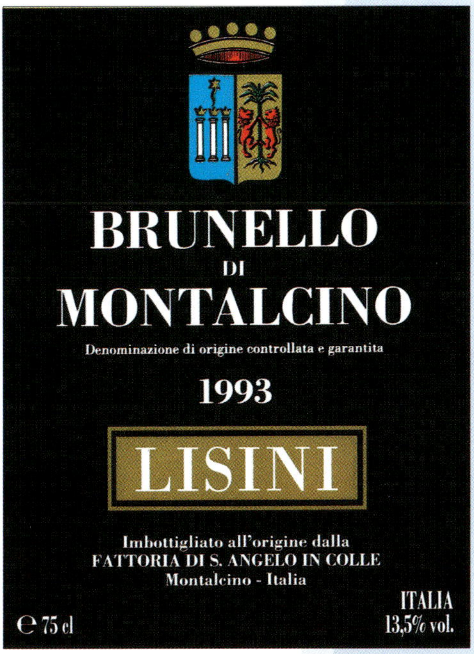

41 ALTESINO

Erzeuger
Azienda Agricola
Altesino
Frazione
Torrenieri
Località Altesino
53028 Montalcino
(SI)
Tel. 0577 806 208
Fax 0577 806 131

Direktor
Claudio Basla

Weinmacher
Pietro Rivella

Gründungsjahr
1970

Rebfläche
28 Hektar

Verkostung
nach Anmeldung

In den späten 1960er Jahren waren in Montalcino Landgüter, die Wein produzierten, dünn gesät. Ganz besonders traf das auf den Nordteil des Gemeindegebiets zu, der an Buonconvento grenzt. Der Boden ist hier deutlich anders zusammengesetzt, er enthält mehr Sand und Ton, aber weniger Kalkstein, der die höheren Teile Montalcinos im Süden kennzeichnet. Das Klima ist etwas kühler und die Sonnenscheindauer etwas kürzer; die Weine sind – wiewohl sehr aromatisch und elegant – weniger mächtig und alkoholreich als die aus den Weingärten nahe Castelnuovo dell'Abate und Sant'Angelo in Colle. Dem Charakter nach sind sie definitiv Brunello di Montalcino, jedoch verkörpern sie einen bestimmten Typ Brunello. Das war vor dreißig Jahren aber alles noch Theorie, die Produktion von Brunello di Montalcino insgesamt war damals verschwindend gering und der Anteil des Nordteils beträchtlich kleiner als heute. In den folgenden drei Dekaden hat sich viel geändert, aber wie immer war auch hier eine Initialzündung notwendig. Jede Beschreibung dieser Zeit der Expansion von Montalcino als Weinbaugebiet muß diese Schlüsselrolle Altesino zuschreiben, dem ersten Gut im Norden Montalcinos mit wirklich bedeutenden Weinen. Es gäbe eine nette, logische Geschichte, wenn die Gründung von Altesino zu einem wohldurchdachten Plan zur Förderung eines bis dato kaum bekannten Teils von Montalcino gehört hätte; doch in Wahrheit war es – schade für die schöne Geschichte – genau das Gegenteil. Der Gründer des Weinguts, Giulio Consonno, in Bergamo geboren und in Mailand ansässig, hatte nur wenig Erfahrung und Kontakt mit der Landwirtschaft. Als sehr junger Mann war er 1970 auf einer Reise durch die Toskana und Mittelitalien, und er beschloß, bei Ofelio Palmi Station zu machen, der während des Militärdienstes Ordonnanz bei ihm war. Palmi hatte damals Montalcino genau geschildert, seine landschaftliche Schönheit und seine superben Weine, doch Consonno hatte diese leidenschaftlichen Hymnen verständlicherweise *cum grano salis* genommen. Nun aber war er ebenso verzückt von dem Ort, und er sah auch sofort das ökonomische Potential, das nur etwas Kapital und Geduld zur Realisierung benötigte. Fast sofort wurde Land gekauft und mit Reben bepflanzt, und innerhalb von 25 Jahren wuchs Altesino zu einer für Montalcino respektablen Größe von 28 Hektar heran. Die Qualität der Weine war der hauptsächliche Motor der Expansion; der Brunello von 1975 war schon hervorragend, einer der Besten in einem ausgezeichneten Jahrgang, und nur wenige Güter können auf eine ähnliche Kontinuität in den folgenden zwanzig Jahren verweisen.

Ein großer Teil des Erfolgs geht auf das Konto seiner Partner und Mitarbeiter. Als vielbeschäftigter Unternehmer zog Consonno es vor, Altesino aus einigem Abstand zu führen und sich auf das Können seines Partners und Direktors Claudio Basla und des freien Önologen Pietro Rivella (Bruder von Ezio Rivella von Villa Banfi) zu verlassen. Und vielleicht war es für dieses Gut, das von nichttoskanischen Investoren in einem nichttraditionellen Teil von Montalcino gegründet wurde, einfach unausweichlich, eine der wesentlichen innovativen Kräfte der Zone zu werden. Barriques standen seit Mitte der 1980er Jahre ganz selbstverständlich im Keller, und Cabernet wurde schon sehr früh gepflanzt. Der Alte d'Altesi war die Pioniercuvée aus Sangiovese und Cabernet, der Palazzo d'Altesi das frühe Beispiel eines im kleinen Faß ausgebauten sortenreinen Sangiovese-Weins. In jüngerer Zeit kamen die sortenreinen Borgo d'Altesi (Cabernet) und Quarto d'Altesi (Merlot) hinzu. Dennoch hat der Brunello di Montalcino seinen zentralen Platz im Unternehmen behalten, insbesondere der aus der Lage Montosoli. Er ist für den Norden Montalcinos etwas ungewöhnlich, ein felsiger Hügel, der steil aus dem sanft gewellten Gelände aufragt; er erbringt einen Sangiovese von Kraft und Charakter und in Jahrgängen wie 1990 einen superben Brunello di Montalcino.

Empfohlene Weine

Brunello di Montalcino

Brunello di Montalcino Montosoli

Alte d'Altesi
aus Sangiovese und Cabernet Sauvignon

Borgo d'Altesi
Cabernet Sauvignon

42 CAPARZO

Erzeuger
Tenuta Caparzo
Strada Provinciale del Brunello, km 1700
Località Caparzo
53024 Montalcino (SI)
Tel. 0577 848 390
Fax 0577 849 377

Direktor
Sante Turone

Weinmacher
Vittorio Fiore

Gründungsjahr
1970

Rebfläche
58 Hektar

Verkostung
nach Anmeldung

Caparzo ist im Kontext von Montalcino eine unübliche Erscheinung: ein großer, bedeutender Besitz, gegründet von nichttoskanischen Investoren, die mit dem erklärten Ziel hierher kamen, genau so ein Gut aufzubauen. Die Chronik seiner Gründung und Expansion ist eher für die Geschichte des Chianti Classico seit den 1970er Jahren typisch, und zwar aus gutem Grund. Montalcino war bis in die 1980er Jahre ein relativ wenig bekanntes Gebiet, sein Hauptwein wurde in kleinen Mengen produziert und war auf den meisten Märkten kaum zu finden; sein Ruf basierte im großen ganzen auf den Legenden, die sich um die Weine von Biondi Santi rankten; außerdem konnte das Gebiet nicht mit den imposanten Schlössern und Villen, den charmanten Bauernhäusern und ländlichen Kirchen aufwarten, die den Bereich zwischen Florenz und Siena charakterisieren.

Daß Nichttoskaner durch die Gründung von Gütern wie Caparzo die Führung übernehmen sollten, war im Montalcino der frühen 1970er Jahre alles andere als verwunderlich. Die ansässige Bevölkerung, hauptsächlich ehemalige Halbpächter, die das Land bestellten, und Holzfäller, die die dichtbewachsenen Hügel rodeten, war gering an Zahl und besaß keinerlei Kapital. Einige der Bauern hatten das gepachtete Land kaufen können und Wein zu produzieren begonnen, doch waren dies kleinste, handwerkliche Betriebe, und der Wein wurde nach den traditionellen Methoden der Region bereitet: lange Gärung und noch längere Reifung in großen Fässern aus slowenischer Eiche. Diese Weine waren ohne Zweifel intensiv, oft jedoch rauh und gerbstoffreich, und die Finesse und Eleganz, nach der informierte Konsumenten suchten, war in diesem Brunello-Stil nicht zu finden.

Die Partner, die Caparzo gründeten, kamen alle aus verschiedenen Ecken Italiens, aus Ligurien, der Lombardei und der Basilikata, und sie hatten ebenso unterschiedliche Absichten und Ziele. Sie erkannten, daß der Brunello ein kraftvolles und maßgebliches Exempel eines Sangiovese war und auch nur sein konnte; aber sie suchten nach Wegen, seine Aromen, seine subtilen Züge, seinen samtigen Charakter herauszuarbeiten. Als Nichttoskanern war ihnen verständlicherweise weniger daran gelegen, dem Wein einen deutlichen einheimischen Charakter zu erhalten, zumindest soweit er auf önologischen Theorien und Verfahren beruhte, die in den meisten Teilen Europas rasch aufgegeben wurden. Als Unternehmern war ihnen klar, daß ein beträchtlicher Teil der Produktion außerhalb Italiens vermarktet werden und der Wein daher eine spezifisch italienische Persönlichkeit mit einem gewissen internationalen Charakter vereinen mußte. Das war leichter gesagt als getan, doch der Mann, den sie als Berater holen sollten, war für diese Aufgabe hervorragend geeignet: Vittorio Fiore, aus Sizilien gebürtig, wuchs in Südtirol auf, studierte im Veneto Önologie, war in Mailand Präsident der Vereinigung der italienischen Weinwissenschaftler und ließ sich dann als Berater in der Toskana nieder. Er war in seinem Job so erfolgreich, daß er von der Universität Bordeaux regelmäßig eingeladen wurde, über italienischen Wein zu lehren, eine außergewöhnliche Ehrung. Mit dem Partner und Direktor Sante Turone hat Fiore es fertiggebracht, echt toskanische Weine mit internationalem Stil zu präsentieren. Im Programm finden sich zum Beispiel drei verschiedene Selektionen von Brunello, die reguläre Abfüllung und der Riserva, beides traditionelle Produkte, sowie der Einzellagen-Brunello La Casa, der eine Zeitlang in kleinen Eichenfässern reift – eines der ersten und immer noch eines der besten Beispiele des neuen, im Barrique ausgebauten Brunello. Cabernet gelangte früh in die Weinberge, und Caparzos Ca' del Pazzo war wiederum eine Pioniercuvée aus Sangiovese und Cabernet. Caparzo liegt im kühleren Nordteil von Montalcino, und nicht alle seine Weinberge sind für rote Traubensorten geeignet. Die Lösung wurde ohne größere Probleme gefunden: Le Grance, ein Chardonnay mit geringen Anteilen Sauvignon und Gewürztraminer, ein Beleg dafür, daß selbst in diesem warmen Klima intelligenter Weinbau und Kellertechnik Weine von hohem Standard zustande bringen können.

Empfohlene Weine

Brunello di Montalcino Riserva

Brunello di Montalcino La Casa

Ca' del Pazzo *aus Sangiovese und Cabernet Sauvignon*

43 COSTANTI

Erzeuger
Cantina Costanti
Località Colle al Matrichese
53024 Montalcino (SI)
Tel. 0577 848 195
Fax 0577 849 349

Direktor
Andrea Costanti

Weinmacher
Vittorio Fiore

Gründungsjahr
1960

Rebfläche
7 Hektar

Verkostung
nach Anmeldung

Montalcino unterscheidet sich recht deutlich von anderen Weinbaugebieten in der Toskana; es liegt isoliert, es hat eine sehr viel kürzere Gschichte als Chianti Classico und Montepulciano und verfügt über wenige kulturelle Attraktionen wie Kirchen und Klöster, Adelspaläste und Kunstwerke – im Gegensatz zur Umgebung von Städten wie Florenz und Siena. Dort ist der Austausch zwischen Stadt und Land wesentlich intensiver, und ohne zu behaupten, daß Montalcino übermäßig bäuerisch und hinterwäldlerisch wäre, so ist von Derartigem in der Zone des Brunello wenig zu spüren.

Ein anderer bedeutender Unterschied betrifft die soziale Zusammensetzung der Eigentümer. Während um Florenz und Siena das gute bestellbare Land (in der Toskana heißt dies das Rebland) seit dem Mittelalter in der Hand der Aristokratie war, so lagen die Dinge in Montalcino anders. Eine große Ausnahme gibt es jedoch: die Familie Costanti. Scipione Costanti siedelte im Jahr 1559 zusammen mit 242 anderen Adelsfamilien, die die Herrschaft der Medici nicht akzeptierten, von Siena nach Montalcino um und war im folgenden vierjährigen Kampf einer der Anführer. Crescenzio und Carlo Costanti wurden 1703 von der Republik Venedig für ihre Verdienste in den Ritterstand erhoben, und – näher an unseren Tagen – spielten die Grafen Elvio und Emilio im Montalcino nach dem Zweiten Weltkrieg eine zentrale Rolle: ersterer, dem seine linken Ansichten den Namen »Roter Graf« eintrugen, als für seine Integrität und Zivilcourage hochgeachteter Bürgermeister, der andere als einer der ersten Erzeuger von Brunello di Montalcino, die ihren Wein selbst abfüllten und mit eigenem Etikett verkauften.

Die beiden Brüder waren mit ihrer jeweiligen Tätigkeit so ausgefüllt, daß sie ein kleines Detail vernachlässigten: ein Kind aufzuziehen und so die Familie weiterzuführen. 1982 ging daher ihr Gut Colle al Matrichese an den Neffen Andrea, damals Geologiestudent an der Universität von Siena, wo über vier Jahrhunderte zuvor, 1506, der Vorfahr Giovanni Costanti zum Rektor ernannt worden war.

Obwohl ohne spezifische Ausbildung in Landwirtschaft oder Weinwissenschaft, verfügte Andrea Costanti doch über eine solide Basis, auf der er aufbauen konnte. Die allerersten Brunello-Trauben, die er selbst vinifizierte (auch wenn der Wein nicht abgefüllt wurde), kamen 1865 von den Weinbergen von Biondi Santi und Tito Costanti. Emilio Costantis Weine wurden sehr bewundert, und Jahrgänge wie 1970, 1971 und 1979 werden zitiert, wenn man über große Weine der Vergangenheit spricht. Die Rebflächen von Colle al Matrichese selbst liegen unterhalb von Montalcino westlich der Straße, die die Stadt mit Buonconvento verbindet. In diesem Teil der Zone, der relativ hoch liegt, aber über eine gute Sonneneinstrahlung und ein deutlich wärmeres Mesoklima verfügt als nördlichere Areale, werden die Weine im allgemeinen elegant, blumig und kräftig, wenn auch nicht so mächtig und alkoholreich wie der Brunello aus den südlichen Teilen der Zone, und der Brunello di Montalcino von Costanti ist genau von diesem Typ.

Empfohlene Weine

Brunello di Montalcino

Brunello di Montalcino Riserva

Andrea Costanti verweist bereitwillig auf Vittorio Fiore, seinen beratenden Önologen, wenn die konstant hohe Qualität gelobt wird. Einige kleinere Neuerungen gibt es im Keller; kleine Eichenfässer werden für den Rosso di Montalcino und für den Vermiglio verwendet, einen Sangiovese-Wein, den Andrea Costanti als Teil der Familientradition betrachtet; auch ein kleiner Prozentsatz des Brunello di Montalcino Riserva reift in Barriques. Doch die Anwesenheit von Eichenholz ist kaum zu spüren, und das ist es, was Costanti und Fiore wünschen; das Gut ist ein traditionelles Unternehmen und soll es auch bleiben: die angemessene Haltung für eine Familie, deren Geschichte unauflöslich mit der von Montalcino verbunden ist.

44 POGGIO ANTICO

Erzeuger
Poggio Antico
Località I Poggi
53024 Montalcino (SI)
Tel. 0577 848 044
Fax 0577 846 563

Direktor
Paola Gloder

Weinmacher
Massimo Albanese

Gründungsjahr
1976

Rebfläche
21 Hektar

Verkostung
nach Anmeldung

Poggio Antico wurde 1976 von einer Gruppe gegründet, an der römische Investoren und eine Schweizer Bank beteiligt waren, seit 1984 gehört es dem Mailänder Finanzier Giancarlo Gloder. Zusammen mit seiner Tochter Paola, die auf dem Gut lebt und es seit über zehn Jahren leitet, hat er es zu einem der bekanntesten Namen von Montalcino und seine Weine zu den gefragtesten der ganzen Zone gemacht. Doch nichts davon kam über Nacht wie bei einer Reihe anderer Güter; eine längere Zeit der Aufbauarbeit war nötig, bevor der Durchbruch erreicht und der Brunello di Montalcino Riserva von Poggio Antico zum Maßstab geworden war.

Um ganz von vorne anzufangen: Das Land, aus dem ein gut funktionierender landwirtschaftlicher Betrieb werden sollte, war spärlich bepflanzt, da und dort gab es Reben und Olivenbäume, die in dem dichten Wald, der große Teile des westlichen Montalcino bedeckte, etwas deplaziert wirkten. Als erstes mußte gerodet und Wein gepflanzt werden, dann waren auch ein Kellergebäude zu bauen und einzurichten sowie die verfallenden Häuser zu restaurieren, bevor sie ganz zerbröselten. Aus einem davon entstand ein Restaurant – Giancarlo Gloder war sich rasch darüber klar, welche PR-Wirkung eine gute Küche für eine Zone hat, die ihren Weinen Renommee verschaffen möchte. Unter Chefkoch Roberto Minetti wurde es in der südlichen Toskana zu einem Begriff.

Man könnte sich fragen, warum ein vielbeschäftigter Finanzmann Zeit und Mühe für das Weinbusiness aufwendet, eine Branche mit geringen Gewinnen, doch Gloder hat es schon immer aufs Land gezogen, und er war geradezu fasziniert von den Möglichkeiten, die Montalcino bot. Zuvor hatte er ein Landhaus in Umbrien besessen und später – bevor er den Entschluß faßte, in Weinberge zu investieren – im Bereich von Montalcino ein Haus gekauft, jedoch nicht in einem Weinbaugebiet.

Gloders Beginn 1984 fiel nicht in das Jahr einer guten Ernte; in der Tat gilt der 1984er als eine der schlechtesten in der Toskana in den letzten 30 Jahren. Doch es gab guten Wein im

Keller, und Lamberto Paroneto – ein altgedienter Veroneser Weinberater, den Gloder überreden konnte, nach Montalcino zu kommen – konnte einige gute Selektionen zusammenstellen; die herausragende Qualität des Brunello di Montalcino Riserva aus der Ernte 1982 wurde allgemein anerkannt. Der 1985er war ebenso gut, ein weiteres sehr erfolgreiches Jahr dann 1988. Paroneto wurde in den 1990er Jahren durch einen talentierten Weinmacher aus Rom abgelöst, Massimo Albanese, was jedoch am grundsätzlichen Charakter der Weine nichts geändert hat; der Stil von Poggio Antico war bereits etabliert, und es bestand bei der Anerkennung, die er fand, kein Anlaß, ihn zu ändern.

Das Fundament dieses Stils ist ganz sicher die Lage des Guts. Es ist im Südwestteil von Montalcino angesiedelt, wo der Brunello typischerweise üppig und kraftvoll wird, jedoch liegen die Weinberge bis zu 500 Meter über dem Meer, 150 Meter über denen von Case Basse und Pieve Santa Restituta. Die Temperaturen sind, vor allem abends und nachts, bedeutend niedriger und die Weine spürbar weniger dicht und alkoholisch. Dafür besitzen sie eine wunderbare Weichheit und Balance, eine Harmonie, die sie in ihrer Jugend schon charmant macht; trotzdem können sie problemlos mit Gewinn fünfzehn Jahre reifen. Informierte Weingenießer haben diese ungewöhnliche Kombination von Kraft und Eleganz honoriert, seitdem der 1982er Brunello Riserva auf den Markt kam, und die folgenden Gewächse haben den ersten enthusiastisch stimmenden Eindruck nur bestätigt.

Empfohlene Weine

Brunello di Montalcino

Brunello di Montalcino Riserva

Altero
aus Sangiovese

45 FULIGNI

Erzeuger
Azienda Agricola
Eredi Fuligni
Via Soccorso
Saloni, 32
53024 Montalcino
(SI)
Tel. 0577 848 039
Fax 0577 848 710

Direktor
Roberto Guerrini

Weinmacher
Paolo Vagaggini

Gründungsjahr
1924

Rebfläche
4 Hektar

Verkostung
nach Anmeldung

Das Montalcino der 1960er und 1970er – Roberto Guerrinis Jugendjahre – war ein verschlafenes Bergstädtchen in der südlichen Toskana, ganz anders als der vor Aktivität berstende Ort heute. Der Ruhm des Brunello di Montalcino hat das Leben hier radikal verändert; hinter jeder zweiten Tür ist ein Restaurant, ein Weingeschäft, ein Delikatessenladen oder eine Bar zu finden, und es bedarf einiger Mühe, sich den friedlichen, geruhsamen Puls der Zeit vor fünfundzwanzig, dreißig Jahren vorzustellen. Die teuren Autos aus allen Ecken Italiens und aus dem Ausland nördlich der Alpen, die heute über die staubigen Straßen zu den Weingütern holpern, waren nirgends zu sehen, und die kleinen Mengen Wein, die produziert wurden, hätten sie auch kaum hierher gezogen. Nur 64 Hektar waren unter Reben, als die Zone 1967 den DOC-Status erhielt, und ein Jahr später waren es sogar nur noch 53; 150 Hektar erreichte man erst 1971, 300 Hektar im Jahr 1975. Der Weinbau war nur einer von vielen Wirtschaftzweigen in der ländlichen Gesellschaft, und in den Wintermonaten war in den kalten, zugigen Straßen kaum ein Tourist zu sehen, geschweige denn einer, der irgendeine besondere kulinarische Entdeckung erwartete.

Die Guerrini sind eine alte ortsansässige Familie, und ihre Geschichte, in der der Wein erst seit kurzer Zeit eine größere Rolle spielt, reflektiert die früheren wirtschaftlichen und gesellschaftlichen Realitäten der Stadt. Der Familie gehören gut 300 Hektar Land, doch nur 4 Hektar davon sind Weinberge; der Weinbau war für sie bis in die 1980er Jahre wenig bedeutend. Giovanni Guerrini, der sich nun aus dem Geschäft zurückgezogen hat, war ein weithin geschätzter Arzt in Montalcino, und sein Sohn Roberto, Anfang der Vierzig, ist Rechtsanwalt und heute Professor für Strafrecht an der Universität Siena. Für Männer solcher Professionen ist Wein einfach ein Teil der Traditionen ihrer Heimatstadt und nicht so sehr eine lebensnotwendige Tätigkeit.

Dennoch hat sich Roberto Guerrini voll im Wein engagiert, sowohl als Connaisseur, der eine gute Flasche schätzt, wie als Erzeuger, für den hohe Qualität eine Herausforderung ist: Er will sein Talent und seine professionelle Arbeit an seinen Konkurrenten messen, und er hat seit je das Ziel, einen der besten Weine von Montalcino zu produzieren. Vielleicht ein überzogener Anspruch, berücksichtigt man, daß er erst seit Anfang der 1980er im Wein tätig ist, keine lange Zeit für ein solches Vorhaben. Doch man spürt seine Hand in den Weinen; ihre Finesse spiegelt die große Erfahrung aus anderen Ländern und Weinbaugebieten, und in allen Reports über den Brunello di Montalcino rangiert Wein von seinen Lagen auf den vorderen Plätzen. Ein Zeichen, daß der Gaumen und der Stil vielleicht noch wichtiger sind als Technik.

Die Rebflächen von Fuligni, die im Besitz der mütterlichen Seite der Familie sind, liegen im Ostteil von Montalcino, einige Kilometer nördlich der Stadt und direkt unter denen von Andrea Costanti, dem engen Freund von Roberto Guerrini. Sowohl die Höhe wie die südwestliche Ausrichtung ergeben aromatische Weine von guter Fülle, doch scheint dieser Sangiovese im Vergleich mit seinen Nachbarn mehr Kraft und Länge zu haben. Ein näherer Blick in die Weinberge zeigt, warum: Sie sind makellos, geradezu manikürt, wenige Trauben und jedes Blatt an seinem Platz – das sind die Reben eines Mannes, der an die Spitze will und keine Kompromisse macht. Die Keller sind peinlich in Ordnung, ein regelmäßiger Austausch der Fässer stellt sicher, daß die Brunellos nur in sauberem Holz reifen. Nur wenige Barriques (Guerrini will die besonderen Aromen des Sangiovese von Montalcino erhalten und wünscht keinen forcierten Holzton in seinen Weinen) wurden installiert, um ihr Bukett noch etwas komplexer zu machen. Der Brunello Riserva der Jahre 1983, 1985, 1988, 1990 und 1993 gehört zu den besten der Zone, und die Jahrgänge 1995 und 1997 könnten die besten werden, die dieses kleine Modellgut je gemacht hat.

Empfohlene Weine

Brunello di Montalcino

Brunello di Montalcino Riserva

46 BARBI

Erzeuger
Fattoria dei Barbi e del Casato
Località Barbi
53024 Montalcino (SI)
Tel. 0577 848 277
Fax 0577 849 356

Direktor
Francesca Colombini Cinelli

Weinmacher
Luigino Casagrande

Gründungsjahr
16. Jh.

Rebfläche
52 Hektar

Verkostung
nach Anmeldung

Die Fattoria dei Barbi ist im Besitz der Colombini, einer alten Sieneser Familie (Giovanni Colombini gründete im frühen 14. Jahrhundert den Jesuatenorden, wofür er seliggesprochen wurde), die seit über 200 Jahren in Montalcino ansässig ist. Wein wurde auf dem Gut immer gemacht, und zwar oft auf gutem Niveau: Im Jahr 1894 zeichnete der italienische Landwirtschaftsminister einen Wein von Raffaello Padelletti – Urgroßvater von Francesca Colombini Cinelli, Eigentümer und Direktor der Fattoria dei Barbi seit 1976 – mit einer Silbermedaille aus. Als Frau von großer Energie und Autorität mußte sie nicht erst auf den feministischen Aufbruch warten, um zu beweisen, daß sie ein großes Weinbauunternehmen – mit über 400 Hektar Land, davon 52 Hektar Rebflächen – so gut leiten konnte wie ein Mann.

Francesca Colombini Cinelli bekam in ihrer Familie zunächst eine hervorragende Ausbildung, bevor sie ihre neue Verantwortung 1976 übernahm. Ihr Vater Giovanni Colombini war Rechtsanwalt, doch am liebsten schaute er auf seinen Gütern nach dem Rechten, und auf seiner Visitenkarte stand die Landwirtschaft als erster Beruf noch über der Juristerei; das Land war für ihn interessanter als der Gerichtssaal. Die Landwirtschaft verstand Giovanni Colombini als umfassende Nutzung natürlicher Ressourcen, und zusätzlich zum Wein begann er Schafskäse sowie Schinken, Salami und andere Salumi von eigenen Schweinen zu produzieren. Die vielen alten Häuser, die zum Gut gehörten, wurden systematisch instand gesetzt und bewohnbar gemacht. Diese Anstrengungen wurden von Francesca Colombini Cinelli und ihrer Tochter Donatella fortgesetzt, wodurch ein florierender *Agriturismo*-Betrieb entstand; jedes Jahr machen Hunderte von Familien Urlaub in den alten Bauernhäusern und genießen das Landleben in der Toskana.

Wein stand in der Fattoria dei Barbi jedoch immer im Zentrum, sowohl unter Giovanni Colombini wie unter seinen Erben. In der Tat war er es, der den Status des Brunello di Montalcino fundamental änderte, indem er ihn von einem etwas geheimnisvollen Wein, der nur in kleinsten Mengen zu sehr hohen Preisen bei handwerklich arbeitenden Erzeugern zu bekommen war, zu einem Wein machte, der wesentlich leichter zu erstehen war, sowohl von der jährlichen Produktionsmenge her als auch vom Preis. Der Brunello der Fattoria dei Barbi war kein »volkstümliches« Produkt und könnte keines werden; er ist und bleibt ein Wein von Körper und Struktur, und der Preis bestimmt ihn nicht gerade zum Alltagsgetränk. Doch er ist auch kein Wein für Millionäre, und genau dies hatte die Familie von Anfang an im Sinn.

Das alles soll nicht heißen, daß die Fattoria dei Barbi Massenweine herstellt oder daß ihr Brunello nicht konkurrenzfähig wäre. Die Hauptrebfläche liegt 400 Meter hoch wenige Kilometer südlich der Stadt Montepulciano, eine ausgezeichnete Höhe für den Sangiovese, und die Einzellagen wie Podernuovo, Poggitoia, Casato und Fiore haben alle eine gute Sonnenexposition und tragen hervorragende Früchte. In den 1990er Jahren wurde die Weinherstellung von zwei der erfahrensten Önologen der Region unterstützt: Carlo Ferrini, der aus der Arbeit auf Case Basse die Probleme und Möglichkeiten des Weinbaus im Montalcino ausgezeichnet kannte, und Luigino Casagrande, viele Jahre Chefweinmacher auf Castello di Brolio im Chianti Classico und der Mann, der sich mit dem Sangiovese wohl am besten auskannte. Der generelle Anstieg der Qualität ist überall deutlich, nicht nur in klassischen Produkten wie Brunello und Rosso di Montalcino, sondern auch im Il Brigante, einer neuen Cuvée aus Sangiovese und Merlot und einer der besten ihrer Art im Bereich Montalcino.

Empfohlene Weine

Brunello di Montalcino Riserva

Brunello di Montalcino Riserva Vigna del Fiore

Il Brigante
aus Sangiovese und Merlot

47 CERBAIONA

Erzeuger
Azienda Agricola Cerbaiona
Località Cerbaiona
53024 Montalcino (SI)
Tel. 0577 848 660
Fax 0577 848 660

Direktor
Diego Molinari

Weinmacher
Diego Molinari

Gründungsjahr
1977

Rebfläche
3 Hektar

Verkostung
nach Anmeldung

In den frühen 1960er Jahren konnten die wenigen verstreuten Weintrinker, die von der Existenz eines Brunello di Montalcino wußten, unter fünf oder sechs Etiketten wählen; mehr gab es nicht zu dieser Zeit. Fünfundzwanzig Jahre später war die Wahlmöglichkeit wesentlich größer: 1998 konnte die Zone 129 Erzeuger von Brunello oder Rosso di Montalcino vorweisen, eine Verfünfundzwanzigfachung in einem Vierteljahrhundert, in jedem Jahr eine Zunahme um den ursprünglichen Bestand. Einst ausschließlich aus den Weinbergen einheimischer Landeigner stammend, kommt der Wein heute aus den Besitzungen von Neuankömmlingen aus der ganzen Welt, die ein unglaubliches Spektrum von Berufen repräsentieren: Ärzte, Rechtsanwälte, Banker, Steuerberater, Maler, Unternehmer anderer Branchen und Beamte.

Daß diese begeisterten Amateure viel für Montalcino getan haben, steht außer Diskussion. Was wohl noch mehr überrascht, ist die Tatsache, daß seit bald fünfzehn Jahren einer der besten Beispiele des Brunello di Montalcino von einem ehemaligen Verkehrspiloten erzeugt wird; doch in jeder Rangliste der Spitzengüter wäre Cerbaiona ganz weit oben zu finden. Und das, obwohl der Eigentümer, Diego Molinari, keinerlei Erfahrung mit Wein hatte.

»Keinerlei Erfahrung« ist vielleicht nicht ganz korrekt. Molinari hatte zwar noch nie in einem Weinberg oder einem Keller gearbeitet, doch er war ein enthusiastischer und informierter Genießer großer Weine, der seinen Gaumen in Paris perfektioniert hatte; die Alitalia hatte ihn für mehrere Monate in die französische Metropole geschickt, wo er die neue Caravelle, die Italiens staatliche Fluglinie geordert hatte, fliegen lernen sollte. Das war ein Geschmackserlebnis, das er nie vergaß, und von da an verfolgte ihn die Idee, als Winzer auf einem eigenen kleinen Gut eine neue Karriere zu starten. Was seine Entscheidung forcierte, war die chaotische Arbeitssituation in den 1970er Jahren, ein Jahrzehnt, in dem die Alitalia wegen des permanenten Konflikts zwischen Beschäftigten und Management öfter bestreikt wurde als flog. Molinari stammt aus dem lombardischen Pavia, und die Lombarden, Nachkommen der germanischen Langobarden, die sich im 6., 7. Jahrhundert hier niederließen, sind bekannt als ernste, hart arbeitende Menschen. An einem bestimmten Punkt schwor er, sich aufs Land zurückzuziehen, und wenn er Kartoffeln anbauen müßte.

Seine zweite Karriere widmete er jedoch einem edleren Gewächs: dem Sangiovese von Montalcino. Nachdem er östlich der Stadt – mit herrlichem Blick auf den Monte Amiata und die Landschaft ringsum – ein Bauernhaus gekauft und restauriert hatte, bepflanzte er gleich einen Weinberg. Mit seiner Frau Nora, einer polyglotten Italienierin, die in Ägypten, Kanada und Skandinavien gelebt hatte, war er in den Vorbereitungen der Ernte 1981, als die Katastrophe geschah: ein Unwetter mit Hagel, der die Trauben von den Rebstöcken schlug. Enttäuscht, aber nicht erschüttert warteten sie ab und wurden im folgenden Jahr mit einem Brunello von wahrhaft großem Kaliber belohnt, der seinen Namen und den des Guts auf die Weinlandkarten brachte. 1983 war ebensogut, 1984 ein uneingeschränkter Erfolg in einem schlechten Jahr, und der 1985er war wieder hervorragend. Die Weine gehörten rasch zu den gefragtesten in ganz Montalcino, und das hat zu einigen nicht sehr intelligenten Sprüchen über »hochfliegende« Weine und ihre »Stratosphärenpreise« Anlaß gegeben. Der Mechanismus von Angebot und Nachfrage funktioniert hier so wie überall, so daß eine Flasche von Cerbaiona heute ein Mehrfaches von dem kostet, was für den ersten Jahrgang verlangt wurde.

Molinari ist ein geradliniger Mann geblieben, der seine Weine ohne komplizierte Theorien macht, und er weist weit von sich, im Besitz irgendwelcher Geheimnisse zu sein. Er stützt sich auf den gelegentlichen Rat von Giulio Gambelli, dem großen alten Mann der toskanischen Weinwissenschaft, der hereinschaut, wenn er in Montalcino ist. Ein Weinberater versuchte einmal eine Erklärung für seinen Erfolg: »Molinari macht keine Kompromisse, weder im Weinberg noch im Keller«, eine Haltung, die diesem Erzeuger sehr zugute kommt. Und es wird neben dem Brunello di Montalcino bald einen neuen Wein geben: einen Sangiovese-Verschnitt mit Cabernet Sauvignon, Merlot, Syrah und Malvasia Nera, der sehr neugierig erwartet wird.

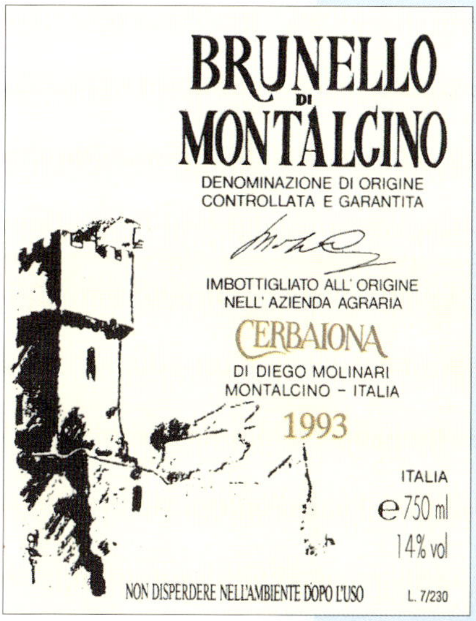

Empfohlene Weine

Brunello di Montalcino

Cerbaiona
aus Sangiovese, Cabernet Sauvignon, Merlot, Syrah und Malvasia Nera

48 LA CERBAIOLA

Erzeuger
Azienda Agricola
La Cerbaiola
Piazza Cavour, 19
53024 Montalcino
(SI)
Tel. 0577 848 499
Fax 0577 848 499

Direktor
Giulio Salvioni

Weinmacher
Attilio Pagli

Gründungsjahr
1979

Rebfläche
2,5 Hektar

Verkostung
nach Anmeldung

Die Salvioni sind – wie die Ciacci, Sassetti, Fanti, Pacenti, Mantengoli, Guerrini, Lambardi – eine der alten Montalcineser Familien, die in dieser Hügelstadt seit Generationen leben und bis vor kurzem Zeugen einer Geschichte waren, die ihren ruhigen, bukolischen Gang ging, in der Veränderungen ganz langsam, *pianissimo,* vonstatten gehen. In den letzten Jahrzehnten hat sich Montalcino bis zur Unkenntlichkeit verändert, dank dem Brunello, der in kommerzieller Hinsicht der begehrteste italienische Wein in heimischen wie in internationalen Märkten geworden ist. Doch hatten die alten Familien von Montalcino bis in jüngste Zeit nur eine marginale Verbindung zum Weinbau. Von einem echten Sarden sagt man, daß er nach innen gewandt sei, ein Schäfer, der selten in die Nähe des Meeres gelange und die Hotels und Strände der Costa Smeralda als etwas seiner Kultur Fremdes empfinde. Und bis zu einem gewissen Grad berührten der Wein, seine Herstellung und Vermarktung in der Vergangenheit das Lebensgefühl der Bürger von Montalcino nur höchst indirekt.

Giulio Salvioni ist ein typisches Beispiel für diese Tradition, ein Mann, dessen jüngere Geschichte zeigt, wie rasch sich Montalcino verändert. Seit Jahrhunderten leben die Salvioni hier, und Giulio Salvionis Zuhause liegt genau in der Mitte der Stadt, an der Piazza Cavour gegenüber dem Rathaus und der Stadtverwaltung. Er besaß ein Stück Land und einen kleinen Weinberg, dessen Ertrag aber nur für den eigenen Verbrauch gedacht war und keinerlei wirtschaftliche Bedeutung hatte. Er arbeitete in der örtlichen Gesundheitsbehörde und überließ es gern den Nachbarn und Freunden, Zeit für das Weinmachen und -verkaufen aufzuwenden, was in den 1970er und 1980er Jahren nicht immer leicht war, als der Brunello nicht im entferntesten den Ruf hatte wie heute.

All dies änderte sich 1985 ziemlich dramatisch, als man den Entschluß faßte, Brunello di Montalcino aus der Ernte von der Lage Cerbaiola zu machen und abzufüllen. Der Anstoß dazu kam, wie Salvioni offen gesteht, von Diego Molinari, dem das nahe gelegene Gut Cerbaiona gehört. Molinari hatte seinen ersten Brunello 1982 gemacht; er war mit der Qualität sehr zufrieden und sicher gewesen, daß Salvioni ohne weiteres ebenso Erfolg haben würde. Um ihn zu überzeugen, wies er ihn darauf hin, daß Cerbaiola sogar noch bessere Lagen aufwies – höher am Hang und mit besserer Ausrichtung – und daß es keinen Grund gab, warum man (bei gutem Wetter) nicht einen Brunello von höchster Güte zustande bringen sollte.

Molinari erwies sich als Prophet: Mit Unterstützung durch eine der günstigsten Vegetationsperioden der ganzen Nachkriegszeit und einen jungen Önologen namens Attilio Pagli, der damals so unbekannt war wie Cerbaiola, kreierte Salvioni 1985 einen ganz hervorragenden Brunello, und seine Fama breitete sich wie ein Steppenbrand aus, als der Jahrgang auf den Markt kam. 1987, in einem Jahr, in dem die meisten Erzeuger zu kämpfen hatten, brachte Cerbaiola neben Case Basse den besten Wein der Zone hervor, einen Modell-Brunello, trotz der schweren Regenfälle Ende September und Anfang Oktober. Er setzte die Meßlatte, die bis heute gültig ist; sogar in so schwierigen Jahren wie 1989, 1991 und 1992 war Salvioni mit hoher Qualität zur Stelle: Eine kompromißlose Auslese in den Weinbergen bei der Lese bewahrt die Integrität des Produkts und die Reputation des Guts.

Die erzeugten Mengen blieben schmerzlich klein, wenn sie auch seit Ende der 1980er Jahre wuchsen, nachdem man neues Land bepflanzt hatte und die jungen Reben eine Frucht zu tragen begannen, die für den Brunello verwendet werden kann. Salvioni hat es jedoch nicht eilig; nachdem er einen großen Teil seines Lebens darauf gewartet hatte, Winzer zu werden, kann er nun auch noch ein paar Jahre mehr warten. Käufer, die von der vergeblichen Suche nach einer Flasche frustriert sind, können sich damit trösten, daß es in Zukunft leichter wird und daß die Jahrgänge, die bald auf den Markt kommen – 1994, 1995 und 1997 – zu den besten Weinen gehören, die Giulio Salvioni und Attiglio Pagli je gemacht haben.

Empfohlene Weine

Brunello di Montalcino

Rosso di Montalcino

49 LAMBARDI

Erzeuger
Azienda Agricola Canalicchio di Sotto
Podere Canalicchio di Sotto, 8
53024 Montalcino (SI)
Tel. 0577 848 476
Fax 0577 848 476

Direktor
Maurizio Lambardi

Weinmacher
Paolo Vagaggini

Gründungsjahr
1961

Rebfläche
5 Hektar

Verkostung
nach Anmeldung

Die Geschichte der Familie Lambardi, die von namenlosen Ackerbauern zu international bekannten Produzenten von Brunello di Montalcino wurden, ist signifikant für die Veränderungen, die in der letzten Generation in diesem Teil der Provinz Siena stattfanden. Brunello wurde zum Synonym für die höchste Stufe des toskanischen Weins, doch das war früher anders: Vor zwei Generationen – oder sechzig Jahren – war der Brunello di Montalcino sozusagen nicht existent. Dann und wann tauchte eine alte Flasche auf, doch hatte die Reblaus nach dem Ersten Weltkrieg die Weinberge zerwüstet, wenig Wein wurde hergestellt, und auf Flaschen gefüllten Wein gab es nur in kleinsten Mengen. 1932 sollte eine staatliche Kommission unter Leitung von Giovanni Dalmasso, der italienischen Autorität in Sachen Wein in der ersten Hälfte dieses Jahrhunderts, den Zustand des toskanischen Weins untersuchen (Hauptauftrag war die Festlegung der Zone für die Produktion von Chianti). Ihr Bericht vermerkte, daß »die Produktion dieses Weins gegenwärtig auf die örtliche Kooperative konzentriert ist« – die von Tancredi Biondi Santi geleitet wurde –, »die zur Zeit jährlich 200 Hektoliter herstellt«. 200 Hektoliter sind 26000 Flaschen, und das von einem 240 km^2 großen Gebiet. Zum Vergleich: La Tâche, einer der berühmtesten Weinberge Burgunds, liefert 20000 Flaschen von nicht einmal 6 Hektar, also 0,6 km^2.

Der Vergleich mit der Côte d'Or war 1961 natürlich alles andere als üblich, als Silvano Lambardi die Arbeit auf dem kleinen Gut aufnahm. Insgesamt gab es 21 Hektar, und wie überall damals wurden verschiedene Produkte erzeugt: Oliven, Getreide und Trauben, auch Schlachtvieh. (Die Viehställe wurden in den 1990er Jahren von Maurizio Lambardi, Silvanos Sohn, zu Kellereigebäuden umgestaltet.) Wein gehörte zum Programm, stand aber nicht im Vordergrund, und er wurde im wesentlichen über zwanzig Jahre hinweg nur lokal vermarktet. Canalicchio di Sotto war ein typisches Montalcino-Gut der Zeit; Dutzende Eigentümer arbeiteten in genau derselben Weise.

Gegen Ende der 1980er Jahre begannen sich die Dinge zu

ändern, als die ersten Weine von Maurizio Lambardi bekannt wurden: der sehr gute Brunello 1985 und 1986 sowie ein ordentlicher 1987er aus einer Ernte, in welcher der Regen Ende September, Anfang Oktober die Weine weniger seriöser Produzenten zu dünnen, wäßrigen Imitationen des echten Brunello machte. Der Brunello 1988 wurde noch besser, doch es war der Jahrgang 1990, der die Geschicke von Canalicchio di Sotto in neue Bahnen lenkte. Der erste Wein, der auf den Markt kam, der Rosso di Montalcino 1990, hatte die Wucht und Dichte eines Brunello, und der Brunello di Montalcino desselben Jahres wurde, als er 1995 herauskam, als herausragendes Exemplar begrüßt. Die Nachfrage war dann so groß, daß Maurizio Lambardi seine Pläne, eine Selektion des 1990ers als Riserva abzufüllen, aufgeben mußte: Die Menge des regulären Brunello deckte bei weitem nicht den Bedarf, und der Riserva wurde einfach dem Brunello zugeschlagen. 1991 war ebenso erfolgreich, und der 1993er Brunello, tieffarbig, dicht und lang, ist wieder ein würdiger Vertreter seiner Kategorie.

Maurizio Lambardi ist ein ruhiger Mann, der kaum je eine Begründung für die konstant hohe Qualität seiner Produkte abgibt. Canalicchio wird zu Recht im Zusammenhang mit einigen anderen sehr guten Weingütern gesehen, doch scheinen die Weine von Lambardi im Vergleich noch eine zusätzliche Dimension zu besitzen, eine größere Statur, eine größere Kraft. Am nächsten kommt Lambardi einer Erklärung noch, wenn er auf seine Weinberge direkt hinter der Kellerei zeigt und anmerkt, daß der Hang von Canalicchio an diesem Punkt ansteigt und den Reben eine bessere Sonnenexposition bietet. Das ist offenkundig zu simpel, doch die Bescheidenheit Lambardis verhält sich reziprok zur Klasse seiner Weine: Er ist nur zu glücklich damit, seinen Kollegen das Wort zu überlassen; sein Brunello und sein Rosso di Montalcino sprechen für sich selbst, sehr beredt und ohne jede Nachhilfe.

Empfohlene Weine

Rosso di Montalcino

Brunello di Montalcino

Brunello di Montalcino Riserva

50 LA TORRE

Erzeuger
Azienda Agricola
La Torre
Frazione Sesta,
Località La Torre
53020 Montalcino
(SI)
Tel. 06 808 3258
Fax 06 808 3258

Direktor
Luigi Anania

Weinmacher
Luigi Anania

Gründungsjahr
1977

Rebfläche
4 Hektar

Verkostung
nach Anmeldung

Montalcino verfügt über eine gewisse Zahl profilierter Erzeuger, deren herausragende Weine – kraftvolle Charaktere – und zitierfähigen Meinungen sie zum ständigen Objekt der Presse machten. Luigi Anania ist genau das Gegenteil, doch nicht deswegen, weil ihn seine Weine nicht dazu qualifizieren – sie sind klassische Beispiele für bestens gemachte Brunello und Rosso di Montalcino. Er ist einfach ein Mensch, der seine Weine ohne das geringste Bedürfnis nach Publicity macht. Der Wein war der Beruf seiner Wahl, doch er ist nicht sein ganzes Leben, er dominiert nicht seine ganze Existenz. Seine Familie lebt in Rom, und er pendelt nach Montalcino, er kommt Montag morgens an und fährt Freitag abends zurück, Erntezeiten ausgenommen. Und er hat andere Interessen, weit weg von den Trauben und ihrer Verwandlung in Wein: Luigi Anania ist ein bekannter Verfasser von Kurzgeschichten, und er gibt dem intellektuell-künstlerischen Teil seines Lebens den Raum, den er benötigt. Der Mensch lebt nicht vom Brot allein, wie man sagt, und für diesen intelligenten, sensiblen Erzeuger hat der Wein die ihm zukommende Bedeutung, eine, die die anderen Seiten seines ausgefüllten Lebens nicht unterdrückt.

Dennoch soll das nicht heißen, daß dieses Montalcino-Gut von geringerer Bedeutung ist oder daß Anania ihm nur beiläufige Aufmerksamkeit schenkt. Aus Kalabrien stammend, studierte er in Florenz Landwirtschaft; einer seiner engsten Freunde aus Studienjahren ist Alberto Antonini, eines der großen Talente unter den jüngeren Önologen der Toskana und von 1989 bis 1994 Direktor von Col d'Orcia, einem der renommiertesten Güter Montalcinos. Antonini schätzt Anania hoch, sowohl für seine Weine wie seine menschlichen Qualitäten: »Eine außerordentliche Persönlichkeit«, meint er, »ein echter, authentischer Charakter.« Die Seriosität, mit der Anania ans Werk geht, ist in den Weinbergen zu erkennen, die penibel gepflegt sind, aber auch in der bewußt gewählten Größe seines Guts; er ist ein kleiner Erzeuger und möchte das auch bleiben. Eine Expansion ist nicht geplant, trotz der Nachfrage, die – wie es bei allen guten Weinen von Montalcino der Fall ist – seine Kapazität weit übersteigt. »Small is beautiful«, ist für ihn kein Lippenbekenntnis, sondern seine

Art zu leben; er bevorzugt handwerkliche Dimensionen und hat kein Bedürfnis nach dem Rampenlicht. Seine Weine sind nicht weithin bekannt, aber er ist absolut damit zufrieden, für Menschen zu arbeiten, die interessante Weine den berühmten vorziehen.

La Torre ist im Südteil der Produktionszone des Brunello di Montalcino zu finden, nördlich von Sant'Angelo in Colle und unmittelbar westlich der Straße, die dieses Dorf mit Montalcino verbindet. Das Gut Sant'Angelo in Colle von Elisa Lisini, das seit den 1960er Jahren einen Parade-Brunello macht, liegt direkt gegenüber. Die Lage hat alles, was ein Sangiovese höchster Qualität benötigt: Ausrichtung nach Süden, jede Menge Licht und Wärme tagsüber, abends und nachts aufgrund der Höhe niedrige Temperaturen, einen Boden mit genau der richtigen Mischung von Lehm und hartem Kalkstein. Der Brunello di Montalcino ist hier ein runder, fester Wein, doch auch ausgewogen und aromatisch, und Flaschen aus guten Jahrgängen können gut zwei Jahrzehnte lagern.

Luigi Ananias Brunello di Montalcino ist ein traditionelles Produkt, mächtig und alkoholreich; er reift längere Zeit in Eichenfässern, um die richtige Geschmeidigkeit und Balance zu bekommen, bevor er auf Flaschen gezogen wird. Barriques sind im Keller nicht zu finden: Dieser Erzeuger ist auf Subtilität aus, nicht auf den Effekt; ein vordergründiger Holzton interessiert ihn nicht, und an Marktgängigkeit denkt er mit keiner Faser. Er möchte andere Kunden haben, solche, die nach tieferer Befriedigung suchen; und das Publikum, das sein Etikett entdeckt hat – nördlich der Alpen wie jenseits des Ozeans –, hat wirklich einen Wein mit Tiefgang gefunden. Wie dieser Mann.

Empfohlene Weine

Brunello di Montalcino

Brunello di Montalcino Riserva

Rosso di Montalcino

51 SAN FILIPPO-FANTI

Erzeuger
Azienda Agricola
San Filippo – Fanti
Via Borgo di
Mezzo, 15
Frazione
Castelnuovo
dell'Abate
53020 Montalcino
(SI)
Tel. 0577 835 628
Fax 0577 835 523

Direktor
Baldassare Fanti

Weinmacher
Attilio Pagli

Gründungsjahr
1980

Rebfläche
20 Hektar

Verkostung
nach Anmeldung

Baldassare Fanti entdeckte die Freuden des Weins – und den Stolz und das Vergnügen, die ein bedeutender Name bereiten – in relativ späten Jahren. Nicht daß er zuvor ein besonders asketisches Leben geführt hätte; in eine alte Familie von Montalcino mit ausgedehnten Ländereien südlich der Stadt geboren, verbrachte er eine sorglose Jugend, bevor er an der Universität Florenz Landwirtschaft studierte. Er denkt gern an Florenz und die Studienzeit zurück, doch nicht, weil er sich nach Hörsaal und Bibliothek sehnte: Er kann sich ganz genau an die Restaurants und Cafés erinnern, die Nachtclubs und Diskotheken, die Kinos und Theater. Nach der Rückkehr nach Montalcino führte er das konventionelle Leben eines durchschnittlichen Erwachsenen mit Heirat, Kindererziehung, Überwachung des Familienguts (das damals hauptsächlich Weizen und Oliven produzierte) und der Ölmühle. Ein umfängliches Pensum, das ihn von Anfang November bis Ende Januar praktisch rund um die Uhr auf Trab hielt. Die Ölmühle verarbeitete die Ernte einer ganzen Reihe von Olivenbauern der Stadt, und Oliven müssen, sobald sie gepflückt sind, sofort gemahlen und gepreßt werden – auch wenn das einen 24-Stunden-Tag bedeutet.

Auch Weinberge gehörten zum Fanti-Gut, doch sie nahmen im Gesamtprogramm keinen wesentlichen Platz ein und erforderten nicht viel Aufmerksamkeit; es waren nur 6 Hektar unter den 300 des gesamten Besitzes. Man machte Wein – der erste Brunello datiert von 1980 –, der in guten Jahren wie 1988 sogar von ordentlicher Qualität war. Doch man strebte nicht nach Besserem, und die Vorstellung, daß ein wirklich guter Wein sowohl neue persönliche Befriedigung als auch einen viel höheren Gewinn bringen könnte, lag damals in weiter Ferne.

Der entscheidende Wandel kam Anfang der 1990er Jahre, doch selbst Fanti weiß nicht genau, was hinter dem plötzlichen Impuls steckte, sich dem Wein auf neue, ernsthaftere Weise zu widmen. Vielleicht war es der Wunsch nach einer neuen Herausforderung, da die Kinder nun aus dem Gröbsten heraus waren und die Familie nicht mehr soviel Zeit beanspruchte. Sicher tat die Lektüre der Besprechungen von

Weinen (oft die seiner Freunde und Kollegen) einiges dazu; wo ihr Brunello di Montalcino überschwenglich, beinahe hymnisch gefeiert wurde, erhielt sein Wein bestenfalls ein oberflächliches Lob. Wenn sein Brunello nur annehmbar war, so waren deren Gewächse Kunstwerke. Eifersucht mag nicht die konstruktivste Emotion sein, aber sie könnte natürlich auf San Filippo den letzten Ausschlag für den Wandel gegeben haben.

Wie auch immer, die Weine der 1990er Jahre bewegen sich jedenfalls auf einer ganz anderen Ebene als die der Vergangenheit. Ein eleganter, gekonnt gemachter Brunello 1991, ein mächtiger Brunello Riserva aus dem Jahrgang 1993 (der gleichzeitig eine reine Verkörperung des Sangiovese ist), ein Brunello Riserva aus dem wichtigen Jahrgang 1995, der noch im Faß reift und ein Ausnahmewein zu werden verspricht. Die Keller, in denen jetzt französische Eichenfässer stehen, wurden vollständig überholt und Attilio Pagli als Weinmacher engagiert. Die Handschrift dieses talentierten Önologen ist in allen Weinen zu spüren, auch in den theoretisch einfacheren: Der Rosso di Montalcino gehörte sowohl 1994 wie 1996 zu den besten der Zone. Die Wertschätzung durch seine Kollegen und genauso sein – nun fast totales – Engagement im Wein ist daran abzulesen, daß er 1998 zum Präsidenten des Consorzio del Vino Brunello di Montalcino gewählt wurde; er hat nun nicht nur sein eigenes Gut, sondern die ganze Zone auf offiziösen Veranstaltungen zu vertreten. Seine sorglosen Studententage mögen Vergangenheit sein, doch er hat neue Befriedigung und ein neues Leben gefunden, ein mehr als nur adäquater Lohn.

Empfohlene Weine

Brunello di Montalcino

Brunello di Montalcino Riserva

Rosso di Montalcino

52 VALDICAVA

Erzeuger
Tenuta Valdicava
Frazione Valdicava
53024 Montalcino (SI)
Tel. 0577 848 261
Fax 0577 848 008

Direktor
Vincenzo Abbruzzese

Weinmacher
Attilio Pagli

Gründungsjahr
1983

Rebfläche
10 Hektar

Verkostung
nach Anmeldung

Eine der wirkungsvollsten Werbekampagnen der Nachkriegsgeschichte war die des Autovermieters Avis, die gegen den Erzrivalen Hertz gerichtet war, die bei weiterem größere Firma. Die geringere Größe zum Vorzug wendend, erklärte Avis: »Wir arbeiten härter – wir sind nur Nummer zwei.«

In der Regel starten Weingüter keine Werbefeldzüge, und Größe ist sicher kein Kriterium, wenn es um großen Wein geht. Doch Vincenzo Abbruzzese, Eigentümer und Direktor von Valdicava, könnte ohne weiteres behaupten, daß es – seit er 1987 die Leitung übernahm – seine Maxime war, härter zu arbeiten. Valdicava liegt im kühleren Nordteil der Zone, nahe der Abzweigung der Straße nach Torrenieri von der Verbindung Montalcino-Buonconvento. Von den großen Namen in Montalcino sind nur Altesino und Caparzo weiter nördlich zu finden, und beide Güter haben Reblagen in Montosoli, deren steiniger Boden in diesem Teil der Produktionszone eine Ausnahme bildet und dem Wein mehr Struktur und Intensität verleiht. Valdicavas Weinberge, deren Boden einen höheren Anteil Ton und Sand aufweist, liegen auf flachen Hängen, im Gegensatz zu den steilen Hängen von Montosoli. Man würde einen intensiv duftenden, mittelgewichtigen Brunello di Montalcino erwarten, doch sind die Weine von Valdicava, insbesondere der Brunello Riserva aus der Lage Madonna del Piano, sehr körperreich und füllig mit fester Struktur, und klingen am Gaumen lange nach.

Wein von dieser Güte zu machen erfordert keinen geringen Einsatz, doch Vincenzo Abbruzzese scheut, wie sein noch kurzer Werdegang zeigt, harte Arbeit nicht. Seine Berufswahl demonstriert dies deutlich. Sein Großvater mütterlicherseits, Bramante Martini, hatte Valdicava 1953 gekauft und die ersten Rebflächen angelegt, doch sein Vater arbeitete bei der Bank Monti dei Paschi di Siena, und er wurde in Siena geboren, wo er auch aufwuchs. Zunächst wollte er Ingenieur werden, und er hatte sein Studium in Florenz fast abgeschlossen, als sein Großvater, der nicht mehr der Jüngste war, beschloß, das Gut zu verkaufen. Vincenzo Abbruzzese hatte in seinen Jugendjahren sommers auf dem Gut gearbeitet und schon Mitte der 1980er Jahre begonnen, den Wein in einigen Teilen Italiens zu verkaufen. Er entschied sich sofort zum Kauf, und er bereute es nicht, obwohl Investitionen in Weinbergen und Kellern dringend nötig waren und das Kapital knapp.

Im Lauf der letzten zehn Jahre wurde das Gut in allen Hinsichten und unter ständigen Opfern systematisch verbessert. In den Kellern wurden temperaturgesteuerte Gärtanks aus Edelstahl installiert, die heute durch neue Gärfässer aus Eiche ersetzt sind; die alten Fässer wurden vollständig gegen neues Holz ausgetauscht, und die Abfüllanlage ist neuesten Datums. Doch am deutlichsten sichtbar wird Abbruzzeses Maxime, die Ärmel aufzukrempeln und mit der Arbeit zu beginnen, im Weinberg. Dies ist einer der bestgepflegten in ganz Montalcino; das Blätterdach über den Trauben, das wie ein Photovoltaik-Sonnenkraftwerk gestaltet ist, ist so weit wie möglich ausgebreitet, um jeden Sonnenstrahl einzufangen, nur wenige Trauben hängen an den sorgfältig beschnittenen Reben; Trauben, die in der Reifung nachhinken, werden im August gnadenlos eliminiert, und zu eng hängende Trauben werden im September ausgedünnt, um Fäule zu vermeiden. Das ist Weinbau, der den Reben und Trauben höchste Aufmerksamkeit widmet und viele Stunden Arbeit kostet. Das ist teuer, aber wirkungsvoll.

Diese Effizienz könnte in den Weinen nicht deutlicher zu spüren sein: ein Rosso di Montalcino, der regelmäßig zu den besten der Zone zählt, und ein Brunello di Montalcino Riserva, von dem niemand vermuten würde, daß er aus dem Nordteil des Anbaugebiets kommt. Sie stellen unter Beweis, daß der Stadtjunge keine Probleme hatte, sich an das Landleben zu gewöhnen.

Empfohlene Weine

Brunello di Montalcino

Brunello di Montalcino Riserva

Rosso di Montalcino

53 PACENTI FRANCO E ROSILDO

Erzeuger
Azienda Agricola
Franco Pacenti
Località
Canalicchio
di Sopra
53024 Montalcino
(SI)
Tel. 0577 849 277
Fax 0577 849 277

Direktor
Franco Pacenti

Weinmacher
Paolo Vagaggini

Gründungsjahr
1987

Rebfläche
4,5 Hektar

Verkostung
nach Anmeldung

Der Brunello di Montalcino hat seinen Namen von der beeindruckenden Stadt auf dem Berg, an dessen Flanken er das Licht der Welt erblickt hat. Jahrhundertelang war Montalcino der Hauptreferenzpunkt für das Gebiet, das sich von Buonconvento im Norden zum Orcia im Süden, von Torrenieri im Osten bis zum Ombrone im Westen erstreckt. Doch in der Vergangenheit machten steinige, unbefestigte Straßen, das hügelige Gelände und dichte Wälder das Reisen in primitiven Karren und Kutschen mühsam, und so spielte sich das Leben der im Gemeindegebiet ansässigen Menschen in den Weilern und ihrem unmittelbaren Umkreis ab. Dort fand der Austausch mit den Nachbarn statt, dort beteten sie in kleinen Kirchen, auf den Feldern dort arbeiteten sie im Schweiße ihres Angesichts für das tägliche Brot. Wenig wurde bisher über Orte wie Canalicchio, Sant'Angelo in Colle, Tavarnelle, Sant'Angelo Scalo und Castelnuovo dell'Abate geschrieben oder über die Schlösser von Poggio alle Mura und Camigliano, und ein Gutteil der Geschichte ist unglücklicherweise stumm hinter Mauern eingeschlossen.

Canalicchio ist der erste dieser Weiler, auf die der Besucher trifft, der auf der Hauptstraße von Siena herkommt. Hinter dem hübschen Castel Altesi, kurz nachdem die Straße das Gemeindegebiet erreicht hat, steigt sie stetig an, von 150 Meter über dem Meer bei Buonconvento bis zu den 565 Metern Höhe von Montalcino. Canalicchio liegt westlich der Straße, 4 Kilometer nördlich von Montalcino. Das Dorf entstand um die kleine Chiesa degli Angeli, die »Kirche der Engel«, und den Franziskanerkonvent, der einst Zentrum des Lebens hier war.

In heutiger Zeit bedeutet Canalicchio Wein, denn nicht weniger als acht Kellereien machen in dieser kleinen Häuseransammlung Brunello di Montalcino. Diese Konzentration von Etiketten in einem winzigen Areal hat Diskussionen darüber entfacht, ob es so etwas wie einen »Canalicchio-Stil« gibt. Wenn, dann reflektiert er natürlich die

Empfohlene Weine

Brunello di Montalcino

Rosso di Montalcino

geographische Situation: Wir befinden uns hier nördlich von Montalcino, aber nicht im äußersten Norden; Klima und Boden sorgen für konzentrierte, aber nicht so intensive Weine wie in Sant'Angelo oder Castelnuovo; die Aromen sind elegant und großzügig, jedoch ohne das Gewicht, die das südliche Montalcino kennzeichnet. Das Wort »Balance« wird häufig für diesen Stil gebraucht, und gut gemachter Canalicchio verfügt über eine besondere Harmonie, eine Präsenz am Gaumen, die Vergnügen bereitet, aber nicht übermächtig wirkt.

Führend in Canalicchio sind ohne Zweifel die Pacenti mit drei Familienmitgliedern, die Brunello und Rosso di Montalcino machen. Die drei Brüder – Primo, Rosildo und Siro – arbeiteten einst zusammen auf einem Gut, bis sie sich dafür entschieden, eigene Wege zu gehen. Die Zusammenarbeit von Rosildo und Primo dauerte bis 1987, und nachdem ihre Kinder erwachsen waren, trennten auch sie sich. Rosildos Sohn Franco leitet nun das 4 Hektar große Gut Canalicchio di Sopra, und seine Anstrengungen, Fortschritte zu machen, sind am besten in den Anfang der 1990er Jahre total neu gestalteten Kellern zu sehen. Die Eichenfässer sind ausnahmslos neu, und die Lagerfläche wurde bedeutend vergrößert, um die auf Flaschen gefüllten Weine reifen lassen zu können, bevor sie in den Verkauf kommen. Der Brunello bleibt nicht mehr lange im Faß, um dem Risiko von Oxidation und Ermüdung zu begegnen; er wird abgefüllt, solange seine Frucht noch frisch ist, und dann in temperaturkontrollierter Umgebung bis zur Reife gelagert. Dieser langsame Prozeß, die Weine besser zu machen, spiegelt den Charakter ihres Erzeugers wider: ein junger Mann mit modernen Ideen, doch ohne jeden Ehrgeiz, einen Wein zu revolutionieren, der seinen eigenen, klaren Charakter hat. Dieser Brunello verfügt über große Statur und deutliche Tannine, aber er ist keinesfalls rauh; die neuen Fässer geben eine angenehme, leichte Würze, doch ist das Eichenholz nie offen im Vordergrund. Paolo Vagaggini, einer von Montalcinos führenden Weinberatern, steht für technischen Rat zur Verfügung; mit ihm hat Pacenti den Weg gefunden, den sie gehen wollen: Weine, die ihren Charakter und ihre Herkunft klar zeigen.

54 SCOPETONE

Erzeuger
Azienda Agricola Scopetone
Località Scopetone
53024 Montalcino (SI)
Tel. 0577 848 713
Fax 0577 848 713

Direktor
Federico Abbarchi

Weinmacher
Attilio Pagli

Gründungsjahr
1980

Rebfläche
1,5 Hektar

Verkostung
nach Anmeldung

Federico Abbarchi und Angela Corioni gehören zu denen, die sich in Montalcino ein neues Leben aufgebaut haben und sich fast überrascht als Erzeuger von erstklassigen Weinen wiederfanden, deren Popularität das Angebot weit übersteigt. Ihr Weg war lang, vom nebligen Brescia – einem Zentrum der Stahlproduktion in Norditalien – zur mediterranen Welt der südlichen Toskana, ihren Weingärten und Olivenhainen, ihrer Hitze und ihrem Staub. Hier machen Zikaden in den Bäumen Lärm und nicht Frösche in den Kanälen, doch für das Paar war der Tapetenwechsel leicht, und sie haben ihre Wahl nicht bereut.

Daß alles sich so glücklich wenden würde, war zu Beginn der 1980er Jahre keineswegs selbstverständlich, als man sich zu dem Schritt entschied. Abbarchi war ein sehr erfolgreicher Versicherungsmakler in Brescia, als er mit Montalcino Bekanntschaft machte, und mit dieser ersten Begegnung hatte Wein nichts zu tun. Er war ein begeisterter Jäger und hielt sich häufig in der toskanischen Maremma auf, in der es reichlich Wildschweine und andere lohnende Beute gibt. Der berufliche Erfolg hatte Abbarchi nicht völlig zufriedengestellt, und er dachte, daß es noch anderes im Leben gibt als Policen und Provisionen. Er hatte genug von der Hektik, dem andauernden Druck, die sein Beruf mit sich brachte, und er sah sich nach anderen Möglichkeiten um, die ihm Zeit zum Nachdenken ließen, Raum für die kleinen Freuden, die er in seinem Leben vermißte. Brunello di Montalcino hatte damals nicht den Ruf, den er heute hat, und die große, anhaltende Nachfrage hätte sich damals der weitsichtigste Marketingexperte nicht träumen lassen; doch gewisse Möglichkeiten gab es, und Abbarchi war bereit, sie zu nützen. Materieller Lohn reizte ihn nicht, den hatte er in seinem Job ausgekostet. Seine Entscheidung, die Versicherungsagentur zu schließen, nach Montalcino umzuziehen und Winzer zu werden, löste bei seinen Freunden und Kollegen keine geringe Bestürzung aus, und einige ließen ihn wissen, daß er wohl verrückt geworden sei. Eine Reihe von ihnen, die ihn heute in der Toskana besuchen, sagen, daß sie es waren, die verrückt waren und nicht sahen, welch intelligente Wahl er traf.

Abbarchi behauptete nicht, Meister in der Weinbergsarbeit

oder im Keller zu sein. Er freundete sich rasch mit zwei Größen Montalcinos an, Giulio Gambelli, dem Doyen der toskanischen Önologen, der lange für das Erzeugerkonsortium des Brunello di Montalcino arbeitete, und Enzo Tiezzi, dem ersten Direktor von Col d'Orcia und Val di Suga und nun selbst Weinerzeuger. Abbarchi hörte aufmerksam zu, und er schreibt seinen raschen Erfolg ihrem fachkundigen Rat zu. Seit Ende der 1980er Jahre profitiert er von der Unterstützung durch Attilio Pagli, ein brillantes junges Talent, der auf kleinen Gütern wie Scopetone zu arbeiten begann und nun auf der ganzen Welt gefragt ist, in Kalifornien, Argentinien und Rumänien ebenso wie in Italien.

Scopetone liegt im Nordteil der Produktionszone, unmittelbar nördlich von Montalcino selbst. Der Brunello di Montalcino aus diesem Bereich tendiert zu reichem Körper, wenn auch selten zu der Kraft und Fülle wie die Weine aus dem Süden; seine größte Wirkung erzielt er mit seinen komplexen, raumgreifenden Aromen. Scopetone ist etwas anders: Er ähnelt nicht den Weinen von Sant'Angelo in Colle oder Castelnuovo dell'Abate; das Kleinklima läßt dies nicht zu. Doch er ist ein Brunello mit jeder Menge Struktur und Länge, die durch Tannine und Stoff kräftig gestützt werden. Das Geheimnis, wenn es denn eines gibt, liegt in den Weinbergen, die sich am Hügelkamm entlangziehen, nach Süden ausgerichtet sind und für geringe Ernten sorgfältig getrimmt werden.

Abbarchi kam nicht in die Toskana, um große Mengen von Wein zu produzieren, und er hat absolut keine Lust, viel Zeit für die Vermarktung seiner Produkte aufzuwenden. Die Weine verkaufen sich aufgrund ihrer Qualität von selbst; der Brunello Riserva des Jahrgangs 1988 war einer der besten, ebenso der Rosso di Montalcino 1995. Nachdem Abbarchi seinen Kollegen im Versicherungsgeschäft eine kleine Lektion erteilt hatte, tut er nun dasselbe mit seinen Winzerfreunden.

Empfohlene Weine

Brunello di Montalcino

Brunello di Montalcino Riserva

Rosso di Montalcino

55 PACENTI SIRO

Erzeuger
Azienda Agricola
Pacenti Siro
Podere Pelagrilli
53024 Montalcino
(SI)
Tel. 0577 848 662
Fax 0577 847 226

Direktor
Giancarlo Pacenti

Weinmacher
Paolo Vagaggini

Gründungsjahr
1971

Rebfläche
8 Hektar

Verkostung
nach Anmeldung

Der Brunello di Montalcino entwickelte sich im letzten Jahrzehnt zum prestigeträchtigsten und teuersten Wein Italiens, ein ungewöhnlicher Erfolg, wenn man weiß, daß die Zone noch vor einer Generation in Italien wenig bekannt war und ihre Weine erst seit den 1980er Jahren in größeren Mengen exportiert werden. Land für den Anbau von Reben, das zu Beginn der 1970er Jahre praktisch nichts kostete, kann heute eine halbe Million Mark pro Hektar wert sein, und die besseren Exemplare des Brunello Riserva – nicht gerade die von Biondi Santi, dem Haus, das den Brunello erfand und dessen Weine eine ganz besondere Aura haben – können leicht 50 Mark kosten, wenn sie in den Handel kommen, und noch beträchtlich mehr, wenn sie schon etwas gereift sind. Wir bewegen uns damit auf dem Preisniveau vieler guter Bordeaux, und das sind Châteaus mit einer viele hundert Jahre langen Geschichte. Kurz, Montalcino ist in sehr kurzer Zeit einen sehr weiten Weg gegangen.

Was den Erfolg noch überraschender macht, ist die Tatsache, daß die Landwirtschaft in diesem Teil der Toskana überhaupt nicht auf dem Wein basierte, daß viele bedeutende Erzeuger die ersten in ihrer Familie sind, die Wein machen, obwohl man über Land verfügte, das heute als erstklassiges Rebland gilt. In Montalcino hat die Mischkultur Tradition: Man zog zwar einige Reihen von Reben, doch nur neben Weizenfeldern und Olivenhainen, neben Viehzucht und Imkerei.

Siro Pacenti ist noch einer von denen, die die Zeit der Mischkulturen gut kennen und in dieser neuen Zeit der Reben-Monokultur voll auf der Höhe sind. Er ist immer noch auf seinem Gut Pelagrilli, direkt unterhalb des Weilers Canalicchio, anzutreffen, zwischen Ställen und Scheunen oder auf dem Traktor in den Getreidefeldern. Er ist ein tätiger Mann, dem das Ackern im Blut steckt und der stolz ist auf sein Gut, das er aufgebaut hat.

Die Sorge für den Wein hat er seinem Sohn Giancarlo Pacenti übertragen. Die konstant hohe Qualität des Brunello und des Rosso di Montalcino, die es seit dem Jahrgang 1988 gibt, machten ihn zu einem der meistbeachteten und -diskutierten

Empfohlene Weine

Brunello di Montalcino

Brunello di Montalcino Riserva

Rosso di Montalcino

jungen Erzeuger in Montalcino. Seine Kollegen ehrten seine Fähigkeiten, indem sie ihn 1995 zum Präsidenten des Erzeugerkonsortiums Rosso di Montalcino machten. Er erkannte frühzeitig, daß sich Montalcino veränderte, daß die alte Lebensweise – wie geruhsam und angenehm sie auch war – sich ihrem natürlichen Ende näherte und daß die Zukunft der Zone in professionell gemachten hochwertigen Weinen lag. Der Brunello di Montalcino war dabei, mit den besten Weinen der Welt in Konkurrenz zu treten, und seine Erzeuger mußten sich der Herausforderung stellen.
Giancarlo Pacenti ist ein umtriebiger junger Mann, eher ein Praktiker als ein Theoretiker, und wenn er auch an der Universität Pisa Agrartechnik belegt hatte, entschied er sich bald, seine Studien lieber im Weinberg und im Keller zu absolvieren, in direkter Auseinandersetzung mit den alltäglichen Problemen, die analysiert und gelöst werden mußten. Fachkundige Unterstützung kam von Paolo Vagaggini, einem Weinwissenschaftler und Mikrobiologen mit großer Klientel in Montalcino, doch er hat eigene Vorstellungen vom Wein, die er verwirklichen möchte. Pacenti hat ein ausgeprägtes Faible für kleine Eichenfässer und ihre Wirkung auf den Wein, und so läßt er einen Teil seines Brunello Riserva im Barrique reifen. Sein Brunello di Montalcino hat die traditionelle Größe und Autorität dieses Weins, darüber hinaus aber auch eine Frische und Süße, die ihm eine unverkennbare, moderne Persönlichkeit geben. Der Charakter des Weins basiert teilweise auf der ungewöhnlichen Cuvée aus verschiedenen Lagen: Ein großes Areal liegt in Pelagrilli nördlich von Montepulciano; dessen Trauben werden mit solchen von der Lage Piancornello kombiniert, die in der Nähe von Col d'Orcia im warmen südlichsten Teil der DOC-Zone situiert ist. Trotz seiner Jugend – Giancarlo Pacenti ist noch keine 35 – profiliert er sich als einer der Erzeuger, die Montalcino und seinen Weinen in den kommenden Jahren ihren Stempel aufdrücken werden.

3 Montepulciano

Montepulciano

Wenn man den historischen Dokumenten Glauben schenken darf, ist der Vino Nobile – der auf Sangiovese basierende Wein, der aus den Weinbergen rund um Montepulciano kommt – der Wein mit der längsten ununterbrochenen Tradition hoher Qualität. Schon im 15. Jahrhundert wurde der Wein gerühmt, so etwa in den Versen des Humanisten und Dichters Angelo Poliziano, und keine hundert Jahre später von Sante Lancerio, dem Kellermeister Papst Pauls III., der ihn als »vino perfectissimo« – höchst vollendeten Wein – bezeichnete. Daß man in Italien vom Vino Nobile begeistert war, ist wohldokumentiert, weniger bekannt ist vielleicht, daß dieser Wein auch von Voltaire (der im *Candide* »Makkaroni, lombardische Rebhühner … Kaviar … und eine Flasche Montepulciano« aufzählt) und von Alexandre Dumas père geschätzt wurde, der nicht nur herrliche Abenteueromane schrieb, sondern auch ein bemerkenswertes gastronomisches Werk, *Le Grand Dictionnaire du Cuisine,* das einige als den »größten Mantel-und-Degen-Roman über das Thema Essen, der je geschrieben wurde«, bezeichneten. Und nicht zuletzt kannten auch zwei der frühen amerikanischen Präsidenten den Vino Nobile, Thomas Jefferson (ein Connaisseur großer Châteaus des Burgund) und Marin Van Buren.

Montepulciano selbst ist eine der schönsten Bergstädte der Toskana und thront in 600 Metern Höhe über dem Meer nahe dem Fluß Chiana. Seine hervorragenden Bauwerke aus der Hochrenaissance haben ihm den Namen »Juwel des Cinquecento« eingetragen. Herausragende Architekten wie Michelozzo di Bartolomeo, Barozzi da Vignola und Sangallo d. Ä. arbeiteten hier, und ihre monumentalen Palazzi und Kirchen zeugen heute noch von der einstigen Bedeutung der Stadt.

Wein ist seit langer Zeit der Hauptwirtschaftszweig des umgebenden Territoriums. Nach Berechungen von Professor Giuseppe Giuli im Jahre 1828 waren von den 4150 Hektar Hangflächen des Val di Chiana drei Viertel, über 3 km^2, mit Reben bestockt. Der Boden unterscheidet sich beträchtlich von dem in den anderen historischen Anbaugebieten der Zentraltoskana, Chianti Classico und Montalcino, er enthält viel weniger Gestein und vor allem keinen harten Kalkstein; der Gehalt an Sand wie auch Lehm ist deutlich höher. In den im Tal gelegenen Arealen zwischen Montepulciano Stazione und Argiano im Westen sowie Valiano im Osten ist kein Wein zu finden; der Boden ist hier zu fruchtbar und feucht für die Produktion von Qualitätswein, und er wurde zu Recht aus dem DOC-Bereich ausgeschlossen.
Was das Klima angeht, sollte man beachten, daß dies der südöstliche Teil der Toskana ist, der unmittelbar an Umbrien grenzt (das gleich jenseits des Chiana beginnt). Frühling und Sommer sind sehr warm, wobei die Temperaturen abends und nachts weniger stark absinken als in Chianti Classico und in den anderen nördlichen Gebieten. Der Sangiovese, hier Prugnolo Gentile genannt, reift früher als im Chianti, und meist sind die Weine alkoholreicher, wenn auch etwas weniger intensiv und kraftvoll wie in Montalcino, das in Luftlinie nur 25 Kilometer weiter westlich liegt. Der Vino Nobile di Montepulciano verhält sich zum Brunello di Montalcino ähnlich wie ein Château Margaux zu einem Pauillac oder wie ein Côte Rôtie zu einem Hermitage: Er ist charmanter und femininer, als Weintyp jedoch keineswegs weniger gültig und überzeugend.
Die erste Periode nach dem Zweiten Weltkrieg, von 1945 bis 1980, war Montepulciano und seinem Wein nicht sehr wohlgesonnen. Wie der Großteil der toskanischen Lande war die Zone mit den Problemen einer dramatischen Landflucht konfrontiert; sobald die Landarbeiter, überwiegend Halbpächter, einen Arbeitsplatz in einer Fabrik fanden, verließen sie die Häuser, in denen sie seit Jahrhunderten zusammengepfercht gelebt hatten. In Weinberge und Keller wurde kaum investiert, und bald bekamen auch die Weine die Folgen der Vernachlässigung zu spüren. Montepulciano, das in Luftlinie 90 Kilometer von Florenz und 45 Kilometer von Siena entfernt ist, war in dieser Zeit ziemlich isoliert, und der frische Wind, der in den 1970er Jahren im toskanischen Weinbau zu wehen begann, blieb hier aus. Die Erntemengen blieben hoch, weiße Traubensorten wurden für die Cuvée des Vino Nobile ver-

wendet, und die Fässer in den Kellern hatten ihre guten Zeiten längst hinter sich. Natürlich litt die Qualität der Weine, und für einige Jahre schien der Vino Nobile tatsächlich in Gefahr, vom Qualitätsweinmarkt zu verschwinden.

Die Angst war jedoch übertrieben, und führende Güter wie Boscarelli und Avignonesi produzierten weiterhin Wein von guter Qualitat. In den 1980er Jahren erlebte Montepulciano einen dramatischen Kurswechsel und einen ebenso dramatischen Anstieg des allgemeinen Qualitätsniveaus, und in den 1990ern hat diese Entwicklung noch an Umfang gewonnen. Gute Exemplare des Vino Nobile können ohne jeden Minderwertigkeitskomplex mit den besten Erzeugnissen aus anderen Teilen der Toskana konkurrieren. In einem Punkt haben die schwierigen 1960er und 1970er Jahre jedoch ihre Spur hinterlassen: Die Weine von Montepulciano sind weit weniger bekannt als die aus dem Chianti Classico und aus Montalcino, und man verlangt für sie deutlich geringere Preise, was informierte und nicht auf Prestige versessene Weinkenner – die das Geld, das sie für Wein ausgeben, bestmöglich einsetzen wollen – nachdenklich stimmen sollte.

56 AVIGNONESI

Erzeuger
Avignonesi
Via di Gracciano
nel Corso, 91
53045 Montepulciano (SI)
Tel. 0578 757 872
Fax 0578 757 847

Direktoren
Ettore, Alberto und Edoardo Falvo

Weinmacher
Paolo Trappolini

Gründungsjahr
1978

Rebfläche
100 Hektar

Verkostung
nach Anmeldung

Von allen traditionellen Weinanbauzonen der Toskana war Montepulciano ohne Frage diejenige, die in den Jahrzehnten nach dem Zweiten Weltkrieg am meisten Glanz einbüßte. Es lieferte einst sehr angesehene Weine, die Andrea Bacci 1596 in seinem Buch *De naturali vinorum historia, de vinis Italiae … libri septem* als »erlesen« und »voll, duftend und üppig« rühmte. Kaum ein Jahrhundert später verkündete der Dichter und Naturforscher Francesco Redi 1689 in seinem Loblied *Bacco in Toscana,* daß Montepulcianos Rebgärten den »König der Weine« lieferten; und im 18. Jahrhundert gab ihm G. B. Neri den Ehrentitel »vino nobile« – der »adlige Wein« aus der schönen Hügelstadt in der südwestlichen Toskana.

Der Ruhm der Vergangenheit hatte in den 1950er und 1960er Jahren wenig zu bedeuten, als Desinteresse und Qualitätsverfall den Fortbestand dieses Weines auf dem Markt bedrohte. Ein führender Kopf, der anderen den Weg zeigen könnte, war dringend vonnöten, und fast wie ein *deus ex machina* erschien ein solcher in Gestalt von Ettore Falvo. Seine Vorgeschichte machte ihn nicht gerade zum prädestinierten Kandidaten für diese Rolle; als Sohn eines kalabrischen Ingenieurs, der sich als Hotelier im Thermalkurort Chianciano bei Montepulciano niedergelassen hatte, fühlte er sich schon früh zur Landwirtschaft hingezogen. Seine Heirat mit Adrianna Avignonesi – aus einer alten Adelsfamilie von Montepulciano, die dort den dem großen Renaissance-Architekten Giacomo da Vignola zugeschriebenen Palazzo besitzt – eröffnete ihm die Möglichkeiten, nach denen er suchte. Den Avignonesi gehören auch gut gelegene Ländereien, und so ging Ettore Falvo in der Mitte der 1960er Jahre daran, die ersten Vino-Nobile-Weinberge an den Hügelflanken von Le Poggette anzulegen, der besten Lage in der Zone. Die Produktion der Frühzeit ging an die familieneigenen Hotels, und als die erzeugten Mengen wuchsen, wurden sie – man war überzeugt von ihrer Qualität – auch an wichtige Handelshäuser der Toskana verkauft.

Selbst abgefüllter Wein war der folgerichtige nächste Schritt, der 1978 getan wurde. Er gehörte zu den Erzeugnissen, die die einstige Reputation der Zone allmählich wiederher-

stellten. Inzwischen hatte man mit der Expansion begonnen, indem man einen großen Besitz gerade außerhalb von Montepulciano, im Gemeindegebiet von Cortona, kaufte. Hier bepflanzte man die Rebflächen mit nichttraditionellen Sorten, die die anderen Weine aus dem Programm des Hauses liefern: Chardonnay, Sauvignon, Cabernet Sauvignon, Merlot, Pinot Noir. Kleine Fässer tauchten für die Zone sehr frühzeitig in den Kellern auf, und die neuen Weine hatten beträchtlichen Einfluß auf die anderen fortschrittlichen Weinmacher des Bereichs.

Seit Ende der 1980er Jahre intensiviert die Familie Falvo, die nun ganz in den verschiedenen Teilen des Unternehmens engagiert ist, ihre Aktivitäten; der Weiler Le Capezzine, der am äußersten östlichen Rand der Vino-Nobile-Zone liegt, wird von Grund auf erneuert. Gebäude für Gebäude wird mit Achtung vor der historischen Substanz und mit traditionellen Materialien restauriert und als Teil des florierenden landwirtschaftlichen Betriebs produktiv genützt. Gästezimmer sind geplant, und inzwischen wurde ein Restaurant eingerichtet, damit Ettore Falvo – ein echter Gourmet mit leidenschaftlichem Gespür für die Produkte der Toskana – Freunde und Besucher zu Tisch bitten kann. Arbeit und Vergnügen werden selten so glücklich vereint.

Ein Teil von Le Capezzine verdient besondere Erwähnung. Großer Raum wird der Produktion von Vin Santo gegeben; rote und weiße Trauben werden nach der Ernte auf Strohmatten ausgelegt und trocknen nun sechs Monate lang, bis zum späten März oder frühen April, dann werden sie gepreßt und langsam vergoren. Gärung und langjährige Lagerung geschehen in 50-Liter-Fässern, den *caratelli,* die nach den Vorgaben der Avignonesi speziell angefertigt werden. Ergebnis ist einer der größten Dessertweine der Welt, ein köstlicher, bernsteinfarbener Nektar, der das glückliche Geschick eines Weines wieder aufleben läßt, der integraler Teil der toskanischen Geschichte und Gesellschaft ist. Und wenn es wieder Leben gibt, dann ist das wesentlich Ettore Falvi zu verdanken, der diesem ländlichen Produkt den Geschmack und die Intelligenz eines Mannes von Welt mitgibt.

Empfohlene Weine

Vino Nobile di Montepulciano Riserva

Grifi
aus Cabernet Sauvignon und Sangiovese

Vin Santo
aus Grechetto, Trebbiano und Malvasia

Vin Santo Occhio di Pernice
aus Sangiovese

57 BOSCARELLI

Erzeuger
Boscarelli
Località Cervognano, Via di Montenero, 28
53045 Montepulciano (SI)
Tel. 0578 767 277
Fax 0578 767 277

Direktor
Luca De Ferrari

Weinmacher
Maurizio Castelli

Gründungsjahr
1964

Rebfläche
13 Hektar

Verkostung
nach Anmeldung

Es führt kein Weg zurück heißt ein berühmter, zwischen den Weltkriegen geschriebener Roman von Thomas Wolfe, der Aufschrei eines Mannes – er verkörpert in einem gewissen Sinn alle Menschen –, der entdeckt, daß unser aller Erfahrungen der Kinder- und Jugendzeit, die prägenden Einflüsse ab einem bestimmten Zeitpunkt verblassen und sich auflösen, ihre Intensität und Lebendigkeit verlieren.

So beeindruckend und überzeugend diese Geschichte literarisch sein mag, für Paola Ferrari – die zu einer Zeit, als der einfache, bäuerliche lokale Wein in fast jeder italienischen Familie zum Alltag gehörte, bei Montepulciano aufwuchs – trifft sie in einem emphatischen Sinne nicht zu. Man kaufte Wein vom Faß, meist in 50 bis 60 Liter fassenden Korbflaschen, brachte ihn nach Hause und füllte ihn selbst in Flaschen. Es gab so etwas wie eine Kennerschaft, aber sie beruhte nicht auf Etiketten und Jahrgängen, sondern auf der Kenntnis des jeweiligen Anbaugebiets, der Lagen mit den besten Weinen und des Weinbauern mit der größten Sorgfalt und dem größten Verantwortungsbewußtsein.

Das Leben mit Ehemann und Kindern veränderte Paola de Ferraris Leben nachhaltig, doch die Toskana blieb ihr im Blut und im Gedächtnis. Der Gedanke an ein Haus auf dem Lande war für sie wie für ihren Mann, einen vielbeschäftigen Genueser Textilfabrikanten, verführerisch, und 1964 fand man eines, mit Weinberg, in Montepulciano. Und es war sicher kein Zufall, daß es in Cervognano lag, einer der hinsichtlich Weinqualität besten Ortschaften der Zone und genau der Ort, wo Paola de Ferraris Familie von einem Bauern, dessen Produkte sie besonders schätzten, den Wein für ihren alltäglichen Bedarf bezog.

Man befand, daß die Nostalgie nicht üble Scherze getrieben hatte, als man eigenen Wein abzufüllen begann; er war ausgezeichnet, eines der wenigen Exemplare, die das historische Renommee der Zone bestätigten, zu einer Zeit, als die Standards niedrig waren und es für den Vino Nobile praktisch keinen Markt gab. Und es ist bedauerlicherweise

wahr, daß der Vino Nobile von ihrem Gut Boscarelli in den ersten Jahren auf die anderen Erzeuger der Zone keinen Einfluß hatte; die geringe Zahl von Flaschen, die der kleine Besitz produzierte, konnte allzu festgefahrene Vorstellungen und Gewohnheiten nicht ändern. Ein früher Fan der Boscarelli-Weine war Neil Empson, ein Neuseeländer, der sich als Agent für italienischen Wein in Mailand niedergelassen hatte. Das hatte den paradoxen Effekt, daß der Vino Nobile von Boscarelli, den in Italien nur die neugierigsten Restaurantbesitzer und Weinhändler kannten, in der englischsprachigen Welt rasch berühmt wurde.

Gut ein Jahrzehnt arbeiteten die De Ferrari also in weitgehender Isolation, fast ohne den Austausch von Ideen und Gesichtspunkten, der für Innovation und den Fortschritt einer Zone so wichtig ist. Nichtsdestoweniger wurde die Hingabe der Familie an ihr kleines Gut nicht geringer, und die Weine wurden immer besser. Der Weinberater Maurizio Castelli kam in den frühen 1980ern auf das Gut, und mit ihm kamen kleine Eichenfässer, die man zunächst für den sortenreinen Sangiovese Boscarelli, später auch für den Vino Nobile verwendete. Man bestimmte die beste Lage des Guts, Vigna del Nocio, und begann damit, seine Trauben separat für einen Vino Nobile Riserva zu vinifizieren. In Person von Luca de Ferrari ist nun die zweite Generation dran, der lebende Beweis dafür, daß man in der Tat nach Hause zurückkehren kann.

Empfohlene Weine

Vino Nobile di Montepulciano Vigna del Nocio

Boscarelli
aus Sangiovese

58 CERRO

Erzeuger
Fattoria del Cerro
Via Grazianella, 5
Località Acquaviva
53040 Montepulciano (SI)
Tel. 0578 767 722
Fax 0578 768 040

Direktor
Guido Guardigli

Weinmacher
Lorenzo Landi

Gründungsjahr
1978

Rebfläche
140 Hektar

Verkostung
nach Anmeldung

Die Toskana ist eine Region großer Weingüter, so groß, daß viele Erzeuger – auf die weitläufigen Rebflächen verweisend, die ihre beeindruckenden Villen und Schlösser umgeben – automatisch den Vergleich mit den großen Châteaus des Bordelais ziehen. Das mag hinsichtlich des gegenwärtigen Prestiges beider Bereiche hochgegriffen sein, doch liegen die Toskaner hinsichtlich Ausdehnung und Marktpotential nicht falsch.

Selbst vor diesem Hintergrund ist die Fattoria del Cerro ein echter Großbetrieb: Von insgesamt 560 Hektar sind 140 Hektar mit Reben bepflanzt, der Rest sind Olivenhaine, Weizenfelder und Wälder. Die Zone des Vino Nobile di Montepulciano hat etwas über 750 Hektar Weinberge, und mit 100 Hektar davon ist die Fattoria del Cerro bei weitem der größte Erzeuger dieses DOC-Weins. Mindestens ebenso wichtig wie die Größe ist die Lage des Guts und seiner Rebflächen; es nimmt einen großen Teil der Hügel von Argiano ein, die einhellig als die besten Lagen der Zone gelten. Hier ist der Prugnolo Gentile, wie der Sangiovese lokal genannt wird, fast von selbst – wenn man nur ein gewisses Mindestmaß an professioneller Sorgfalt walten läßt – von erstklassiger Qualität.

Daß das Gut eine bedeutende Zukunft vor sich hatte, war vor zwanzig Jahren alles andere als offensichtlich. Die Ländereien hatten einst den Bajocchi – einer großen, reichen Familie, die mit den Zeiten nicht Schritt halten konnte – gehört, bevor sie in den Besitz der Versicherung SAI (eine der größten Italiens) kamen. Wie alle Finanzholdings hat die SAI in den letzten Jahrzehnten ihr Portfolio diversifiziert und über die Tochtergesellschaft SAI-Agricola in landwirtschaftliche Betriebe investiert. Neben der Fattoria del Cerro besitzt sie auch ein kleines Gut in Montalcino, das Brunello herstellt, ein Weingut in Umbrien nahe Montefalco sowie einen der größten Reisanbaubetriebe Italiens. Die ersten Jahre in Montalcino vergingen damit, die Weinberge in einen gesunden und produktiven Zustand zu bringen und die Keller mit modernen Gärtanks und sauberen Barriques für den Ausbau auszustatten.

Der Jahrgang 1985 bewies dann, daß die Versicherung ein Gut mit enormem Potential gekauft hatte; das hervorragende Wetter in der Wuchsperiode sorgte für Weine von großartiger Statur, und selbst ohne eine besondere Ideologie in puncto Weinmachen und ohne Profis im Keller war der Vino Nobile Riserva ein äußerst wichtiger Wein. Vielleicht fühlte man, daß man mit den richtigen Mitarbeitern noch mehr erreichen könnte, und beschloß, einen ausgebildeten Weinmacher als technischen Direktor anzuheuern. Die Wahl fiel auf Maurizio Angeletti, der an der Katholischen Universität Piacenza bei Mario Fregoni, der führenden Kapazität Italiens, Landwirtschaft studiert hatte. Es war Angeletti, der die ausgezeichneten Jahrgänge 1988, 1990, 1993 und 1995 zustande brachte, die Lage Antica Chiusina als die beste identifizierte und separat abfüllte und außerdem als erster neben den großen traditionellen Fässern Barriques benutzte, um den Antica Chiusina und den Vino Nobile Riserva auszubauen.

Auf Angeletti folgte Lorenzo Landi, ein weiterer Önologe mit Universitätsausbildung, der außerdem auf Erfahrungen aus seiner Arbeit in einem der besten kleinen Güter Burgunds, Domaine Leflaive in Puligny-Montrachet, verweisen kann. Als junger Mann von beachtlichem Talent und klaren Vorstellungen von seinem Weg weiß Landi genau, wie der künftige Vino Nobile der Fattoria auszusehen hat: noch voller und körperreicher, großzügiger am Gaumen, ebenso samtig und elegant wie kraftvoll. Der Superlativ-Jahrgang 1997, der jetzt im Gut reift, zeigt, daß er auf dem besten Wege dorthin ist.

Empfohlene Weine

Vino Nobile di Montepulciano Riserva

Vino Nobile di Montepulciano Antica Chiusina

59 IL MACCHIONE

Erzeuger
Podere
Il Macchione
Via Provinciale, 18
Località Caggiole
Gracciano
53040 Montepulciano (SI)
Tel. 0578 758 595
Fax 0578 758 595

Direktor
Robert Kengelbacher

Weinmacher
Paolo Vagaggini

Gründungsjahr
1991

Rebfläche
4 Hektar

Verkostung
nach Anmeldung

Für gewöhnlich gilt eine Ausbildung zum Zahnarzt nicht als notwendige Voraussetzung für eine Karriere als Winzer. Eine gewisse Sorgfalt und Präzision bei der Arbeit, das Bewußtsein, daß das kleinste Detail zählt, könnte die beiden Tätigkeiten verbinden, aber Spezifischeres fällt einem kaum ein. Robert Kengelbacher nun hat die große Tat vollbracht, vom Züricher Zahnarzt zum Produzenten von Vino Nobile di Montepulciano zu mutieren. Und nicht bloß zu einem gewöhnlichen: Seine Weine von 1990 und 1993 gehörten zu den besten der Zone, und der 1995er Riserva, der noch im Keller reift, verspricht gleichermaßen exzellent zu werden.

Ein solcher Blitzerfolg kann als Bestätigung für Prousts Beobachtung gelten, daß Leidenschaft das Wichtigste im Leben ist, daß nur Art und Intensität der Gefühle von Bedeutung sind, egal ob sie die eines Herzogs und einer Herzogin oder die eines Trambahnschaffners und seiner Passagiere sind. Sicher ist, daß Robert Kengelbachers Liebe zum Wein – als er noch in der Schweiz lebte – seine Aufmerksamkeit und Konzentration fokussierte und anfachte, ihm im Alltag neue Kraft und Energie und vor allem den Mut gab, sein Leben auf eine neue Grundlage zu stellen.

Natürlich ist dies keine Story blanker Emotionalität, der Wechsel der Tätigkeitsfelder wurde sorgfältig vorbereitet: durch Lernen, harte Arbeit und durch eine Lehrzeit in den Kellern von Castello di Fonterutoli, einem der führenden Güter des Chianti Classico, dessen damaliger Weinmacher Franco Bernabei weithin und zu Recht als einer der großen Önologen der Toskana galt.

Auch die gründlichste Vorbereitung richtet wenig aus, wenn die objektiven Bedingungen für ein herausragendes Produkt nicht vorhanden sind. Doch man kann sagen, daß Kengelbachers Kauf entweder ein höchst scharfsinniges Gespür oder ein unheimlich rasch entwickeltes Talent zur Analyse reflektiert. Il Macchione ist nicht groß – der neue Eigentümer war nicht auf beträchtliche Dimensionen aus –, jedoch liegen die Rebflächen in einem der besten Untergebiete von Montepulciano, in Le Caggiole. Die Lage erscheint auf den ersten Blick nicht als etwas Besonderes, doch enthält hier der Boden für Montepulciano sehr wenig Lehm, was den Aromen des Weins bemerkenswerte Entwicklungsfähigkeit und Finesse gibt. Der Vino Nobile von Il Macchione läßt sorgfältige und präzise Arbeit im Weinberg und im Keller erkennen, doch sind die anderen Weine aus dieser Lage – der Vino Nobile Riserva von Fassati, der Vigneto Caggiole von Poliziano aus den Jahrgängen 1988, 1990 und 1993 – vom selben Charakter. Le Caggiole ist gewissermaßen der Musigny von Montepulciano.

Kengelbachers Aufgabe wurde unzweifelhaft durch die herausragende Qualität seines Weinbergs erleichtert, dennoch wurde nichts dem Zufall überlassen. Die Fässer, die er vorfand – alte, vergammelte Museumsstücke –, flogen rasch aus dem Keller und wurden durch neue kleine Eichenfässer ersetzt, die genau auf die Größe seines Kellers abgestimmt sind; bald kamen 500-Liter-Fässer für die Topweine hinzu. Der Rebschnitt ist geradezu drastisch, Qualität ist das einzige Ziel, und die dazu notwendigen Opfer werden stillschweigend akzeptiert. Der Ruf der Weine hat sich rasch verbreitet, und heute muß im voraus geordert werden, wobei Kengelbacher auf die Beschickung neuer Märkte wie die USA verzichtet. Wenn man seine Weinberge von dem Bauernhaus mit Montepulciano-Panorama aus betrachtet, läßt sich ohne weiteres behaupten, daß Kengelbacher kein Heimweh nach Backen- und Schneidezähnen hat.

Empfohlene Weine

Vino Nobile di Montepulciano

Vino Nobile di Montepulciano Riserva

60 LA BRACCESCA

Erzeuger
La Braccesca
Frazione
Gracciano
53040 Montepulciano (SI)
Tel. 0578 707 058
Fax 0578 707 058

Direktor
Renzo Cotarella

Weinmacher
Maurizio Angeletti

Gründungsjahr
1990

Rebfläche
80 Hektar

Verkostung
nach Anmeldung

La Braccesca hat die Stellung als eines der führenden Güter von Montepulciano in sehr kurzer Zeit errungen. Bis in dieses Jahrzehnt unbekannt, hat es mit dem Vino Nobile von 1990 – in der Tat eigentlich der erste je selbst abgefüllte Wein – so stupende Qualität geliefert, daß es sofort auf die Landkarte gesetzt wurde. Im schwierigen Jahr 1992 wurde ein guter Wein gemacht, ein noch besserer 1993, und der 1995er hatte wieder das Niveau des 1990ers. Zudem wurden sowohl vom Vino Nobile di Montepulciano wie vom Rosso di Montepulciano beachtliche Mengen produziert: Mit 80 Hektar Rebfläche ist La Braccesca eines der großen Güter der Zone. Was die erzielten Resultate noch erstaunlicher macht, ist die Tatsache, daß La Braccesca keinen eigenen Keller besitzt. Als man beschloß, den Wein selbst abzufüllen, gab es keine Einrichtungen zur Verarbeitung der Trauben und zum Altern des Weins; man mietete Kapazitäten in einer Reihe von Kellereien und instruierte deren Mitarbeiter, so daß sie die notwendigen Arbeiten wie gewünscht durchführen konnten.

Dennoch ist an diesen Erfolgen nichts Mysteriöses oder gar Mirakulöses, und wenn man mal hinter die Fassade dieses Guts und seines Etiketts schaut, das anscheinend aus dem Nichts auftauchte, wird alles klar. La Braccesca bedeutet praktisch Antinori, und Antinori ist – sei es hinsichtlich der Größe des Unternehmens, seiner Finanzkraft, der Fähigkeiten seiner Mitarbeiter oder der Erfahrung mit Wein höchster Qualitätsstufen – in der Toskana, wenn nicht in ganz Italien, die Nummer eins. La Braccesca war so etwas wie das eigene Kind von Renzo Cotarella, der damals Direktor von Antinoris Castello della Sala in Orvieto war, jenseits der Grenzen von Montepulciano im benachbarten Umbrien. Er plante den Aufbau dieses Vino-Nobile-Guts für Piero Antinori, der damals am Besitz beteiligt war und heute Alleineigentümer ist. Cotarella ist zu größeren Dingen übergegangen, zunächst als Leiter aller Kellereien von Antinori und dann als Generaldirektor des ganzen Unternehmens. Ein Mann großer tech-

nischer Fähigkeiten, großer Sensibilität in Sachen Wein und grenzenloser Energie, war La Braccesca für ihn eine persönliche Mission und Herausforderung, und trotz aller logistischen und praktischen Probleme brachte er dessen Weine unmittelbar in die oberste Qualitätsklasse. Schwierigkeiten schienen für ihn nicht zu existieren.

Empfohlene Weine

Vino Nobile di Montepulciano

Merlot

Cotarella ist nicht so eitel – und er weiß zu viel davon, was alles in einen hervorragenden Wein eingeht – zu behaupten, daß sein Engagement der einzig entscheidende Faktor des Erfolgs war. Er fand einige exzellente Weinberge, mit denen er arbeiten konnte, vor allem ein Areal mit zwanzig bis fünfundzwanzig Jahre alten Rebstöcken in Argiano, in der Nähe der Rebflächen von Paola de Ferraris Gut Boscarelli. Diese Lage lieferte schon dreißig Jahre früher einen der besten Weine Montepulcianos, und es war klar, daß Boden und Kleinklima vorzüglich sind. Die ersten »geliehenen« Fässer, praktisch neu und aus bester Eiche, standen in der Fattoria del Cerro; und während der erste Vino-Nobile-Jahrgang 1990 ausgebaut wurde, wuchs die Freundschaft zwischen Cotarella und dem Önologen der Fattoria, Maurizio Angeletti, die bis heute andauert. Angeletti ist inzwischen in die Keller von Antinori in San Casciano Val di Pesa übergewechselt, wo er den wichtigen Posten des Weinmachers versieht.

Sangiovese und Vino Nobile werden auf La Braccesca im Zentrum der Aufmerksamkeit bleiben, doch geht man nun auch neue Wege. Cotarella glaubt, daß die lehmhaltigen Böden von Montepulciano perfekt für Merlot geeignet sind, einen Wein, der noch nicht im Antinori-Programm enthalten ist. Er wird es bald sein und von den Weinbergen dieses Guts kommen.

61

LE CASALTE

Erzeuger
Le Casalte
Via del Termine, 2,
Sant'Albino
53045 Monte-
pulciano (SI)
Tel. 0578 799 138
Fax 06 930 6988

Direktor
Guido Barioffi

Weinmacher
Roberto Cipresso

Gründungsjahr
1975

Rebfläche
9 Hektar

Verkostung
nach Anmeldung

Montepulciano blieb, was die Eigentümer seiner Güter anging, bis in die 1980er Jahre einer der »toskanischsten« Bereiche der Toskana. Der Zustrom von neuem Kapital und neuen Besitzern aus anderen Teilen Italiens (und darüber hinaus), die über andere Lebenserfahrungen verfügten und sowohl im Chianti Classico wie in Montalcino den Weinbau tiefgreifend veränderten, war hier bis in jüngste Zeit ein Phänomen von geringer Bedeutung. 1985 war so etwas wie eine Wasserscheide, und seitdem ähnelt Montepulciano mehr und mehr den anderen Zonen der Toskana; doch der Wandel ist gemächlich, und der kosmopolitische Geist, das Sprachengewirr etwa von Gaiole in Chianti ist in den Straßen von Montepulciano kaum wahrzunehmen, trotz der bedeutenden Vergangenheit mit ihren wunderbaren architektonischen Zeugnissen.

Einer der ersten Investoren von »draußen« – sicher der erste, der in keiner Weise über die »Erbanlagen« zu erstklassigem Vino Nobile verfügte – war Guido Barioffi, ein in Rom geborener Banker und Weinfreund. Noch als er in seiner Heimatstadt lebte, besaß er einen kleinen Weinberg in den Castelli Romani und machte einfache Weißweine auf der Basis von Trebbiano und Malvasia, nicht gerade das, was ihm vorschwebte. Berufserfahrungen im Piemont, wo er von seiner Bank hinversetzt worden war, brachten ihn in Kontakt mit Barolo und Barbaresco, die zu einer Zeit, als der Brunello di Montalcino nur in kleinsten Mengen erzeugt wurde und es die Supertoskaner wie Tignanello und Sassicaia noch nicht gab, fraglos die bedeutendsten Weine Italiens waren. Ihre Kraft und Struktur machten auf ihn Eindruck, wenn er auch Vorbehalte hatte hinsichtlich der Verfahren und der Philosophie, mit denen sie produziert wurden. Als er nach Rom zurückkehrte, stand der Entschluß fest, einen Platz zu suchen – und zwar in der Toskana, das war klar –, wo man einen großen Rotwein machen konnte.

Die Suche dauerte nicht lange, und man hatte ein Haus mit zugehörigem Land gefunden. »Haus« war nicht ganz das richtige Wort für ein Gebäude, das für ein Jahrzehnt unbewohnt geblieben war, und es war fast eine Armee nötig, um die Besitzer ausfindig zu machen, die nicht mehr in Monte-

pulciano lebten. Die Aussichten waren nicht allzu vielversprechend, und es war ein fast vollständiger Neuaufbau nötig. Doch was den Weinbau angeht, war die Wahl höchst glücklich. »Le Casalte« bedeutet »hochgelegene Häuser«, und die Weinberge thronen auf einem Hügel im Südosten der Produktionszone, von morgens bis abends in mediterrane Hitze und helles Licht getaucht. Barioffi ist seit je ein Weinbauer von manischer Präzision, der seinen Weinbergen ein Höchstmaß liebender Fürsorge zukommen läßt: penibel beschnittene Triebe, jedes Blatt an seinem Platz, der Boden zwischen den Reihen sorgfältig manikürt, um alles unerwünschte Kraut fernzuhalten. Die Trauben waren denn auch von höchster Qualität, und die Vino Nobile Riservas von 1983 und 1985 waren köstlich: üppig, seidig und lang.

Anfang der 1990er Jahre hatte Barioffi das Bedürfnis, etwas mehr System in die Kellerarbeit zu bringen, und begann mit professionellen Önologen zu arbeiten. Franco Bernabei kam 1991 dazu, und mit rigoroser Selektion konnten die beiden einen Riserva machen, der den von 1990 – das ein sehr viel besseres Jahr war – mühelos erreichte. Auf Bernabei folgte 1996 Roberto Cipresso, ein tatkräftiges, in Norditalien ausgebildetes junges Talent, der seit 1988 in Montalcino war und sich bereits einen guten Namen gemacht hatte. Der Vino Nobile, den Barioffi und er 1997 kreierten, wird seinen gebührenden Platz in einer langen Reihe herausragender Weine einnehmen.

Empfohlene Weine

Vino Nobile di Montepulciano

Vino Nobile di Montepulciano Riserva

62 POLIZIANO

Erzeuger
Azienda Agricola Poliziano
Frazione Gracciano,
Via Fontago
53040 Montepulciano (SI)
Tel. 0578 738 171
Fax 0578 738 171

Direktor
Federico Carletti

Weinmacher
Carlo Ferrini

Gründungsjahr
1962

Rebfläche
120 Hektar

Verkostung
nach Anmeldung

Von den Montepulciano-Weingütern mit ununterbrochener Existenz ist Poliziano heute eines der ältesten und größten. Seit 35 Jahren wird auf 120 Hektar Rebland (ein Teil liegt außerhalb der Zone in Torrita di Siena) außer Vino Nobile di Montepulciano und Rosso di Montepulciano auch Chianti Colli Senesi produziert. Größe und Alter sind natürlich für sich genommen nicht bedeutsam; was mehr zählt, ist, daß seit Mitte der 1980er Jahre einige der besten Weine der Zone von hier kommen und daß Federico Carletti, der Eigentümer, zu einer führenden Figur in der ganzen Region wurde; und dies zu einer Zeit, da an Persönlichkeiten in der Toskana wahrhaft kein Mangel ist. Nichts davon war zu Beginn der 1980er Jahre vorauszusehen, als Carletti die Leitung des Familienunternehmens übernahm. Er ist eindeutig ein Könner, persönlich jedoch mehr als bescheiden; er scheut das Rampenlicht und investiert bewußt wenig Zeit in Verkaufsförderung und Public Relations. Seine Erfolge vor versammelter Kundschaft oder Journaille auszuposaunen ist seine Sache nicht. Und wenn er die letzten fünfzehn Jahre Arbeit auf Poliziano schildert, ist nichts von geplanten Kampagnen zur Erstürmung der Spitze, nichts von klug konzipierten, mutigen und brillanten Maßnahmen für triumphale Erfolge zu hören. Er studierte an der Landwirtschaftlichen Fakultät der Universität Florenz und ging dann ins Veneto, als Leiter eines Landguts, auf dem überhaupt keine Reben kultiviert wurden. Echte Begeisterung für den Wein, Verständnis und Wertschätzung feiner Gewächse hatte er nicht im Gepäck, und er kehrte einfach deswegen nach Montepulciano zurück, weil es an der Zeit war, daß er das Steuer im Familiengut übernahm.

Carletti hatte offensichtlich dennoch von Anfang an klare Vorstellungen von der einzuschlagenden Richtung. Ein Ziel, den Anteil selbst abgefüllten Weins zu vergrößern; Poliziano verkaufte damals, wie die meisten Güter der Zone, einen großen Teil der Produktion lose. Und dazu mußte, das war klar, die Qualität der Weine beträchtlich gesteigert werden.

Carletti versicherte sich der Mitarbeit von Carlo Ferrini, den er aus seiner Studienzeit in Florenz kannte; Ferrini entwickelte sich in den letzten Jahren zu einem der gefeiertsten Weinmacher der Toskana, und die Weine, die Carletti und er aus der Taufe hoben, sind ein glänzender Punkt in seinem *Curriculum vitae.*

Beide sind gelernte Agronomen, und so ist es nur natürlich, daß der größte Teil der Arbeit im Weinberg stattfand; verbesserte Anbautechniken sollen Trauben von exzellenter Qualität erzielen. Es ist der am wenigsten glamouröse Teil des Winzerdaseins – keine glänzenden Stahltanks, keine Pump-, Kühl- und Abfüllanlagen nach dem letzten Schrei –, und doch ist es der Teil, der letztlich den Unterschied ausmacht. Zwei Entscheidungen waren immerhin für den Charakter der Weine von fundamentaler Bedeutung. Die erste war, den Vino Nobile von den beiden besten Lagen des Guts, Asinone und Caggione, getrennt auszubauen und abzufüllen: ersterer ist pure Kraft und Intensität, der andere Samtigkeit und Finesse. Inzwischen wird letzterer im regulären Vino-Nobile-Verschnitt verwendet, doch solange es ihn als selbständigen Wein gab, war er schlechthin ein Beispiel dafür, wie ein eleganter Sangiovese in der Zone aussehen sollte. Die zweite Entscheidung war, die traditionellen großen Fässer durch französische Barriques zu ersetzen, die den Weinen eine attraktive Süße und Würze vermitteln. Carletti und Ferrini fühlen sich der Sangiovese als der grundlegenden Sorte für Montepulciano stark verpflichtet, doch denkt keiner von ihnen provinziell – beide sind überzeugt, daß Experimente für ihr eigenes professionelles Wachsen wichtig sind. Die Canaiolo-, Trebbiano- und Malvasia-Stöcke in der Lage Caggiolo wurden mit Cabernet Sauvignon neu gepfropft, und der Wein, den sie liefern, Le Stanze, rangiert unter den besten Cabernets der Toskana.

Empfohlene Weine

Vino Nobile di Montepulciano

Vino Nobile di Montepulciano Vigna Asinone

Le Stanze
aus Cabernet Sauvignon

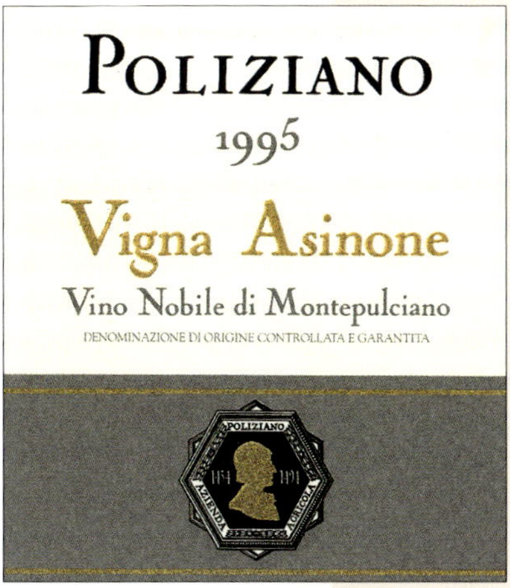

63 VALDIPIATTA

Erzeuger
Valdipiatta
Località Gracciano
Via della
Ciarliana, 25/a
53040 Montepulciano (SI)
Tel. 0578 757 930
Fax 0578 717 037

Direktor
Giulio Caporali

Weinmacher
Paolo Vagaggini

Gründungsjahr
1970

Rebfläche
23 Hektar

Verkostung
nach Anmeldung

Die Krankheit des Künstlers befällt«, so meinte Paul Valéry, »hauptsächlich Amateure.« Das war natürlich verächtlich gemeint: Für Valéry war die Dichtung – seine Kunst – eine Berufung, die ungewöhnlich begabten Individuen vorbehalten ist, für die metrische Herausforderungen eine Quelle der Inspiration, nicht der Schwierigkeiten sind, und der Enthusiasmus des Ästheten ist da schlichtweg belanglos. Amateure spielten jedoch seit den 1970er Jahren im toskanischen Weine eine gewichtige Rolle, ja, man kann sagen, daß sie die Produktionsverfahren der Region ebenso revolutionierten wie ihre Qualitätsstandards. Das war, wie man zugeben muß, teilweise auf die Versäumnisse der vorangegangene Eigentümerkaste zurückzuführen, meist adlige oder begüterte Städter, die von den Zinsen ihres Reichtums lebten und keine unternehmerischen Qualitäten zeigten; die Führung der Geschäfte hatten sie lokalen Agenten überlassen, deren Wissen vom Wein und Weinmachen bestenfalls der Erfahrung entstammte. In einer Zeit drastisch steigender Kosten führte dies rasch in die Katastrophe, und landwirtschaftlich genutzte Flächen, insbesondere Rebflächen, sind großenteils nicht mehr in der Hand gebürtiger Toskaner.

Valdipiatta gehört zu den vielen Gütern, die ihre Renaissance (in diesem Fall die erste wirkliche Existenz; es war zuvor auf dem Markt praktisch nicht präsent) Leuten von draußen verdanken. Um genau zu sein: Giulio und Marisa Caporali aus Rom sowie Laura Bernini, Marisas Schwester und studierte Agronomin. Giulio Caporali, ein Ingenieur aus der Emilia Romagna, hatte bei den Ferrovie dello Stato Karriere gemacht und war zum Mitglied des Direktoriums aufgestiegen. Doch an einem bestimmten Punkt hatte er von der Hektik der Hauptstadt, insbesondere von dem permanenten politischen Druck – unausweichlich Teil des Berufslebens in einem Staatsunternehmen –, die Nase voll. Die Toskana winkte, und bei Caporalis organisatorischen Fähigkeiten und der Qualifikation Laura Berninis schien der Weinbau die logische Wahl. Valdipiatta, Eigentum eines aus Montepulciano gebürtigen Emigranten, der sich nie um das Gut gekümmert hatte, stand zum Verkauf. Die Weine waren völlig unbekannt und das Gut in schlechtem Zustand; so hatte der Schritt etwas von einem Lottospiel, doch man hatte, wie sich zeigen sollte, einen Volltreffer gelandet.

Großes Kapital konnte man nicht auftreiben, doch immerhin genug für die ersten wesentlichen Maßnahmen: die Installation von modernen gekühlten Gärtanks und sauberem Holz in Form neuer Eichenfässer aus Kroatien. Valdipiattas Erfolg aber beruht von Anfang an auf harter Arbeit im Weinberg, nur zu natürlich in der Familie einer diplomierten Landwirtin: rigoroser Rebschnitt, geringe Erträge, sorgfältige Selektion bei der Ernte, um alle unreifen und kranken Trauben zu entfernen. Das war im ersten Jahrgang, 1990, alles noch nicht notwendig, als eine perfekte Wachstumsperiode herrliche Trauben und einige der großartigsten Weine nach dem Zweiten Weltkrieg ergab. Die Philosophie, den Weinberg an die erste Stelle zu setzen, hat Caporali und seiner Familie jedoch in den folgenden schwierigeren Jahren sehr geholfen: Die Regenzeiten Ende September, Anfang Oktober in den Jahren 1991 und 1993 sowie der kalte September 1995 verursachten eine sehr ungleichmäßige Qualität der Ernte, und nur Winzer, die – mental wie organisatorisch – auf die harte Arbeit der Auslese vorbereitet waren, konnten gute Weine machen.

Caporali stellt seine Anstrengungen im letzten Jahrzehnt nicht unter den Scheffel, doch spricht er lieber von den vielen natürlichen Vorzügen seines Guts, das ihm die Trauben liefert, die er sich wünscht. Seine Toplage, Bossona, weithin als eine der besten in Montepulciano gerühmt, ist die Basis für den Riserva. 1997 kamen zu den ursprünglichen 14 Hektar weitere neun hinzu, so daß Valdipiatta nun nicht nur in puncto Qualität, sondern auch quantitativ eine ernstzunehmende Größe darstellt.

Empfohlene Weine

Vino Nobile di Montepulciano

Vino Nobile di Montepulciano Riserva Trefonti
aus Cabernet Sauvignon und Sangiovese

64 FASSATI

Erzeuger
Fassati
Località Gracciano, Via di Graccianello, 3/a
53040 Montepulciano (SI)
Tel. 0578 708 708
Fax 0578 708 705

Direktor
Dino Porfiri

Weinmacher
Franco Bernabei

Gründungsjahr
1913

Rebfläche
35 Hektar

Verkostung
nach Anmeldung

Fassati, das kurz vor Beginn des Ersten Weltkriegs gegründet wurde, gehörte zu den frühen Erzeugern des Vino Nobile di Montepulciano in der Zeit der großen Weine der Toskana. Zwischen den Kriegen und in der Nachkriegszeit machte die Zone eine Durststrecke durch, die Qualität war niedrig, und Etiketten von einigem Prestige waren dünn gesät. Adamo Fanti und das von ihm gegründete Haus hingegen waren eines der wenigen Glanzlichter in finsteren Zeiten.

Ein Anbaugebiet, das einmal sein früheres Ansehen verloren hat, steht oft vor massiven wirtschaftlichen Schwierigkeiten, nicht nur in Italien. Das französische Cahors, dessen Weine einst als denen des Bordelais ebenbürtig galten, aber in den 1950er Jahren praktisch vom Markt verschwunden waren, ist ein weiteres Beispiel. Es überrascht daher nicht, daß die Eigner von Fassati 1969 das Handtuch warfen und die Firma an Fazi Battaglia verkauften, ein bedeutendes Unternehmen in den Marken an der Adria. Dies ist eine Weißweingegend, des Verdicchio dei Castelli di Jesi, und es war Fazi Battaglia mit seiner Größe, seiner Verkaufs- und Marketingorganisation und der amphorenähnlich gestalteten Flasche, der dem Wein seine Identität und kommerziellen Erfolg verschaffte. Die Toskana blieb in gewissem Maße ein Zusatzgeschäft, auch wenn in den 1970er, 1980er Jahren korrekte und passable Vino Nobile di Montepulciano und Chianti produziert wurden. Rote Weine von größerem Anspruch waren nicht Teil der Unternehmenskultur, und es ist verständlich, daß die Familie Sparaco, die Eigentümer, sich auf die Weine ihrer Heimat konzentrierten, die ja auch den allergrößten Teil ihrer Einnahmen einspielten.

Nun ist Maria Luisa Sparaco eine fähige, weitsichtige Unternehmerin, und als sich zu Beginn der 1990er Jahre abzeichnete, daß die Märkte – und besonders die ausländischen, auf denen die besten italienischen Weine in großer Menge abgesetzt wurden – höhere Qualität in steigendem Maß verlangten und auch honorierten, beschloß man, das Qualitätsniveau aller Weine von Fazi Battaglia anzuheben. Dazu suchte man sich einen unabhängigen Berater, und die Wahl fiel auf Franco Bernabei, der im Veneto geboren, aufgewachsen und ausgebildet worden war, aber seit Mitte der 1970er Jahre im Chianti Classico arbeitete. Sein guter Ruf basierte auf den Weinen, die er im Chianti Rufina, in Montalcino und anderen Teilen der Toskana kreiert hatte. Er hatte seine Karriere bei einem kleinen Erzeuger von Vino Nobile di Montepulciano, Le Casalte, begonnen, er hatte die spezifischen Eigenschaften der Zone kennengelernt und schien der perfekte Mann dafür zu sein, Fassati einen Namen und dem Label Prestige und kommerziellen Erfolg zu verschaffen.

Man gab Bernabei in Montepulciano völlig freie Hand, und er ging wirklich rigoros vor. Praktisch alle alten Gär- und Lagerfässer flogen aus dem Keller und wurden, um eine frische Basis zu schaffen, durch neue, saubere Eiche ersetzt. Die Gärtechnik wurde geändert, um die Weine runder, geschmeidiger und fülliger zu machen und so die natürliche Intensität, die die Prugnolo Gentile in diesem Teil der Toskana aufweist, gut zu verpacken. Die Weine sind sozusagen noch im Entstehen, da Bernabei erst seit 1993 die Produktion ganz in Händen hat. Doch zwei bedeutende Auslesen können schon vorgewiesen werden: der Vino Nobile Salarco aus der Lage Caggiole, der 1993 exzellent war, und Torre al Fante, ein hochklassiger, im Barrique gereifter Sangiovese, der zum ersten Mal 1993 gemacht wurde und sicher eine große Zukunft vor sich hat.

Empfohlene Weine

Vino Nobile di Montepulciano

Vino Nobile di Montepulciano Riserva Salarco

Torre al Fante
aus Sangiovese

Km 0 1 2
N
W
O
S
TENUTA DEL TERRICCIO
Vada
Livorno
LA CALIFORNIA
Guardistallo
CECINA
Sassa
TENUTA SAN GUIDO
Bolgheri
TENUTA DELL'ORNELLAIA
LE MACCHIOLE
Siena
S223
S1
CAMPIGLIA Mar.
Suvereto
TUA RITA
Cornia
MASSA MARITTIMA
MELETA
Roccafederighi
Roccastrada
Valpiana
MORIS FARMS
S1
PIOMBINO
FOLLONICA
S223
Ombrone
Bruna
CASTIGLIONE DELLA PESCAIA
GROSSETO
MARINA DI GROSSETO
NATURPARK MAREMMA
S1
LE PUPILLE
Magliano in Toscana
FONTEBLANDA
RASCIONI E CECCONELLO
Talamone
Orbetello
Rom
GIGLIO

Maremma

Die Maremma ist die neue Front des toskanischen Weins, ein weites und noch wenig entdecktes Territorium, das sich allmählich öffnet, in dem jeder neue Jahrgang neue Möglichkeiten zutage zu bringen scheint und Investoren Schlange stehen, um sie zu nutzen. Bolgheri hat bereits Angelo Gaja aus dem Piemont angelockt; in Suvereto hat sich Vittorio Moretti von Bellavista, einem der führenden italienischen Erzeuger von trockenem Schaumwein im Champagnerstil, niedergelassen; Massa Marittima hat Ezio Rivella, den Gründer und Direktor von Villa Banfi, willkommen geheißen; und der DOC-Bereich Morellino di Scansano wurde im Handstreich von einer ganzen Schar von Stars der Region genommen: Filippo Mazzei von Fonterutoli, Federico Carletti von Poliziano in Montepulciano, Maurizio Castelli, einem der Topönologen der Toskana, Giuseppe Castiglioni von Querciabella in Greve in Chianti, Bruno und Bridget Widmer vom vielversprechenden Weingut Brancaia in Castellina in Chianti.

Die Maremma in den Griff zu bekommen ist nicht ganz einfach. Selbst die geographische Definition ist unscharf und fließend: Historisch ist das Herz der Maremma identisch mit der Provinz Grosseto, doch die südliche Hälfte der Provinz Livorno zwischen Suvereto und Cecina wird heute häufig als Maremma Alta (Obere Maremma) hinzugerechnet. Ein Teil der Küste zwischen Civitavecchia und Pescia Romana wurde immer als zur Maremma gehörig empfunden, doch er liegt in Latium, nicht in der Toskana; es gibt dort Anzeichen für beachtliche Weine, die bald ins Rampenlicht rücken werden. Aber dies gehört nicht mehr in dieses Buch.

Die gemeinsamen Eigenschaften eines so großen Territoriums – 135 Kilometer von Cecina im Norden bis nach Capalbio im Süden – zu definieren erfordert ein gewisses Maß an Imagination und ein ebenso großes Maß an Genauigkeit. Ganz praktisch gesehen ist die Maremma der Küstenstreifen der Provinzen Livorno und Grosseto, der durch Hügelketten vom Landesinneren abgeriegelt wird: die Colline Metallifere im Norden, die Erhebungen zwischen Siena und Grosseto im Süden. Diese Küstenzone hat ihr eigenes Klima, das gleichmäßiger warm ist als in den Zonen weiter im Landesinneren, und ihre eigene Topographie; sie ist sanfter gewellt mit geringeren Unterschieden zwischen Berg und Tal. Maritime Einflüsse spielen natürlich ebenso eine Rolle: das kurze sommerliche Gewitter, das vom Meer hereinkommt, die stärkeren Winde tagsüber wie auch nachts, die geringeren Temperaturunterschiede aufgrund des mäßigenden Einflusses des Mittelmeers; wie jeder große Wasserkörper speichert sie tagsüber Wärme und gibt sie abends und nachts wieder ab. Weiterhin sind die ausgezeichneten Lichtverhältnisse – das Wasser reflektiert Licht – und die milden Spätwinter zu vermerken, die die Vegetationsperiode früher beginnen lassen.

Wenn das Klima ein einigender Faktor ist, so sorgt die Geologie für Heterogenität. In der Tat gibt es in der Maremma eine verwirrende Vielfalt von Böden, wobei sie in der Provinz Livorno im allgemeinen viel Sand und wenig Steine enthalten und in der Provinz Grosseto viel Lehm und Gestein. Das ist aber nur eine ganz grobe Einteilung, allein im Gemeindegebiet von Bolgheri wurden über dreißig verschiedene Bodentypen bestimmt. Die Erzeuger in der Maremma, die sich kaum an Traditionen halten können (nur Scansano und die Orte in der Umgebung, Magliano in Toscana, Pereta, Alberese, Montemarano und Manciano, verfügen in puncto ernsthaftem Weinbau über eine durchgängige Geschichte), mußten sich bei der Entscheidung, was sie anpflanzen sollten, weithin auf ihren Instinkt verlassen. Ein abschließendes Urteil, welche Rebsorten in den vielfältigen Lagen der Maremma die besten Resultate erzielen, ist noch kaum möglich; doch verzeichnen die Bordeaux-Sorten, Cabernet und Merlot, in Bolgheri und Suvereto sehr gute Erfolge, während der Sangiovese bei Massa Marittima und Scansano vielversprechend ist. Was an der Maremma vielleicht am meisten überrascht, ist die große Zahl der Rebsorten, die in diesem Gebiet anscheinend zu Großem fähig sind: Syrah in Bolgheri und Massa Marittima, Montepulciano d'Abruzzo in Suvereto, Petit Verdot in Bolgheri, Grenache in Magliano in Toscana und Sovana, Ciliegiolo in Fonteblanda und Sovana, Chardonnay und Sauvignon in höheren oder kühleren Lagen. Und man ist hier noch am Anfang. Das soll nicht heißen, daß dieser Teil der Toskana das Land der unbegrenzten Möglichkeiten ist, sondern nur, daß alle – Erzeuger, Önologen und Agronomen – noch weit davon entfernt sind, diese Grenzen zu kennen.

Der Mangel an Tradition in der Maremma wirkt sich heute als Vorteil aus. Es mag keine Regeln geben, in welche Richtung ein neues Gut gehen könnte, es gibt aber auch keine Restriktionen. Die moderne Zeit begann erst vor 25 Jahren, als der Sassicaia des Marchese Incisa della Rocchetta einer Öffentlichkeit präsentiert wurde, die die Qualität dieses neuen Weins entweder nicht erkannte oder nicht glauben wollte; diese heroische Pioniergestalt sah sich durch die absolute Unzufriedenheit mit den vorhandenen weißen (»lahm«) wie roten Weinen (»mit Muskelkater behaftet«) gezwungen, seinen eigenen, ganz anderen Wein zu machen. Er fand in seiner Nachbarschaft nur wenige Nachfolger; die anschließende Entwicklung wurde zum großen Teil von Neulingen in der Zone oder im Winzerberuf getragen, und es waren glücklicherweise eine ganze Reihe. Die ansässige Bevölkerung zu kritisieren ist vielleicht jedoch unfair; es gab hier nicht nur im Weinbau keine echte Tradition, sondern in der ganzen Landwirtschaft. Das ungesunde Klima des Marschlands und die Plage der Stechmücken, die die Malaria verbreiteten, ermutigten nicht zu irgendeiner Art seßhafter Tätigkeit. Die Viehzucht war die einzige bedeutende landwirtschaftliche Aktivität. Die weiten Räume zwischen der Küste und den Hügeln wurden von den robusten *butteri* (Viehhirten) bewohnt, die mit ihren langhornigen Viehherden durch das Gras- und Buschland zogen. Es war eine pittoreske Epoche in der Geschichte der Maremma, die in der Volksliteratur gefeiert wird, und immer noch erinnert man sich hier an den Sieg der *butteri* über die Rodeo-Stars von Buffalo Bill Cody, dem berühmtesten Cowboy Amerikas, der mit seiner Wild-West-Show durch Europa tourte. Doch der letzte grauhaarige Veteran dieser Lebensweise hat seinen Sattel schon vor Jahrzehnten an den Nagel gehängt. Die heutige Maremma, die Maremma der Rebberge und großen Weine, wird wohl eine neue Tradition begründen, die länger Bestand haben wird.

65 TENUTA DEL TERRICCIO

Erzeuger
Tenuta del Terriccio
Via Bagnoli
Località Le Badie
56040 Castellina Marittima (PI)
Tel. 050 699 709
Fax 050 699 789

Direktor
Gian Annibale Rossi di Medelana

Weinmacher
Carlo Ferrini

Gründungsjahr
1900

Rebfläche
24 Hektar

Verkostung
nach Anmeldung

Um sich die Geschwindigkeit klarzumachen, mit der sich der Wandel in der Maremma vollzieht, genügt es, sich die jüngste Geschichte dieses Weinguts anzusehen. Seine Weine waren außer lokalen Kreisen bis 1994 völlig unbekannt, als der erste Jahrgang des Lupicaia, der 1992er, erschien. Er war unzweifelhaft von guter Statur, und in Anbetracht des verregneten Jahrgangs konnte er zeigen, daß Weinberge und Keller in den Händen kompetenter und aufmerksamer Leute liegen. Doch nur die kühnsten Beobachter hätten vorausgesagt, daß Großes zu erwarten war. Jetzt, nach drei ganz ausgezeichneten Jahrgängen von 1993 bis 1995, ist die Tenuta del Terriccio eines der heißesten Labels in der ganzen Toskana, ihre Weine werden mit den größten Cuvées des Bordelais verglichen. Offensichtlich waren alle Bedingungen für einen raschen Take-off gegeben, und sobald man einmal die Produktion von hochwertigem Wein ins Auge gefaßt hatte, war er auch schon da, fast aus dem Nichts.

Was die Geschichte ziemlich einzigartig macht, ist die Tatsache, daß Castellina Marittima – der Sitz des Guts – kaum über eine Tradition im Weinbau verfügt. Es ist am nördlichen Rand der Maremma zu finden, zwischen dem Tyrrhenischen Meer und den Colli Salvetti, dem Hügelland, das die Küstenregion vom Hinterland um Volterra trennt. Tenuta del Terriccio liegt unmittelbar an der Grenze zwischen den Provinzen Pisa und Livorno, und ein beträchtlicher Teil dieses sehr großen Besitzes – insgesamt 1700 Hektar – besteht aus mediterraner Macchia. Weizen und Oliven waren bisher die wichtigen Erzeugnisse, Weinberge machen nur einen ganz kleinen Teil des bebaubaren Landes aus.

Der Boden entspricht jedoch weitgehend der berühmten Zone Bolgheri etwa 18 Kilometer südlich, eine Mischung aus dem Sand der Küste und verwittertem Gestein der östlich anschließenden Hügel. Was am meisten zählt, ist aber das typische balsamische Klima in diesem Teil des Mittelmeers: milder Winter, warmes Frühjahr, durch den frischen Wind vom Meer gebremste Sommerhitze und strahlendes Licht, das vom Wasser reflektiert wird. Die Phasen des Weinbaus sind hier deutlich beschleunigt: das Aufbrechen der Knospen, die Blüte, der Traubenansatz und die Reifung. Die Unwetter des frühen Herbstes ziehen meist über die Küste hinweg und entledigen sich ihrer Regenfracht erst, wenn sie auf die ersten Höhen der Zentraltoskana treffen.

Die höhergelegenen Teile der Maremma werden in den letzten Jahren oft mit Bordeaux verglichen, in der Tat verfügen die beiden Bereiche über ähnliche Bedingungen: sandige Böden, ziemlich flaches Terrain, das maritime Klima, die Lichtfülle aufgrund des nahen Meers. Cabernet Sauvignon, die große Traube des Médoc, leistet in Bolgheri seit Anfang der 1960er Jahre Hervorragendes, und die Erzeuger in der Umgebung sind rasch auf diesen Zug aufgesprungen, wobei sie den Wein mit etwas Merlot modifizieren. Diese Formel wird auch auf der Tenuta del Terriccio verwendet, und sie zeitigt seit den frühen 1990er Jahren, als Gian Annibale Rossi di Medelana sich klar wurde, daß er einen Weltklassewein machen kann, verblüffende Erfolge. Ein großer Teil der Lorbeeren gebührt dem Weinmacher Carlo Ferrini, der 1993 hierher kam, das herausragende Potential des Gutes erkannte und sich dem Ziel verschrieb, Weine zu machen, die mit den weltberühmten Crus Classés von Bordeaux konkurrieren können. Mit den Jahrgängen 1994 und 1995 des Lupicaia kann er zu Recht behaupten, seine Hausaufgaben gemacht zu haben. Die Weine unterscheiden sich jedoch bemerkenswerterweise deutlich von denen des Médoc; minzeartige Aromen – vielleicht von den Eukalyptusbäumen nahe den Rebflächen – begleiten die klassische Frucht schwarzer Johannisbeeren, und sie geben den Weinen eine überraschende Ähnlichkeit mit denen des kalifornischen Napa Valley.

Empfohlene Weine

Lupicaia
aus Cabernet Sauvignon und Merlot

Tassinaia
aus Cabernet Sauvignon und Merlot

66 TENUTA SAN GUIDO

Erzeuger
Tenuta San Guido
Località Capanne, 27
57020 Bolgheri (LI)
Tel. 0565 762 003
Fax 0565 762 017

Direktor
Nicolò Incisa della Rocchetta

Weinmacher
Giacomo Tachis

Gründungsjahr
1968

Rebfläche
50 Hektar

Verkostung
nach Anmeldung

Historisch« ist ein Etikett, mit dem man heute ziemlich leichtfertig und inflationär um sich wirft, doch es kann nicht angezweifelt werden, daß der Sassicaia – das Exempel des neuen Qualitätsniveaus in Italien, das mit höchsten internationalen Standards gleichgezogen hat – von historischer Bedeutung ist. Daß man in Italien dieser Meinung ist, mag man dem Nationalstolz oder dem *campanilismo* zuschreiben, Tatsache ist jedoch, daß der damals noch völlig unbekannte Sassicaia, als Hugh Johnson, einer der einflußreichsten und meistgelesenen Weinautoren, ihn gegen Ende der 1970er Jahre in eine Blindverkostung von Grands Crus des Bordelais einreihte, handstreichartig gewann. Dieser Triumph stieß damals auf gehörige Skepsis, doch heute ist das vorbei. Die konstante Ausnahmequalität der Weine der 1970er und 1980er Jahre haben den Sassicaia zur Referenz für erstklassigen Cabernet gemacht.

Weniger bekannt ist, daß der Schöpfer des Sassicaia, Mario Incisa della Rocchetta, ein Nachfahr einer in Sachen Wein bedeutenden Familie ist. Sein Großonkel Leopoldo Incisa della Rocchetta war im heimatlichen Piemont ein fanatischer Rebenzüchter gewesen, der 1862 einen Katalog von 105 verschiedenen Rebsorten veröffentlichte, die er untersuchte. Unter ihnen befand sich eine Traubensorte, die nach ihrer Beschreibung fast sicher als Cabernet Sauvignon zu identifizieren ist.

Mario Incisa della Rocchetta erbte diese wichtige Tradition, und als er gegen Ende der 1930er Jahre nach seiner Heirat mit einer Della Gherardesca an die toskanische Küste übersiedelte, legte er sofort den Grundstein zu einem neuen Wein für seine eigene Tafel, für das eigene Plaisir. Wäre er in Piemont geblieben, so schrieb er später, hätte er ganz bestimmt Pinot Noir gepflanzt, doch für den Boden und das Klima seiner neuen Heimat hielt er den Cabernet für besser geeignet. Wie es das Glück wollte, hatte er in seiner Studentenzeit einen Wein verkostet, den die Herzöge Salviati auf ihrem Gut in Migliorino bei Pisa produziert hatten, und sein Bukett – das ihn an einen Château Margaux erinnerte, den er mit seinen Onkeln Chigi in Rom getrunken hatte – war ihm im Gedächtnis geblieben. Er holte Pfropfreiser von Migliorino, und bald hatte er einen eigenen Cabernet-Weinberg in der Nähe einer alten Burg hoch oben über Bolgheri. Die ersten Weine gefielen ihm, doch seine Nachbarn erklärten sie für untrinkbar; für den vielbeschäftigten Züchter von Rennpferden – Ribot, eines der großen Rennpferde dieses Jahrhunderts, gehörte ihm – war der Wein bestenfalls zweitrangig, und er hatte nie irgendwelche kommerziellen Absichten.

Das alles änderte sich zu Beginn der 1970er Jahre. Die Erntemengen waren gewachsen, ältere Flaschen, die er sorgfältig gelagert hatte, waren immer noch hervorragend trinkbar, und die Zeit schien reif, um zu prüfen, wie der Markt auf ein Vierteljahrhundert Arbeit reagierte. Sein Neffe, Piero Antinori, leitete eine der großen Weinhandelsfirmen in Florenz und konnte ein Vertriebsnetz bereitstellen, und Giacomo Tachis, der Önologe von Antinori, wurde als Garant dafür engagiert, daß die Qualität von Barrique zu Barrique und von Flasche zu Flasche unverändert hoch blieb. Der Wein war in Italien sofort ein sensationeller kommerzieller Erfolg, und Hugh Johnsons Verkostung in London besorgte hinsichtlich der internationalen Märkte den Rest.

Die Tenuta San Guido, die heute den Wein macht, hat sich gegenüber damals sehr verändert. Nicolò Incisa Della Rocchetta, Sohn von Mario, leitet das Gut seit dem Tod seines Vaters im Jahr 1985. Pferde sind nur mehr Dekoration, Hauptaktivität ist die Weinproduktion auf 50 Hektar Rebfläche. Der Wein ist weltberühmt, Jahrgänge wie der 1985er sind zur Legende geworden. Doch Giacomo Tachis hat immer noch die Weinbereitung in der Hand, und die Atmosphäre ist recht entspannt, in keiner Weise die eines »Château«; dennoch ist dies hier heiliger Boden, zumindest für Weinliebhaber: Italiens erster großer Cabernet, der »sechste Grand Cru des Médoc«, wie er scherzhaft genannt wird, wurde hier geboren.

Empfohlene Weine

Sassicaia
aus Cabernet Sauvignon und Cabernet Franc

67 TENUTA DELL'ORNELLAIA

Erzeuger
Tenuta dell'Ornellaia
Via Bolgherese, 191
57020 Bolgheri (LI)
Tel. 0565 762 140
Fax 0565 762 144

Direktor
Lodovico Antinori

Weinmacher
Tibor Gál

Gründungsjahr
1981

Rebfläche
70 Hektar

Verkostung
nach Anmeldung

Erbe eines berühmten Namens zu sein, mit all den Erwartungen, die dies erweckt, ist nicht immer der große Vorteil, als der es erscheinen mag. Erbe eines der größten Namen in der italienischen Weinwelt zu sein war für Lodovico Antinori eindeutig eine Hypothek: Als jüngster von drei Kindern und als letzter, der in das Familienunternehmen einstieg, in dem Piero Antinori sich bereits als Direktor etabliert hatte, fand er sich in einer Rolle, die nicht nach seinem Geschmack war; er empfand seine Aufgaben mehr als Pflicht denn als Gelegenheit, seinen Wert zu demonstrieren. Er war noch keine dreißig, als er die USA bereiste, um für die Weine des Hauses zu werben, und er wurde knallhart mit der Rücksichtslosigkeit und Brutalität konfrontiert, mit denen in der Neuen Welt um den Markt gekämpft wird. Ein großer Teil der Antinori-Weine war auf den Massenmarkt abgestellt, und die Kunden hauten ihm ihre Meinung über die »dago reds« und »dago whites« um die Ohren – am besten mit »Spaghettifresser-Weine« zu übersetzen.

Das war für einen relativ sensiblen Mann schwer zu schlukken, und die 1970er Jahre waren für Lodovico Antinori eine Zeit der Unklarheit. Er erwog eine Karriere als Berufsfotograf oder Filmproduzent, er spielte auch mit der Idee, in Kalifornien Wein zu machen; in einem Teil der USA, den er gut kannte und wo er viele Freunde gefunden hatte. Einer dieser kalifornischen Freunde war es dann auch, der seinem Leben die neue Richtung gab. André Tchelistcheff, ein aus Rußland stammender Önologe und Wissenschaftler am Institut Pasteur in Paris, war in den späten 1930er Jahren in das Napa Valley ausgewandert; hier schuf er für Georges de Latour bei Beaulieu Vineyards einen der ersten großen kalifornischen Cabernets und wurde einer der einflußreichsten Berater im ganzen Bundesstaat. Er brachte die Güter auf den Weg und bildete die Leute aus, die den kalifornischen Wein berühmt machten. Als er Lodovico Antinoris Besitz an der toskanischen Küste gesehen hatte, konnte er ihm nur versichern, daß er alles, was er in Kalifornien tun wollte, mit mindestens dem gleichen Erfolg auch in der Maremma tun konnte.

Das Gut, auf dem André Tchelistcheff, unterstützt von seinem Sohn Dimitri, an die Arbeit ging, war Lodovico Antinoris Teil des Della-Gherardesca-Imperiums, das sich einst über Zehntausende von Hektar im Bereich von Bolgheri und Castagneto Carducci erstreckte. Drei Weingüter wurden hier aus dem Boden gestampft, die Tenuta San Guido, wo der Sassicaia herkommt, Piero Antinoris Tenuta Belvedere und die Tenuta dell'Ornellaia – ein Rebland von unschätzbarem Wert, Weinberge, wo große Gewächse anscheinend ganz natürlich, nur mit minimalen Eingriffen von Menschenhand, das Licht der Welt erblicken. Die Vorzüge von Boden, Klima und Exposition sind von der Art, daß die Weinstöcke den Rest fast allein erledigen.

Ornellaia ist von der Konzeption her eine Unternehmung im Bordeaux-Stil, doch zeigen die futuristischen Anlagen für Gärung und Ausbau beträchtlichen kalifornischen Einfluß; sie spiegeln ebenso Lodovico Antinoris persönlichen Geschmack wider wie die Analyse der für das Gut spezifischen Bedingungen durch seine professionellen Berater, zu denen jetzt auch Michel Rolland gehört, aus Bordeaux stammend und einer der renommiertesten Önologen der Welt. Der Weißwein, Poggio alle Gazze, ist ein Sauvignon, während die zwei wichtigsten Roten auf den klassischen Sorten der Gironde beruhen. Ornellaia, der 1985 aus der Taufe gehoben wurde, ist als Verschnitt von Cabernet Sauvignon, Cabernet Franc und Merlot deutlich anders als der Sassicaia, der nur einen Steinwurf weit entfernt produziert wird: seidig weich und feminin gegenüber der maskulinen Kraft der reinsortigen Cabernets von Nicolò Incisa della Rocchetta. Auf Böden mit höherem Lehmanteil aber erbrachte der Merlot so exzellente Resultate, daß ein reiner Merlot-Wein der logische nächste Schritt war, und seit 1986 ist der nur in kleinen Mengen hergestellte Masseto der am höchsten bewertete Wein im Programm des Guts.

Empfohlene Weine

Ornellaia
aus Cabernet und Merlot

Masseto
aus Merlot

Le Volte
aus Sangiovese und Cabernet Sauvignon

68 LE MACCHIOLE

Erzeuger
Le Macchiole
Via Bolgherese, 189/a
Località Contessine
57020 Bolgheri (LI)
Tel. 0565 766 092
Fax 0565 763 240

Direktor
Eugenio Campolmi

Weinmacher
Luca D'Attoma

Gründungsjahr
1981

Rebfläche
23 Hektar

Verkostung
nach Anmeldung

Eugenio Campolmi, dessen Weine zu Beginn der 1990er Jahre Aufmerksamkeit zu erregen begannen, war der erste kleine Winzer, der sich in Bolgheri als wichtiger Name etablierte. Seine Ahnen, alles bedeutende Figuren des toskanischen Adels, besaßen Hunderte von Hektar Weinberge, Olivenhaine, Wälder und Macchia. Sein Nachbar Piero Antinori, der damals an diesem Teil der toskanischen Küste Roséweine erzeugte, hatte außer dem kultivierten Land noch so viel Gelände übrig, daß er ein Naturreservat auf seinem Gut einrichten konnte.

Campolmi mußte die Produktion seines Weins sehr viel später aufnehmen, als er zunächst geplant hatte. Mitte der 1970er Jahre konzipierte er als Besitzer eines *ristorante-bar-enoteca* bereits seine ersten Weinberge und kaufte Land, das er für seine Absichten für geeignet hielt. Doch die Behörden in Bolgheri machten ihm einen Strich durch die Rechnung, indem sie das Gelände für öffentliche Zwecke enteigneten. Aus heutiger Perspektive gesteht Campolmi gern ein, daß ihm damit ein Gefallen getan wurde; er war zu jung und unerfahren, um genau zu wissen, was die Entwicklung eines erfolgreichen Weinguts verlangte, und er hätte sicher eine Menge teurer, kaum korrigierbarer Fehler gemacht.

Das nächste Projekt wurde Anfang der 1980er Jahre begonnen, und als reifer Mann war er in der Lage, mit größerer Sorgfalt und größerem Wissen, sowohl über den Wein wie über die besonderen Eigenschaften der Zone, ans Werk zu gehen. Man pflanzte einigen Sangiovese und Vermentino, die traditionelle örtliche Rebsorte, doch es wurde schon deutlich, daß Boden und Klima für die Bordeaux-Rebsorten prädestiniert waren, und so wurde auch Cabernet und Sauvignon angepflanzt.

In den späten 1980er Jahren war klar, daß die Weinberge Reben von hoher Qualität lieferten, doch daraus einen Wein von ebenso hoher Qualität zu machen erforderte technisches Wissen, das nur Profis beisteuern konnten. Campolmi, der in etlichen Jahren seine Erfahrungen sammeln konnte, zögerte nicht, die besten Önologen zu verpflichten, die er bekommen konnte; oft setzte er auf junge, noch wenig bekannte Köpfe, anstatt sich auf renommierte Namen zu verlassen. Er war mit den Önologen seiner Wahl gut beraten: Gabriella Tani in den Jahren 1990 und 1991, Luca d'Attoma in den folgenden Jahren. D'Attoma hat sich in sehr kurzer Zeit eine enorme Reputation erworben, und die Weine von Le Macchiole stehen in der Liste seiner Ruhmestaten ganz oben. Mit den Jahrgängen 1992, 1993 und 1995 hat der Paleo Rosso als einer der besten Cabernet-Sauvignon-Weine der Küste mit Weinen wie Sassicaia und Ornellaia gleichgezogen, die beide ein höheres »Dienstalter« haben und von bekannteren Gütern kommen, und für das Renommee der oberen Maremma als Rivale des Médoc und des Napa Valley einen großen Beitrag geleistet. Der auf Sauvignon basierende Paleo Bianco ist in den Jahren 1994 bis 1996 beträchtlich besser geworden und hat heute seinen festen Platz unter den großen Weinen der Toskana.

Kontinuierlich werden neue Rebflächen angepflanzt, um die wachsende Nachfrage zu befriedigen, und wenn alles nach Plan verläuft, wird Le Macchiole bald über 23 Hektar verfügen. Inzwischen erscheinen neue Weine, wobei der reine Merlot Messorio und der Syrah-Wein Scrio bereits sehr vielversprechend sind, ein Zeichen dafür, daß Bolgheri und seine Weinberge noch eine große Palette sehr angenehmer Überraschungen in petto haben.

Empfohlene Weine

Paleo Rosso
aus Cabernet Sauvignon und Sangiovese

Paleo Bianco
aus Sauvignon und Chardonnay

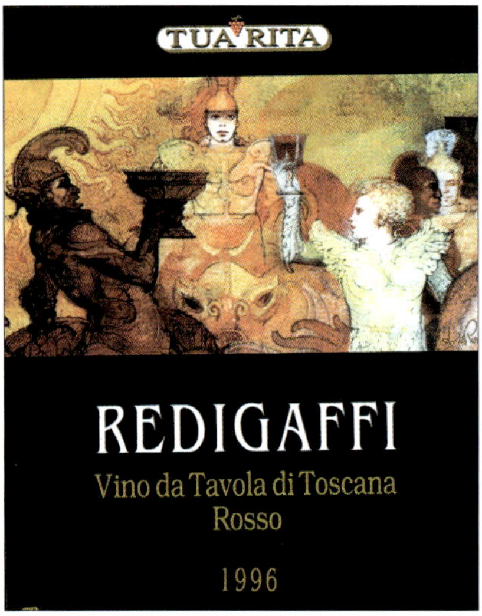

69 TUA RITA

Erzeuger
Tua Rita
Località Notri 81
57028 Silvereto
(LI)
Tel. 0565 829 237
Fax 0565 829 237

Direktoren
Rita Tua und
Virgilio Bistri

Weinmacher
Luca D'Attoma

Gründungsjahr
1985

Rebfläche
12 Hektar

Verkostung
nach Anmeldung

Das Tal, in dem der Fluß Cornia von den Colline Metallifere, den »metallreichen Hügeln« südlich von Volterra, zum Meer fließt, ist eine schläfrige, bukolische Gegend nur wenige Kilometer vom Rummel der Strände entfernt – der Kontrast könnte nicht größer sein. Spärlich besiedelt, ländlich und ruhig, scheint es Lichtjahre weit weg zu sein von den Restaurants und Diskos, den Menschenmassen, der ganzen vergnügungssüchtigen Welt der Mittelmeerküste. Sonnenöl, Schwimmflossen, Taucherbrillen, Sonnenschirme und Liegestühle sind definitiv kein Teil der Szenerie.

Nach Suvereto am Rand des Corniatals siedelten Virgilio Bistri und Rita Tua in der Mitte der 1980er Jahre um, als sie vom Stadtleben und der Karriere in der Stahlindustrie Piombinos genug hatten. Landleben, das bedeutete für sie auch ein Weinberg, und sie begannen Reben zu pflanzen. Weinstöcke und Olivenbäume wuchsen in der Gegend wie fast überall in der Toskana südlich des Arno, doch die Produkte der Zone hatten nur lokale Bedeutung; den DOC-Status erhielten sie erst in den 1990er Jahren. Eine Palette verschiedener Sorten wurde etwas willkürlich angepflanzt: Vermentino, Clairette, Chardonnay, Riesling und Gewürztraminer für Weißwein, Sangiovese, Cabernet Sauvignon und Merlot für Rotwein. Virgilio und Rita begannen als Amateure im Sinne des Worts: Sie liebten den Wein und genossen das schlichte Vergnügen an der Arbeit im Weinberg, an der Ernte, an der Tätigkeit im Keller, sie genossen den Stolz an den Früchten ihrer Arbeit.

Das sollte sich in der Mitte der 1990er Jahre alles drastisch ändern, was zu einem großen Teil dem jungen Berater zuzuschreiben ist, der ihnen hilfreich zur Seite stand: Luca D'Attoma, der an der Weinbaufachschule in Conegliano Veneto studiert hatte, stammte aus einer lange im Weingeschäft engagierten Familie; sein Vater war Gutsdirektor, sein Onkel war im landwirtschaftlichen Kontrolldienst der Provinz Brescia tätig. Zu dieser Zeit war er eine unbekannte Figur, doch die Weine, die er auf Tua Rita kelterte, machten ihn zu einem der gegenwärtig meistgenannten Önologen Italiens.

Als erstes erschien der Giusto di Notri, ein klassischer Bordeaux-Verschnitt aus Cabernet und Merlot und ein sehr interessanter Wein in dem generell desaströsen Jahrgang 1992. Der 1993er war noch einmal besser, und der 1994er war schon einer der besten seines Jahrgangs in ganz Italien. Die Kunde machte die Runde, und Weinjournalisten filzten ihre Wörterbücher nach neuen schmückenden Adjektiven, als der zweite Top-Wein herauskam. Redigaffi ist zu 100 Prozent Merlot, und in dem heißen Klima und auf dem lehmigen Boden ergibt die Traube einen unglaublich fülligen, cremigen und voluminösen Wein. Der 1994er ist ein Wein für römische Kaiser, für Dekadenzliteraten wie einen Rimbaud, einen Verlaine oder Huysmans, und der 1996er ist von demselben Kaliber.

Das alles hat Rita Tua und Virgilio Bistri nicht verändert, in dem Rummel der letzten Jahre haben sie nichts von ihrer einfachen, handfesten Art verloren. Die Rebfläche wird erweitert, um die wachsende Nachfrage zu befriedigen; was absolut notwendig ist, da die renommiertesten Gewächse verkauft sind, lange bevor sie in die Flaschen kommen. Auch Sangiovese wird gezogen, um die Qualität des Perlato del Bosco zu verbessern, und nach dem 1997er zu urteilen, sind sie ihrem Ziel schon sehr nahe. Doch worauf sie aus sind, ist das richtige Leben, weder Ruhm noch Reichtum waren ihnen je von Bedeutung; und dies ist vielleicht das wahre Geheimnis ihres Erfolgs und außerdem die Garantie, daß die Integrität ihres Unternehmens durch den unerwarteten Erfolg nicht gefährdet wird.

Empfohlene Weine

Giusto di Notri
aus Cabernet Sauvignon und Merlot

Redigaffi
aus Merlot

Perlato del Bosco Rosso
aus Sangiovese

70 MORIS FARMS

Erzeuger
Moris Farms
Località Cura Nuova
Fattoria Poggetti
58024 Massa Marittima (GR)
Tel. 0566 919 135
Fax 0566 919 380

Direktor
Adolfo Parentini

Weinmacher
Attilio Pagli

Gründungsjahr
1971

Rebfläche
90 Hektar

Verkostung
nach Anmeldung

Massa Marittima liegt im Hinterland von Piombino auf den letzten Höhen der Colline Metallifere, dem Hügelland, dessen Erzminen einst praktisch die einzige Quelle für den Wohlstand der Gegend war. Die Stadt, die einmal über einen Hafen verfügte, bewahrt ein bemerkenswertes architektonisches Erbe, Zeichen für ihre einstige Bedeutsamkeit, insbesondere die Piazza Garibaldi mit beeindruckenden Palazzi und dem monumentalen romanisch-gotischen Duomo. Der vergangene Ruhm prägt noch die Atmosphäre und kündet vom Reichtum in diesem Teil der mediterranen Welt, der vielen Kulturen, die kamen und gingen: *Ars longa, vita brevis.* Der Weinbau nahm in der Wirtschaft der Gegend nur einen bescheidenen Platz ein, auch wenn die heilige Dreieinigkeit der mediterranen Ernährung – Brot, Olivenöl, Wein – den Anbau von Weizen, Olivenbäumen und Reben unabdingbar notwendig machte. Doch dies scheint sich zu ändern. Kleine Erzeuger verbessern ihre Weine, und fremdes Kapital strömt in beträchtlichem Umfang in die Zone, was immer ein gutes Zeichen ist, und signalisiert, daß man ihr Potential erkannt hat.

Wenn es ein bestimmtes Haus gibt, das dieses Interesse an Massa Marittima und seinen Weinen begründet hat, dann ist dies Moris Farms, ein großes Gut mit ausgedehnten Besitzungen in der Maremma. Der Name klingt angelsächsisch, ist es aber nicht: Die Familie Moris, die Eigentümer, sind spanischer Abstammung; sie meinen, daß der Name ebenso wie ihre Anwesenheit in Italien auf die Vertreibung der Mauren aus Spanien im späten 15. Jahrhundert zurückgeht. Das »Farms« wurde von einem Mitglied der gegenwärtigen Generation hinzugefügt, einem erfolgreichen Architekt und Innenarchitekt, der in San Francisco lebt. Eine Zeitlang hatte die Familie in Florenz gewohnt, doch nun ist sie seit Jahrhunderten in der Maremma ansässig, wo sie einst 6000 Hektar Land zwischen Massa Marittima und Prata in Händen hatte.

Die große Menge Wein, die die Moris-Weinberge lieferten, wurde früher vom Tank weg verkauft, im wesentlichen in einer Reihe von Läden, die im Besitz der Familie waren (einer davon hinter dem Dom von Massa Marittima). Die Entscheidung – sicher ein Wagnis, auf jeden Fall eine Herausforderung –, die Weine zu einem Qualitätsprodukt unter eigenem Etikett auszubauen, traf Adolfo Parentini, der Schwiegersohn von Gualtiero Luigi Moris, dem gegenwärtigen Familienoberhaupt, ein Mann von grenzenloser Energie und Hingabe, der die letzten zehn Jahre daran arbeitete, seinem Wein einen Namen zu verschaffen. Parentini gibt jedoch gerne zu, daß – wie viel auch immer seinem eigenen Engagement und seiner Hartnäckigkeit zuzuschreiben ist – das Gut seinem Önologen viel verdankt. Attilio Pagli war noch keine dreißg Jahre alt, als er zu Moris Farms kam, doch er glaubte schon immer an die Maremma als Lieferant großer Weine, auch wenn es sie noch nicht gab. Es war an der Zeit, sie ins Leben zu rufen, und er und Parentini rollten die Ärmel auf. Ihr Morellino di Scansano Riserva, der von einer 40 Hektar großen Lage kommt, galt rasch als einer der besten in der Zone, doch hatte Scansano schon einen gewissen Ruf. Bedeutender und sicher etwas ganz Neues waren die Weine von den Rebflächen in Massa Marittima, insbesondere der Barrique-gereifte Avvoltore aus Sangiovese und Cabernet Sauvignon mit seinen konzentrierten, kraftvollen Jahrgängen 1988, 1990, 1994 und 1995. Man schuf auch einen exzellenten Weißwein aus der lokalen Sorte Ansonica, die spät geerntet und im Faß vergoren wird, und ein vielversprechender Syrah ist im Versuchsstadium. Adolfo Parentini und seine Familie werden in ihrer Zone bald Konkurrenz bekommen, doch können sie sich zu Recht als die Pioniere, als wahre Wegbereiter fühlen.

Empfohlene Weine

Morellino di Scansano Riserva

Avvoltore
aus Sangiovese und Cabernet Sauvignon

71 LE PUPILLE

Erzeuger
Le Pupille
Località Pereta
58050 Magliano in Toscana (GR)
Tel. 0564 505 129
Fax 0564 505 153

Direktor
Elisabetta Geppetti

Weinmacher
Riccardo Cotarella

Gründungsjahr
1800

Rebfläche
18 Hektar

Verkostung
nach Anmeldung

Ein großer Teil der Maremma war in ihrer bekannten Geschichte für die meiste Zeit eigentlich nicht bewohnbar. Die Unterwerfung der Etrusker durch die Römer war mit einer Politik der verbrannten Erde verbunden, die das System von Deichen und Kanälen zerstörte, das die Wasserläufe von den Bergen zum Meer regulierte. Dadurch entstanden Sümpfe und Marschen, die in dem warmen Klima ein ausgezeichneter Lebensraum für Stechmücken waren; bis zur Trockenlegung dieser verseuchten Gebiete nach dem Zweiten Weltkrieg waren die Bewohner der Maremma regelmäßig Opfer von Malaria-Epidemien. Armut, Bandenunwesen und Entvölkerung waren unausweichlich die Folge.

Eine Ausnahme in diesem trostlosen Bild war immer die Gegend um Scansano südwestlich von Grosseto; kurz hinter der Küste beginnen die Berge anzusteigen, und Scansano liegt schon 500 Meter über dem Meer. Das kühlere Klima und die Höhe machten diesen Teil der Maremmen ziemlich stechmückenfrei und ermöglichten ein sicheres Leben. Weinbau war immer ein wichtiger Teil der Landschaft, und im späten 19. Jahrhundert schrieb der toskanische Gelehrte Giacomo Barabino: »Die Weine von Magliano, Pereta und Scansano sind ausgezeichnet, und nur wenige andere Orte liefern solch exquisite Qualität.« Die dominierende Traubensorte war immer der Sangiovese, der in dieser Zone Morellino genannt wird. Er reift sehr gut hier im Süden der Toskana, wo die Sommerhitze durch die kühlen nächtlichen Brisen vom Meer gemildert wird.

In der Mitte der 1990er Jahre sah die Zone des Morellino di Scansano eine Invasion von Investoren – zumeist Erzeuger aus anderen Teilen der Toskana, die überzeugt waren, daß hier ein höchst bemerkenswertes Potential der Nutzung harrte. Das Gut, das seit über zehn Jahren den Standard definiert, ist Le Pupille in der Nähe von Pereta, das vor 115 Jahren von Barabino erwähnt wurde. Seit dem frühen 19. Jahrhundert gehört es ununterbrochen der Familie Gentili, die aus Pereta stammt, aber seit Generationen in Pisa eine

Arzneimittelfirma betreibt. Es war Alfredo Gentili, der in den 1970er Jahren zusammen mit Giacomo Tachis, einem der großen Weinmacher Italiens, Le Pupille wirklicher Qualität verpflichtet machte und zwei Weine schuf, die den Ruhm des Guts begründeten. Saffredi, ein herausragender Wein auf der Basis von Cabernet Sauvignon, trägt ihm zu Ehren seinen Namen; »Fredo« ist der Kosename für »Alfredo«.

Seit 1988 wird Le Pupille von Elisabetta Geppetti geleitet, die mit Augusto Gentili, dem Sohn von Alfredo, verheiratet war. Sie entdeckte den Wein für sich in jungen Jahren, sie liebte alles, was mit dem Wein zu tun hatte, und entschied sich dafür, Pisa zu verlassen und ganz in den Hügeln unterhalb von Scansano zu leben. Das Land hier ist wild und dünn besiedelt und weit weg von ihrer früheren städtischen Lebensweise, doch der Frieden und die Harmonie mit der Natur waren den Preis wert. Die zwei Hauptweine des Guts blieben erhalten, der Morellino di Scansano Riserva und der Saffredi, der außer Cabernet jetzt einen kleinen Teil Merlot enthält. Es gibt nun auch einen sehr interessanten Süßwein, den Solalto, einen Verschnitt aromatischer weißer Trauben, die edelfaul geerntet werden und im Barrique reifen. Auf Giacomo Tachis folgte der jüngere Riccardo Cotarella, der makellose Referenzen und eine Reihe ausgezeichneter Weine in Umbrien und Latium vorzuweisen hatte. Doch was vor allem zählt, ist die Lage, das Gut und seine Weinberge; Le Pupille wies als erster Erzeuger nach, daß das historische Renommee der Zone nicht nur dem örtlichen Sagengut entspringt.

Empfohlene Weine

Morellino di Scansano Riserva

Saffredi
aus Cabernet Sauvignon und Merlot

Solalto
aus Sémillon, Sauvignon und Gewürztraminer

72 RASCIONI & CECCONELLO

Erzeuger
Azienda Agricola Rascioni & Cecconello
Strada Provinciale San Donato, km 6,8
Località Poggio Sugherino
Frazione Fonteblanda
58015 Orbetello (GR)
Tel. 0564 885 642
Fax 0564 885 642

Direktor
Enrico Casini

Weinmacher
Attilio Pagli

Gründungsjahr
1973

Rebfläche
5 Hektar

Verkostung
nach Anmeldung

Es kommt nicht alle Tage vor, daß ein kleines und recht junges Gut einen großen Wein in einer Zone produziert, aus der noch nie Wein von bemerkenswerter Qualität kam. Noch ungewöhnlicher ist es, wenn dieser Wein aus einer Traube gemacht wird, die bis dato noch nie interessante Resultate erbracht hat, ja, die viele Experten als ungeeignet für echten Qualitätswein erachten. Doch genau dies widerfuhr Paolo Cecconello und Vinicia Rascioni, einem Paar, das von Mailand nach Fonteblanda in der Maremma umsiedelte, einen Weinberg anpflanzte und sich zu ihrer eigenen Überraschung mit der Tatsache konfrontiert sahen, daß ihre Weine vom Fleck weg das Interesse wichtiger Abnehmer in Italien und im Ausland fand. In ihrem Fall war Unerfahrenheit äußerst hilfreich, denn hätten sie sich beraten lassen, hätte man ihnen mit Sicherheit abgeraten, Ciliegiolo anzubauen, die Sorte, die jetzt so interessante Ergebnisse zeitigt.

Vielleicht sollte man aber die Geschichte ganz von Anfang erzählen. Paolo Cecconello, ein Mailänder Bauunternehmer, war Weinliebhaber und mit dem unzufrieden, was er auf dem Markt fand. Und er war überzeugt, Besseres produzieren zu können, wenn er nur die Gelegenheit dazu fände. Beruflich in der Maremma unterwegs, sah er sich nach Land um, wo er sich niederlassen und seinem Hobby frönen und einen kleinen Weinberg anlegen könnte. Seine Frau Vinicia Rascioni war in einer Weinbauzone in Mittelitalien aufgewachsen, in den Marken, und sie hatte ihm noch den Rat auf seine Reise mitgegeben, sich nach Terrain auf einem Hügel umzusehen. Er fand einen Fleck auf einer kleinen Kuppe, einen Steinwurf von der Lagune von Orbetello und vom Monte Argentario entfernt. Dies ist ein Feriengebiet mit Stränden und Bootshäfen, Weinberge gab es nur sporadisch. Doch Paolo Cecconello baute sein Haus und eine Straße, um es erreichen zu können, und legte einen Weinberg an. Zunächst verkaufte man die Trauben, dann machte man Wein und verkaufte ihn über Händler in Mailand. Vinicia hatte inzwischen begonnen,

Freilandhühner zu ziehen, die lokal schnell ihre Abnehmer fanden. Dann erschien es den beiden absurd, soviel Zeit und Energie, soviel Liebe in ein Produkt zu stecken, das anonym bleibt und anderen Gewinn bringt, nicht ihnen. 1985 füllte man zum ersten Mal selbst ab, und 1989 kam die Wende. Giancarlo Bini, ein örtlicher Restaurantbesitzer mit ausgezeichnetem Weinkeller und ebensolchem Weinwissen, stellte den Kontakt mit dem Önologen Attilio Pagli her, Bini kaufte und servierte Wein von den Cecconellos, er glaubte an sein Potential und war überzeugt, daß mit der richtigen technischen Unterstützung wirklich Bemerkenswertes möglich sei.

Die Hauptrebe in den vorhandenen Weinbergen war Sangiovese, was nicht überrascht, da die Zone des Morellino di Scansano nicht weit entfernt ist. Doch es gab auch Ciliegiolo, eine Sorte, die in der Toskana und Umbrien da und dort angebaut wird, aber nie besonders beachtet wurde; sie ergibt große Trauben mit großen Beeren, selten ein Zeichen für Qualität. Die Reben von Rascioni und Cecconello kamen jedoch von einem seriösen jungen Züchter aus der Morellino-Zone; darüber hinaus – und offensichtlich noch wichtiger – erscheint die Ciliegiolo auf diesem besonderen Boden und in diesem Kleinklima als völlig neue Sorte: Die üppigen Aromen, die sie schon immer kennzeichneten, wurden nun durch eine Wärme, Großzügigkeit und Kraft ergänzt, die weit jenseits des Normalen lagen. Poggio Capitana, der Sangiovese des Hauses, ist sicher ein sehr guter Vertreter des toskanischen Sangiovese, doch Poggio Ciliegio ist etwas völlig Ungewöhnliches, ein einzigartiger Wein, den bisher noch keiner auch nur ansatzweise nachahmen konnte.

Empfohlene Weine

Poggio Ciliegio
aus Ciliegiolo

Poggio Capitana
aus Sangiovese

73 MELETA

Erzeuger
Meleta
Località Meleta
58028 Roccatederighi (GR)
Tel. 0564 567 155
Fax 0564 567 146

Direktor
Erica J. Suter-Pongratz

Weinmacher
Franco Bernabei

Gründungsjahr
1982

Rebfläche
8 Hektar

Verkostung
nach Anmeldung

Meleta ist ein Tribut an die Vision und den Ehrgeiz eines Mannes, des inzwischen verstorbenen Peter Max Suter, der in diesem abgelegenen Eck der Maremma Möglichkeiten sah, die andere ignorierten, und großen Wein mit seinem eigenen Namen auf dem Etikett realisieren wollte. Suter war ein Mann, der Entschlußkraft und Erfolg im Erbgut hatte; als Sohn des ersten Mercedes-Benz-Importeurs der Schweiz baute er im Lauf seines Lebens ein Firmenimperium auf, wobei er einem einfachen Rezept folgte: »Ich mag es nicht, Zweiter zu werden.« Das Projekt in der Maremma hatte das Ziel, Wein im Bordeaux-Stil zu machen – er hatte eine Vorliebe für die großen Namen des Médoc –, der alles Vorhandene übertreffen sollte. Seine Frau Erica Suter führt heute sein Werk mit derselben Hingabe weiter.

Sie war es auch, die ihren Mann nach Roccatederighi und in die Maremma führte, wo sie für ihre Doktorarbeit in Geologie geforscht hatte. Roccatederighi ist ein abgelegener Ort, eine Art Balkon 450 Meter über der Maremma, der nach Norden hin von den über 1000 Meter hohen Cornate von den Colline Metallifere abgetrennt wird. »Rocca« bedeutet »Felsen«, und zwar mit den Nebenbedeutungen »mächtig, von strategischer Bedeutung«. Hoch über die Küstenebenen ragend, ist Roccatederighi eine natürliche Festung, die diesen Teil der Maremma für bald tausend Jahre dominierte.

Peter Max Suters ursprüngliche Idee war gewesen, ein qualitätsorientiertes Landgut mit einer Reihe verschiedener Produkte zu etablieren. Außer Weinbergen richtete er eine Taubenzucht ein, und er hatte auch vor, Schafe zu züchten, eine lokale Rasse, die nach seiner Überzeugung das berühmte *pré-salé* der Normandie und der Bretagne qualitativ leicht erreichen konnte. Das scheiterte aber an den bürokratischen Hürden, die Unternehmern in Italien regelmäßig in den Weg gestellt werden. Die fetten Tauben von Meleta hingegen zierten für Jahre die Tafeln so berühmter Restaurateure wie Freddy Girardet und Giorgio Pinchiorri. Die Taubenzucht hat man nun – durchaus mit Bedauern – aufgegeben, um sich ganz auf den Wein konzentrieren zu können.

Spitzenwein war von Anfang an das Hauptziel, und die Weinberge – aus den Hügelflanken modelliert und mit sorgfältig angelegten Wegen und Dränagekanälen erschlossen – wurden genau auf dieses Ziel hin geplant. Was fehlte, war das Wissen, wie der Most vergoren und der Wein ausgebaut werden sollte. Die lokale önologische Erfahrung war kaum hilfreich in einer Zone, in der zu dieser Zeit – die ersten bedeutenden und interessanten Weine in der Provinz Grosseto tauchten erst gegen Ende der 1980er Jahre auf, und sie kamen aus Scansano, was ein gutes Stück entfernt ist – kein Wein produziert wurde, der in irgendeiner Weise konkurrenzfähig sein konnte.

Man fand 1992 eine Lösung, als man Franco Bernabei, einen der zwei oder drei prominentesten freien Önologen der Toskana, mit seiner rechten Hand Francesco Naldi, der soeben an der Universität Florenz in Agrarwissenschaften promoviert hatte, in das Projekt holte. Der Unterschied zwischen diesen Epochen war unglaublich, ein Unterschied zwischen Nacht und Tag, der Beginn einer neuen Zeitrechnung. Die drei Sorten im Verschnitt des Erstweins von Meleta, des Rosso della Rocca, werden im Weinberg individuell behandelt, zu verschiedenen Zeiten geerntet, individuell vergoren und in verschiedenen Faßtypen ausgebaut. Die Cuvée wird dann exakt nach den Eigenschaften und dem Charakter jeder Traubensorte des jeweiligen Jahrgangs vorgenommen. Und der neue reinsortige Merlot, der Massaio, aus der Traube, die nach Überzeugung von Bernabei und Naldi für das lokale Klima ausgezeichnet geeignet ist, verspricht bedeutende Resultate in naher Zukunft.

Empfohlene Weine

Bianco della Rocca
aus Chardonnay

Rosso della Rocca
aus Merlot, Cabernet Sauvignon und Sangiovese

Massaio
aus Merlot

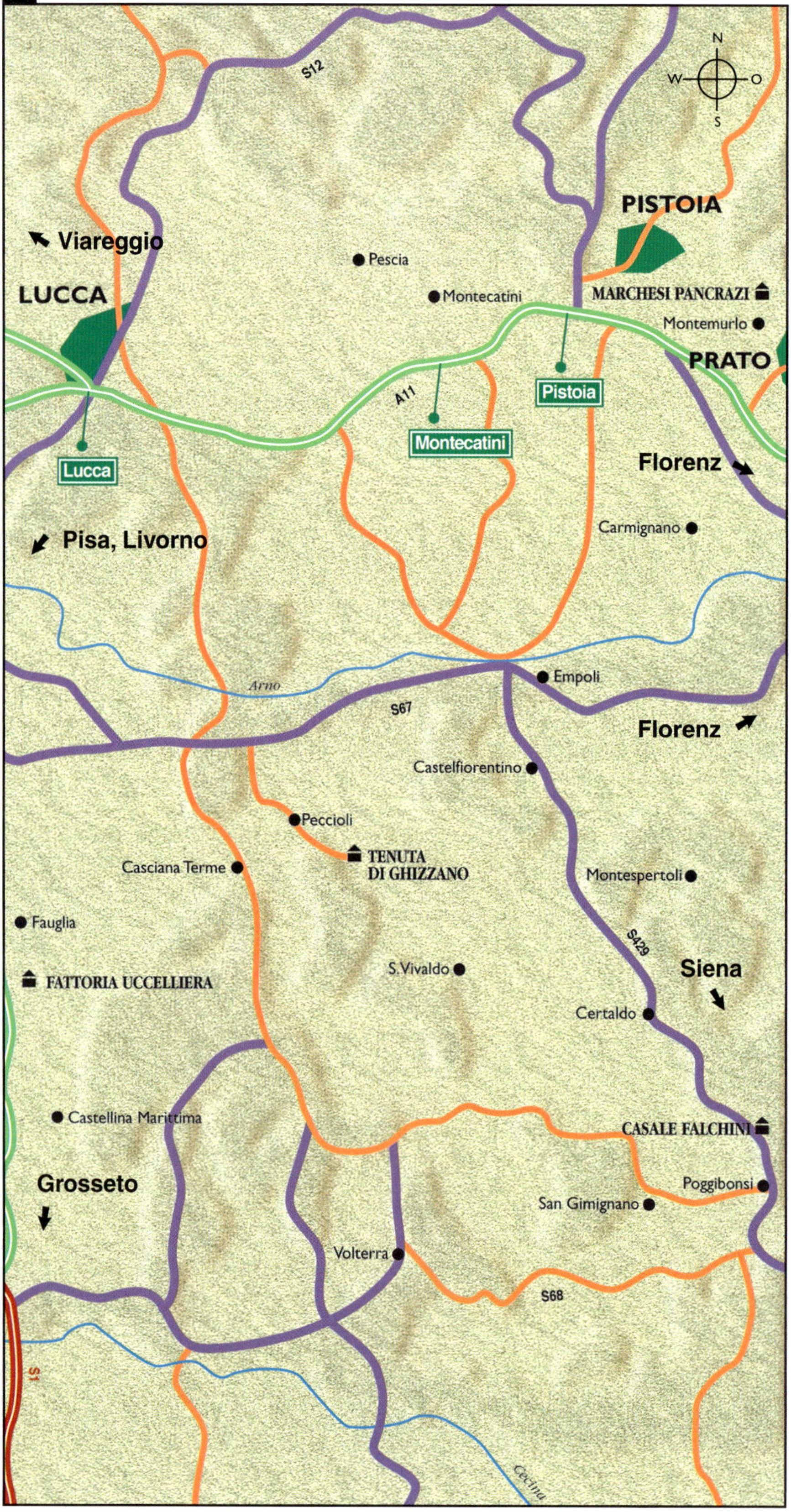
Km 0 1 2
N
W
O
S
S12
PISTOIA
Viareggio
LUCCA
Pescia
Montecatini
MARCHESI PANCRAZI
Montemurlo
PRATO
A11
Pistoia
Montecatini
Lucca
Florenz
Carmignano
Pisa, Livorno
Arno
Empoli
S67
Florenz
Castelfiorentino
Peccioli
TENUTA DI GHIZZANO
Casciana Terme
Montespertoli
Fauglia
S429
S.Vivaldo
Siena
FATTORIA UCCELLIERA
Certaldo
Castellina Marittima
CASALE FALCHINI
Grosseto
Poggibonsi
San Gimignano
Volterra
S68
S1
Cecina

WEITERE ZONEN

Wenn Chianti Classico, Brunello di Montalcino und Vino Nobile di Montepulciano den Löwenanteil des Publikumsinteresses auf sich ziehen, so ist das recht einfach zu erklären. Dies sind die größten Anbaubereiche, aus denen Wein höchster Qualität kommt, und sie verfügen auch über die bedeutendste und längste Tradition in der Qualitätsweinproduktion. Doch die Toskana ist groß – 23 000 km^2 –, und mit diesen drei Zonen, zu denen noch der aufgehende Stern Maremma kommt, ist das Thema guter Wein noch nicht erschöpfend behandelt. Im Gegenteil, noch nie kamen in der toskanischen Geschichte so viele interessante Produkte aus einer so großen Zahl verschiedener Quellen.

Wenn es um Tradition und Geschichte geht, so ist Carmignano nicht zu übertreffen: Es kann seinen Weinbau bis in die Zeit Karls des Großen zurückverfolgen. Einst galt sein Wein als der beste in der Toskana; im frühen 15. Jahrhundert erzielte er auf dem Florentiner Markt um ein Vielfaches höhere Preise als die Konkurrenten. Nach der Verleihung des DOC-Status 1975 – was auch die Ablösung von der benachbarten, jedoch völlig anders gearteten Zone des Chianti Montalbano bedeutete – hat Carmignano so etwas wie eine Renaissance erlebt, und der Fortschritt beschleunigte sich noch in den 1990er Jahren, als die Weine in die höhere DOCG-Kategorie aufgenommen wurden. Tenuta di Capezzana und Fattoria di Ambra sind die zwei historisch bedeutenden Führer, zu denen in letzter Zeit eine Gruppe junger Erzeuger stieß, deren Weine der jahrhundertealten Tradition neue Glanzlichter aufsetzen.

Rufina – zumindest der größte Teil davon – war einer der vier Weinbaubereiche der Toskana, die bereits 1716 gesetzlich geschützt wurden, ein Beweis für die allgemeine Anerkennung seiner Weine; das geschah in einer Zeit, als der Verkauf von einfachem Wein unter falschem Namen weithin kaufmän-

6 Chianti Rufina

7 Chianti Carmignano

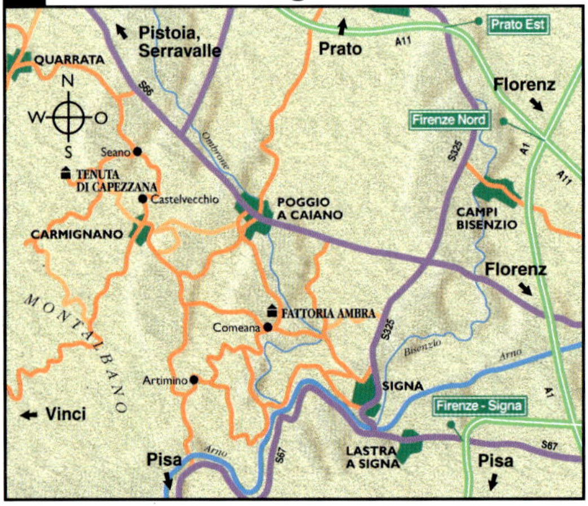

nischer Usus war. Der Boden in der Zone ist dem des Chianti Classico sehr ähnlich, und das Klima ist in den gut exponierten und gepflegten Lagen mehr als adäquat, um sowohl Sangiovese wie Cabernet Sauvignon reifen zu lassen. Zwei bedeutende Güter, Selvapiana und Castello di Nipozzano von Frescobaldi, hielten bis vor kurzem fast allein das Banner hoch, doch auch dies ändert sich; eine bemerkenswerte Zahl junger Erzeuger – manche sehr klein, manche aber auch von beeindruckender Größe – kommen mit interessanten Weinen auf den Markt, und zwar häufig zu Preisen, die im Vergleich mit berühmteren Zonen der Toskana fast unrealistisch erscheinen: ein wichtiger Punkt für die vielen Weinfreunde, die nicht in Monte Carlo die Bank gesprengt haben.

Die Pinot Noir ist in ihrer Empfindlichkeit, in all den Schwierigkeiten, die sie im Weinberg ebenso wie im Keller macht, die größte Herausforderung für qualitätsorientierte Erzeuger; ja manche fühlten sich genau aus diesem Grund von der Traube angezogen. Faszinierende und überzeugende Resultate haben Castello di Ama, Fontodi und Ruffino (in der in Panzano in Chianti situierten Lage Tono di Sala) erzielt, doch der herausragende Pinot Noir der Toskana ist der des Marchese Vittorio Pancrazi, dessen Gut Villa di Bagnolo – vielleicht ist dies ein Schlüsselfaktum – von allen anderen bedeutenden Produktionszonen der Toskana weit entfernt liegt. Die Produktion kann die Nachfrage nach dem Wein, der in seiner Kategorie in ganz Italien nicht mehr als zwei Konkurrenten hat, noch nicht befriedigen; und es sei angemerkt, daß es dort in den ganzen ersten zehn Jahren noch keine Mißernte gab, was für die Pinot Noir höchst ungewöhnlich ist.

Das Auftauchen großer Weine von der toskanischen Küste war eines der bedeutsamsten Phänomene der letzten zwanzig Jahre. Die Provinz Pisa, die natürliche Rivalin, hat die Herausforderung zuerst nur zögernd angenommen, doch das scheint sich zu ändern. Ein Zeichen dafür sind die Weine von der Fattoria Uccelliera in Fauglia, einer Gemeinde mit hervorragendem Potential, die sehr wohl das Zentrum einer völlig neuen Anbauzone werden könnte. Die ersten wichtigen Weine, die anderen ambitionierten Erzeugern als Modell dienen, kamen von der Tenuta di Ghizzano, auf halbem Wege zwischen dem Arno und Volterra gelegen. Hier hat eine breite Kenntnis der Weine der Welt eine vorzügliche Cuvée aus Sangiovese und Bordeaux-Sorten sowie einen neuen, herausragenden Merlot zuwege gebracht.

Jede Auflistung der toskanischen Weine läuft jedoch Gefahr, rasch zu veralten, und es wird immer schwieriger, mit dem Wandel Schritt zu halten. Chianti Montalbano und das obere Arnotal, zwei Anbaugebiete mit einer gewissen Geschichte, liefern nun seriöse, gut gemachte Weine anstatt der leichten, fruchtigen, für die sie eher bekannt sind. Montecarlo in der Provinz Lucca kultiviert französische Rebsorten – Cabernet, Merlot, Syrah, Pinot Blanc, Sauvignon, Sémillon, Roussanne – seit der Mitte des 19. Jahrhunderts, doch lag das Gebiet bis in jüngste Zeit im Tiefschlaf, und die Weine, wie auch immer angenehm, waren selten erinnerungswürdig. Die Brüder Falvo von Montepulciano machen heute neben ihrem Vino Nobile Weine von internationalem Zuschnitt, dies jedoch auf Rebflächen, die außerhalb des DOC-Bereichs Vino Nobile in der Gemarkung des benachbarten Cortona liegen. Die Fattoria di Manzano, die nur wenige Kilometer entfernt ist, zieht inzwischen mit einer Produktlinie aus unüblichen, wenig angebauten Sorten wie Gamay, Viognier und Syrah die Aufmerksamkeit auf sich. Sehr vielversprechende Weine tauchen gegenwärtig im tiefsten Süden der Maremma auf, in Albinia und Sovana, die zuvor als Weinbauorte völlig unbekannt waren. Und was vielleicht die aufsehenerregendste Entwicklung ist: Ein völlig neues Weingut entsteht im Orciatal unterhalb von Sarteano, in einer Gegend, durch die einst Schäfer mit ihren Herden zogen. Beim toskanischen Wein ist zur Zeit nur eines sicher: daß er beträchtlich vielfältiger und besser sein wird als in der Vergangenheit, und daß er aus einer großen Zahl von Gebieten kommen wird, die bisher so gut wie unbekannt waren.

74 FRESCOBALDI

Erzeuger
Frescobaldi
Via Santo Spirito, 11
50125 Florenz
Tel. 055 271 41
Fax 055 211 527

Direktoren
Ferdinando, Leonardo und Vittorio Frescobaldi

Weinmacher
Nicolò D'Afflitto

Gründung
12. Jh.

Rebfläche
750 Hektar

Verkostung
nach Anmeldung

Die Frescobaldi sind seit bald dreißig Generationen ein Teil der Geschichte von Florenz; im späten 13. und frühen 14. Jahrhundert waren sie schon internationale Bankiers, sie finanzierten die englischen Könige in der Zeit des Hundertjährigen Kriegs und erlitten großen Schaden, als die Plantagenets zu rasch expandierten (wie wir heute sagen würden) und ihre Schulden bei den italienischen Banken nicht begleichen konnten. Girolamo Frescobaldi, Komponist, Organist und Cembalovirtuose, spielte eine eminente Rolle in der Barockmusik, und in den folgenden Jahrhunderten entwuchsen der Familie kontinuierlich Persönlichkeiten des öffentlichen Lebens, Politiker und Berater, die Florenz durch die schwierigen Zeiten des wirtschaftlichen Niedergangs und der Fremdherrschaft steuerten, die Italiens Geschichte zwischen 1600 und dem Risorgimento kennzeichnen.

Gegenwärtig sind die Frescobaldi berühmt als Weinproduzenten, als eines der bedeutendsten Häuser in der Toskana mit Tausenden Hektar Land in verschiedenen Teilen der Region, wovon etwa 750 Hektar mit Reben bestockt sind. Dieser riesige Besitz kann der Übersicht halber in drei wesentliche Teile geteilt werden. Einer liegt südwestlich von Florenz mit der Stadt Montagna als Zentrum; hier stellt die Familie die einfacheren Weine her, gefällige, saubere und fruchtige Produkte für den täglichen Bedarf, wobei neu angepflanzter Merlot und Chardonnay das generelle Qualitätsniveau in naher Zukunft verbessern werden.

Der zweite Hauptsitz der Familienunternehmen ist Montalcino, wo Leonardo und Vittorio Frescobaldi ab Mitte der 1970er Jahre das Gut Castelgiocondo aufbauten, einen der größten Eigentümer der Zone und der hinsichtlich Produktionsmenge bedeutendste Erzeuger von Brunello di Montalcino. 1989 wurde Castelgiocondo alleiniger Besitz der Frescobaldi, und die 1990er Jahre sahen bisher umfangreiche Verbesserungen der Kelleranlagen, mit beträchtlichen Investitionen in neue Fässer und Barriques, und eine ebenso kostspielige Rekultivierung der Weinberge. Diese neuen Rebflächen werden entschieden besser sein als die der 1970er Jahre, mit ausgesuchten Klonen und größerer Pflanzdichte, um den Ertrag des einzelnen Weinstocks zu reduzieren, die einzig gültige Methode zur Erzeugung konzentrierterer, besser definierter Weine.

Der renommierteste Teil der Frescobaldi-Besitztümer aber ist der östlich von Florenz am Zusammenfluß von Arno und Sieve. Dieses Gebiet, bekannt als Pomino, ist seit Jahrhunderten berühmt, seine Weine wurden schon 1716 durch Cosimo III. de' Medici gesetzlich geschützt, der schwere Strafen dem androhte, der andere Weine unter diesem Namen verkaufte. Heute ist Pomino eine kleine separate Zone, und ein großer Teil des Gebiets, das Cosimo III. vor bald 300 Jahren definierte, bildet den Kernbereich des Chianti Rufina.

Kurioserweise wurde dieser Teil des Familienerbes erst vor relativ kurzer Zeit wieder Eigentum der Frescobaldi. Bis Ende des 19. Jahrhunderts gehörte es den Albizzi, einer anderen großen Florentiner Familie, die Mitte des 19. Jahrhunderts ohne Erben war. Vittorio degli Albizzi, aus einer Seitenlinie der Familie, wurde aus Frankreich in die Toskana gerufen, um das Fortbestehen zu sichern. Geboren und aufgewachsen in Auxerre in der Nähe von Chablis, verfügte er über gediegenes Wissen in Weinbau und -wissenschaft und wurde rasch ein führendes Mitglied in der Gruppe von experimentierfreudigen Agrarreformern, die sich der Renaissance des toskanischen Weinbaus verschrieben hatten. Er stellte schnell fest, daß der Sangiovese in den höchsten Lagen, besonders in Pomino, große Schwierigkeiten hatte zu reifen, und ersetzte ihn ebenso schnell durch Cabernet Sauvignon, Merlot, Pinot

Empfohlene Weine

Chianti Rufina Montesodi

Mormoreto *aus Cabernet Sauvignon*

Pomino Rosso

Pomino Bianco Il Benefizio

Noir, Chardonnay und Pinot Blanc. Seine Ideen waren jedoch der Zeit zu weit voraus und hatten kaum Einfluß auf seine Zeitgenossen; wenn sie auf fruchtbareren Boden gefallen wären, hätte sich die Geschichte des toskanischen Weins im 20. Jahrhundert völlig anders entwickelt.

Nach seinem frühen Tod und der Heirat seiner Schwester Léonie mit Angelo Frescobaldi gingen Nipozzano und Pomino in die Hand dieser Familie über.

Das Erbe ist daher nicht nur in wirtschaftlicher, sondern auch in ideeller Hinsicht wichtig, und die Frescobaldi haben alles getan, um es in Ehren zu halten. Einer der ersten reinen Sangiovese-Weine im Chianti war ihr Montesodi, hergestellt in der Zone Chianti Rufina, mit den erstklassigen Jahrgängen 1988, 1990, 1993 und 1995. Der Cabernet ist nun seit über einem Jahrhundert Teil der Geschichte, er wird im Mormoreto von Nipozzano und im einzigartigen Pomino-Verschnitt von Cabernet Sauvignon, Merlot und Pinot Noir verwendet. Der Pomino Il Benefizio, der hauptsächlich aus Char-

donnay gemacht wird und seit den 1970er Jahren produziert wird, war der erste im Barrique vergorene und ausgebaute Weißwein in Italien.

In jüngerer Zeit sind die Frescobaldi an einem anderen ehrgeizigen und innovativen Projekt beteiligt, einem Joint-venture mit der Robert Mondavi Winery im kalifornischen Napa Valley, die zusammen mit dem Château Mouton-Rothschild das Weingut Opus One betreibt. Neue Avantgarde-Weine sind bereits herausgekommen: Luce, ein Sangiovese-Merlot-Verschnitt aus den Lagen von Castelgiocondo, ein Superlativ schon 1995, und Lucente, der ähnlich zusammengesetzt ist, aber von Trauben, die außerhalb von Montalcino wachsen. Achthundert Jahre aktiver Teilnahme am Leben der Region lassen die Frescobaldi offensichtlich nach neuen Herausforderungen suchen.

75 SELVAPIANA

Erzeuger
Selvapiana
Località Selvapiana, 43
50065 Pontassieve (FI)
Tel. 055 836 9848
Fax 055 831 6840

Direktoren
Federico Giuntini Antinori Masseti

Weinmacher
Franco Bernabei

Gründungsjahr
1827

Rebfläche
45 Hektar

Verkostung
nach Anmeldung

Francesco Giuntini ist eine der großen Persönlichkeiten des toskanischen Weins und ein integraler Bestandteil der Florentiner Aristokratie, die als Eigner von Schlössern und Landsitzen, Weinbergen und Olivenhainen bis in jüngste Zeit eine Vormachtstellung im Chianti Classico innehatten, durch Geburt und Heirat mit den anderen bedeutenden Familien verbunden, die seit dem späten Mittelalter und der Renaissance das öffentliche Leben in Florenz bestimmt haben. Ein kultivierter, in vielen Sprachen gebildeter Mann, in London und Paris nicht weniger zu Hause als in seiner Geburtsstadt, liebt er dennoch das Landleben, und er hat Selvapiana zum Modellgut des Chianti Rufina gemacht. Man kann ohne Übertreibung sagen, daß – hätte es Francesco Giuntini und die Familie Frescobaldi nicht gegeben – der einzige Teil des Chianti-Gebiets, der ähnlich langlebige und gut strukturierte Weine wie das Chianti Classico liefern kann, inzwischen fast völlig vergessen und seine Weine nur noch Schatten einer einst glorreichen Vergangenheit wären.

Selvapiana gehört den Giuntini seit 1827, als Michele Giuntini es erwarb, ein reicher Florentiner Bankier, der noch weitere große Besitztümer in anderen Teilen der Toskana hortete: Badia a Coltibuono im Chianti Classico und die Tenuta La Parrina in der Maremma, in der Nähe des Monte Argentario. Innerhalb einer Generation hatten sich die Weine von Selvapiana in der Gegend eine beträchtliche Reputation erworben: Auf einer Weinmesse gegen Ende der 1850er Jahre in Florenz wurden sie zusammen mit denen des Barone Bettino Ricasoli – der Mann, der auf Castello di Brolio die toskanische Weinwirtschaft revolutionieren sollte – der höchsten Qualitätsstufe zugerechnet.

Trotz der bemerkenswerten Vergangenheit standen die Dinge auf Selvapiana sehr zum Schlechten, als Francesco Giuntini vor 35 Jahren die Leitung des Guts übernahm. Die schöne Villa, die um einen trutzigen, definitiv zu militärischen

Zwecken bestimmten mittelalterlichen Turm gruppiert ist, war zwar ein sehr angenehmer Wohnsitz, doch die Weinberge und die Keller waren in desolatem Zustand. Dies war zu Beginn der Zeit des Massenexodus auf dem Land, als die Pächter ihre kleinen Bauernhöfe einfach verließen; bei den niedrigen Preisen, die für den Chianti Rufina bezahlt wurden, war es schwierig, Lohnarbeiter zu beschäftigen. Giuntini jedoch hielt durch, und die Verbesserung der Weine war sofort festzustellen: der 1967er, damals ein großer Erfolg, ist noch heute mit Genuß zu trinken. Man schuf den Markt für seinen Wein, und Selvapiana wurde zum Qualitätslabel in einer Zone, in der wirklich gut gemachter Wein schwer zu finden war.

Ein noch bedeutsamerer Schritt wurde 1979 unternommen, als man einen ausgebildeten Önologen anheuerte; etwas Seltenes in diesen Tagen, noch dazu im Chianti Rufina. Giuntini, ein sehr bescheidener, zum Understatement neigender Mensch, schreibt die Wahl seiner Berater einfach dem Glück zu; wahr daran ist: Niemand konnte voraussehen, daß Franco Bernabei – der seine Karriere auf Selvapiana begann – einmal einer der berühmtesten Weinmacher Italiens sein würde, dessen Taten und Triumphe von Weinjournalisten in aller Welt genau verfolgt werden. Doch das Glück ist, wie Machiavelli (und vor ihm diverse antike Schriftsteller) bemerkte, dem Tapferen hold; und so hatte Giuntinis Wahl höchst bedeutsame Konsequenzen für seine eigenen Weine wie für die der Toskana insgesamt. Zusammen bestimmten sie die guten Lagen des Betriebs, sie vinifizierten ihre Erträge separat und schufen die Selektionen, die bestätigen, daß das Chianti Rufina mit dem gehörigen professionellen Vorgehen mit den besten Erzeugnissen des Chianti Classico konkurrieren kann: Chianti Rufina Riserva, der hundertprozentige Sangiovese Riserva von der Lage Bucerchiale, der Riserva Fornace mit einem geringen Anteil Cabernet Sauvignon sowie der süße, bernsteinfarbene Vin Santo.

Empfohlene Weine

Chianti Rufina Riserva Vigneto Bucerchiale

Chianti Rufina Riserva Fornace

Vin Santo

76 TENUTA DI CAPEZZANA

Erzeuger
Tenuta di Capezzana
Via di Capezzana, 100
50040 Carmignano (PO)
Tel. 055 870 6005
Fax 055 870 6673

Direktor
Ugo Contini Bonacossi

Weinmacher
Stefano Chioccioli

Gründungsjahr
1950

Rebfläche
130 Hektar

Verkostung
nach Anmeldung

Carmignano liegt 15 Kilometer nordwestlich von Florenz, doch wichtiger als die genaue Lokalisation ist vermutlich die Bedeutung des Weinbaus, der die Stadt zuerst mit hochwertigem Wein versorgte. Im späten Mittelalter und zu Beginn der Renaissance war er eines der meistgeschätzten Produkte auf dem Florentiner Markt und erzielte bis zu viermal höhere Preise als die Weine aus allen anderen Zonen der Toskana. Die Medici waren gewiß nicht immun gegen den Ruf dieser schönen Hügellandschaft; zwei der berühmtesten Villen der Medici, Artimino und Poggio a Caiano, sind in der Zone Carmignano zu finden.

Die jüngere Geschichte war etwas unfreundlicher: Als 1932 das Gebiet des Chianti durch ein ministerielles Dekret aufgeteilt wurde, verlor Carmignano seine Unabhängigkeit; es ging in der größeren, deutlich geringer bewerteten Zone Chianti Montalbano auf. Die Weine litten unter dem Verlust der Identität, des eigenen Profils, doch bessere Zeiten standen bevor. Der Mann, der fast allein die Auferstehung zustande brachte, war Ugo Contini Bonacossi von der Tenuta di Capezzana, dem größten und wichtigsten Erzeuger von Carmignano und Herr über ein Besitztum, das die Produktion von Wein seit den Zeiten Karls des Großen dokumentarisch nachweisen kann.

Mit einem brillanten Schachzug nützte Contini Bonacossi die große Vergangenheit Carmignanos für seinen Kampf, er spannte die Großherzöge der Medici vor seinen Karren. Cosimo III. de' Medici, vorletzter Medici-Herrscher im frühen 18. Jahrhundert und ein erbarmungsloser Psychopath, experimentierte begeistert mit Wein und hatte auf seiner Villa in Artimino Hunderte von Sorten aus ganz Europa zur Verfügung. Der Cabernet Sauvignon befand sich darunter, und auch in der mündlichen Überlieferung des gemeinen Volks war diese Sorte präsent. Contini Bonacossi schlug vor, für den Carmignano eigene Regeln festzulegen, die sich von denen für den Chianti Montalbano unterschieden; der Cabernet sollte zusammen mit dem Sangiovese ein fester Bestandteil der Cuvée werden, und es gelang ihm, der Zone Carmignano und ihrem Wein ein neues Profil zu verschaffen, das für über vierzig Jahre verlorengegangen war.

So wichtig dieser Erfolg war, Ugo Contini Bonacossi betrachtet legislative Winkelzüge nicht als sein Hauptziel. Den größten Teil seines Erwachsenenlebens – nach seinem agrarwissenschaftlichen Studium arbeitete er in der Dritten Welt beim Bau von Dämmen und Bewässerungssystemen – widmete er Capezzana und seinen Weinbergen. Der Carmignano Riserva, den er schuf, war für Jahrzehnte der beste Wein der Zone, und wenn er heute auf wachsende Konkurrenz stößt, kann er mit Fug und Recht sagen, daß die jungen Erzeuger an seinen zahlreichen exzellenten Jahrgängen gelernt haben. Er hat keine Gelegenheit ausgelassen, um die Weine seines Guts zu verbessern, und als er zur Zeit des Rebschnitts das Château Lafite besuchte, nutzte der die Gunst der Stunde und fragte den Vorarbeiter: »Haben Sie etwas dagegen, wenn ich einige Triebe mitnehme?« – »Nicht im geringsten«, war die Antwort, die eine gewisse Befriedigung darüber ausdrückte, daß ein Teil der Triebe nicht eingesammelt und verbrannt werden sollte. Sie wurden die Basis des Ghiaie della Furba, eines klassischen Bordeaux-Blend aus Cabernet Sauvignon, Cabernet Franc und Merlot, der im Lauf der Jahre ständig verbessert wurde. Der dritte Hauptwein von Capezzana, Villa di Trefiano, liegt nun in den Händen seines Sohnes Vittorio Contini Bonacossi, der in die Fußstapfen seines Vaters trat und alle seine Zeit und Aufmerksamkeit diesem Teil des Guts widmet. Er hat einen Wein konzipiert, der mit dem Villa Capezzana Riserva konkurriert, aber eine unverkennbare, eigenständige Persönlichkeit besitzt.

Empfohlene Weine

Carmignano Villa Capezzana Riserva

Carmignano Villa di Trefiano

Ghiaie del Furba *aus Cabernet und Merlot*

77 FATTORIA AMBRA

Erzeuger
Fattoria Ambra
Via Lombarda, 85
50042 Carmignano (PO)
Tel. 055 871 9049

Direktor
Giuseppe Rigoli

Weinmacher
Giuseppe Rigoli

Gründungsjahr
1955

Rebfläche
15 Hektar

Verkostung
nach Anmeldung

Ambra gehört seit 1830 der Familie Rigoli, doch füllt das Gut seine Weine erst seit Mitte der 1950er Jahre selbst ab. Es waren angenehme Produkte, nach den Erfordernissen der Zeit gemacht, und nach dem Auftauchen einer neuen Generation in Person von Giuseppe Rigoli verzeichneten die 1980er und 1990er Jahre einen ganz anderen Qualitätsstandard. Als an der Universität Florenz ausgebildeter Agrarwissenschaftler brachte er eine völlig neue Auffassung in die Arbeit in Weinbergen und Keller. Er kann auf eine große Erfahrung aus der Tätigkeit an verschiedenen Orten zurückgreifen, die seine methodischen und technischen Entscheidungen leiten: Ambra war bis vor kurzem einfach zu klein, um davon leben zu können, weshalb er für eine ganze Reihe von Gütern in mehreren Zonen der Toskana als Berater arbeitete. Derartige Gelegenheiten sind eine unschätzbare kulturelle und technische Bereicherung, und Rigoli ist der erste, der hervorhebt, daß er enorm von diesem Teil seines Arbeitslebens profitiert.

Rigoli ist vom Potential des Carmignano als Qualitätsweingebiet absolut überzeugt und verweist auf sein historisches Renommee, das auf Weinen gründet, die weit vor dem Chianti oder dem Montepulciano bekannt waren. Die Zone ist in gewisser Weise eine Anomalie in der Toskana, da sie, wie Montecarlo di Lucca, nördlich des Arno liegt. Im allgemeinen nehmen die Temperaturen und die Lichtfülle zu, je weiter man durch das Chianti Classico nach Süden geht; spätreifende Sorten wie der Sangiovese und der Cabernet Sauvignon haben es im Süden leichter. Carmignano genießt jedoch den Vorteil niedriger Höhe; es ist ein Hügelland wie fast alle guten Bereiche der Toskana, aber mit maximalen Höhen von 150 bis 200 Metern, wodurch die Reifung beschleunigt wird. Die Weine sind nicht die mächtigen, fleischigen Produkte, man darf nicht die Intensität erwarten, die etwa einem Brunello eignet; doch sie verfügen über Finesse und

Ausgewogenheit, und die Eleganz der guten Exemplare des Carmignano findet den Beifall vieler Konsumenten, die ihre Wahl zu treffen wissen.

Interessanterweise liegt Rigolis bedeutendster Weinberg auf einem der höheren Hügel in der Zone Montalbiolo; seine Reputation ist daran zu erkennen, daß er vor 115 Jahren in Emanuele Repettis historisch-geographischem Wörterbuch der Toskana erwähnt wurden, und zwar als wichtige Quelle ausgezeichneter Trauben. Der Jahrgang 1992 des Carmignano bewies, daß Repettis Meinung nicht aus der Luft gegriffen war. Während viele berühmte Weinberge in südlichen Teilen der Region von Regenstürmen überflutet wurden, die die Trauben zerstörten oder faulen ließen, reiften in Montalbiolo der Sangiovese und der Cabernet, bevor der Regen kam, und ergaben Weine, die zu den besten Toskanern des Jahrgangs gehören. Dieser Lage zu Ehren nennt Rigoli seinen Riserva »Montalbiolo«, und er erklärt in einem Zusatz, worin ihr Vorzug besteht: »Le Vigne Alte«, hochgelegener Weinberg.

Mit dem Jahrgang 1995 erschien ein weiterer Riserva, der Elzana, der ähnlich sorgfältig aus Sangiovese und Cabernet verschnitten wird und ebenso in Barriques und in 600 bis 700 Liter fassenden französischen Eichenfässern reift. Rigoli hat von der Liebe zu seinem ersten wichtigen Wein nichts verloren, doch erwartet er auch vom Elzana Riserva Großes. Wie Nietzsche bemerkte, es wäre der ein schlechter Schüler, der seinen Meister nicht zu überflügeln versuchte.

Empfohlene Weine

Carmignano Riserva Le Vigne Alte Montalbiolo

Carmignano Riserva Elzana

78 CASALE-FALCHINI

Erzeuger
Azienda Agricola
Casale-Falchini
Via di Casale, 40
53037 Casale-San
Gimignano (SI)
Tel. 0577 941 305
Fax 0574 372 04

Direktor
Riccardo Falchini

Weinmacher
Giacomo Tachis

Gründungsjahr
1964

Rebfläche
35 Hektar

Verkostung
nach Anmeldung

Der Wert von Immobilien, von Grund wie von Häusern, ist in der Toskana seit den 1960er Jahren enorm gestiegen; eine kleine Investition vor dreißig Jahren kann heute Millionen wert sein. Es ist leicht, sich romantische Vorstellungen vom Landleben zu machen, und ganz besonders von dem in der Toskana; der Gedanke, ein altes Bauernhaus in diesen Hügeln zu besitzen, mitten in den Weinbergen und Olivenhainen, die schon von den größten Malern der abendländischen Kunst konterfeit wurden, hat Menschen aus aller Welt angezogen. Und doch hatten die Bauern dieser Gegend vor einer Generation nichts Eiligeres zu tun, als den Ort zu verlassen, an dem ihre Familie jahrhundertelang gelebt hatte. Für sie war das Landleben nichts weiter als eine endlose Schinderei, um das Überleben zu sichern, und die malerischen Häuser waren primitive Behausungen – ohne Heizung, Strom, fließendes Wasser –, in deren Erdgeschoß das Vieh untergebracht war.

Wie wenig ein Winzerbetrieb wert war, ist am Gut Casale von Riccardo Falchini zu sehen, dessen Familie es seit Mitte der 60er Jahre innehat. Es mußte nicht einmal gekauft werden. Die Falchini waren Bauunternehmer, die auch Häuser restaurierten, und Casale wurde ihnen von einem klammen Kunden überschrieben, um Schulden zu begleichen. Die ersten Jahre waren alles andere als leicht; es war auf dem Land eine Zeit politischer Unruhe, denn die Bauern, zum größten Teil frühere Pächter, betrachteten das Land, das sie schon immer bestellt hatten, in gewisser Weise als ihr Eigentum. Sie waren gegenüber neuen, unbekannten Besitzern entschieden unfreundlich, oft unverhohlen feindselig. Der Vernaccia, das Hauptprodukt der Weinberge von San Gimignano, war nicht sehr gefragt, trotz seiner langen, bedeutenden Geschichte. Nur die Verleihung des DOC-Status 1966, die erste derartige Anerkennung im italienischen Wein, rettete den Vernaccia di San Gimignano vor dem anscheinend unausweichlichen völligen Niedergang.

Riccardo Falchini glaubte jedoch an die Zone und ihren Wein, und sein Vernaccia löste sich allmählich aus der anonymen Masse; er gewann Profil als Wein von Charakter und Qualität. Falchini aber war ein Mann mit großer Erfahrung und großem Horizont; seine Frau war eine Amerikanerin, und seine Söhne studierten in den USA. Er hatte kein Interesse daran, den Hecht im Karpfenteich zu spielen, er wollte in einer größeren Welt zur Konkurrenz antreten. In dieser Überzeugung wurde er von seinem langjährigen Freund bestärkt, dem Önologen Giacomo Tachis, der San Gimignano auch für ein Rotweingebiet hielt. Das grenzte an Häresie in einem Kontext, wo die Winzer und Händler darauf aus waren, den Strom von Touristen – die die berühmten mittelalterlichen Türme der Stadt sehen wollten – mit leicht zu trinkenden Weinen zu versorgen.

Wenige Männer und Frauen sind so gut gerüstet, hochwertigen Rotwein zu machen, wie Giacomo Tachis, und es ist daher keine Überraschung, daß er in San Gimignano ebenso reüssierte wie anderswo. Ein wenig überraschend war allerdings das Ausmaß seines Erfolgs; der Debüt-Jahrgang des Campora, Casales Cabernet von 1985, wurde in der italienischen wie in der ausländischen Presse enthusiastisch gefeiert; Jancis Robinson, eine der einflußreichsten Weinkritikerinnen der Welt, nannte ihn einen makellosen, praktisch perfekten Wein. Bald schloß sich der Paretaio an, ein Sangiovese, der bewies, daß diese große einheimische Traube auch in einer Gegend bedeutsame Ergebnisse erzielen kann, wo sie nur zu simplen Kneipweinen gebraucht wurde. Riccardo Falchini darf zu Recht annehmen, daß er glänzend bestätigt wurde und daß seine Ideen in seiner Zone eine Revolution auslösten. Aber er ist der Bescheidensten einer, und er widmet seine Zeit der weiteren Verbesserung der bahnbrechenden Weine, die er geschaffen hat.

Empfohlene Weine

Vernaccia di San Gimignano Riserva Vigna a Solatio

Paretaio
aus Sangiovese

Campora
aus Cabernet Sauvignon

79 MARCHESI PANCRAZI

Erzeuger
Proprietà
Marchesi Pancrazi
Via Montalese, 156
50045 Montemurlo (PO)
Tel. 0574 652 439
Fax 0574 652 157

Direktor
Vittorio Pancrazi

Weinmacher
Nicolò D'Afflitto

Gründungsjahr
1965

Rebfläche
5 Hektar

Verkostung
nach Anmeldung

Es kommt nicht so häufig vor, daß ein großer Wein das Ergebnis einer falschen Überlegung oder eines Fehlers war. Doch dies trifft für den Pinot Noir von Pancrazi zu, der sich nicht nur als einer der besten in Italien etabliert hat, sondern auch als einer der wenigen mit einem besonderen, unverkennbar burgundischen Charakter. Seine Geburt verdankt er einem Fehler, den eine Rebschule machte.

Die Geschichte begann Mitte der 1970er Jahre, als Marchese Vittorio Pancrazi, ein warmherziger Landedelmann bester toskanischer Tradition, vor der Notwendigkeit stand, einen Teil der Weinberge auf seinem Gut Bagnolo, einer herrlichen Renaissancevilla nordwestlich von Florenz, neu zu bepflanzen. Als ein sehr stilvoller Mann, der mit einer Strozzi verheiratet war (die Strozzi sind eine der großen Florentiner Familien, einst mächtige, unermeßlich reiche Bankiers von Königen und Potentaten), widmete sich Pancrazi seinen Weinbergen vor allem aus persönlichem Interesse und zu seinem eigenen Plaisir, um die Kultur seiner angestammten Klasse lebendig zu halten. Ökonomische Motive waren bestenfalls zweitrangig; Rebflächen machten nur einen kleinen Teil seines Besitzes aus, und wenn man auf Bagnolo überhaupt Einkünfte aus der Landwirtschaft erzielte, dann aus den ausgedehnten Olivenhainen und der Ölmühle. Das kühle Klima in diesem Teil der Toskana macht den Weinbau zu einem sehr zweifelhaften Unternehmen, und auf den Wein als nennenswerte Gewinnquelle zu zählen wäre damals schlicht lächerlich gewesen.

Sangiovese war die Hauptrebe auf Bagnolo ebenso wie in den meisten anderen Teilen der Toskana, und diese Sorte hatte man in der Rebschule bestellt. Doch als die jungen Pflanzen nach drei, vier Jahren ihre erste Frucht trugen, fiel selbst einem ungeschulten Auge Merkwürdiges auf. Die kleinen, tannenzapfenförmigen Trauben mit sehr kleinen Beeren hatten mit keiner der bekannten Spielarten des Sangiovese zu

tun. Doch maß Pancrazi dem keine größere Bedeutung bei, da die Trauben von diesen neuen und ungewöhnlichen Reben ohnehin mit anderen Sorten des Guts verschnitten wurden.
Im Jahr 1988 nun faßte man den Entschluß, die Qualität der Weine von Bagnolo insgesamt anzuheben. Als Teil des Projekts zog man einen Weinberater hinzu: Nicolò d'Afflitto, selbst aus einer alten Florentiner Adelsfamilie stammend, der am Institut Œnologique der Universität Bordeaux studiert hatte, der bedeutendsten einschlägigen Institution der Welt.
Er hatte Vittorio Pancrazis Angebot, die Weinbereitung zu organisieren, mit nicht geringer Skepsis angenommen; Montemurlo, der Sitz des Guts, hat ein recht kühles Klima, und noch nie hatte in diesem Teil der Toskana jemand Wein von Bedeutung gemacht. Als er die jungen »Sangiovese«-Weinstöcke sah, war er allerdings überrascht und fasziniert. Er klärte die Situation sofort: »Sie haben Pinot Noir hier, keinen Sangiovese«, sagte er Pancrazi, »und bei diesem Klima ist das die einzige Traube, die überhaupt eine Chance hat, Wein von echter Qualität zu liefern.«
Bei späteren Reisen nach Burgund sah Pancrazi, daß er auch über die richtigen geologischen Verhältnisse verfügte: Der grüngeäderte Kalkstein in seinem Boden war demjenigen in der Côte d'Or sehr ähnlich. Die ersten Weine, die unter d'Afflittos Leitung entstanden, 1988 und 1989, hatten echten burgundischen Charakter und sind seitdem noch besser geworden. Neue Fässer für den Ausbau und ein neuer, schonender arbeitender Entrapper haben die Weine der 1990er Jahre weiter verbessert. Gegenwärtig ist dieser Pinot Noir ein in Italien einzigartiges Produkt, ein Wein von echter Persönlichkeit und Charakter, der nach zehn Jahren noch keinen fehlgeschlagenen oder enttäuschenden Jahrgang aufzuweisen hat.

Empfohlene Weine

Pinot Nero
Villa di Bagnolo

80 TENUTA DI GHIZZANO

Erzeuger
Tenuta di Ghizzano
Via della Chiesa, 1
56030 Ghizzano di Peccioli (PI)
Tel. 0587-630096
Fax 0587-630162

Direktor
Ginevra Venerosi Pesciolini

Weinmacher
Luca D'Attoma

Gründungsjahr
1980

Rebfläche
13 Hektar

Verkostung
nach Anmeldung

Alte toskanische Familien, die im Weingeschäft tätig sind, sind in der Region nicht gerade selten, doch wenige haben eine so ehrwürdige Geschichte wie die Venerosi Pesciolini von der Tenuta di Ghizzano in der Provinz Pisa, Grafen und Nachkommen eines gewissen Nambrot, der mit den Franken Karls des Großen nach Italien kam. Ghizzano, das sie seit dem 14. Jahrhundert in Besitz haben, liegt auf einem Hügel zwischen dem Arno und der alten etruskischen Stadt Volterra und stellt mit über 400 Hektar ein recht großes Gut dar. Bis in jüngste Zeit war das ausgezeichnete Olivenöl das Hauptprodukt, und noch immer wird die eigene Ölpresse eingesetzt, um die Herstellung in allen Einzelheiten steuern zu können.

Inzwischen hat der Wein allerdings das Öl aus dem Mittelpunkt des Interesses verdrängt. Es war ein sehr langsam verlaufender Prozeß, der 1968 begann, als man den ersten Wein unter eigenem Etikett abfüllte, und drei Jahrzehnte andauerte. Conte Pierfrancesco Venerosi Pesciolini, der gegenwärtige Besitzer des Guts, erkennt bereitwillig an, daß er viel vom Rat anderer gelernt und profitiert hat; vor allem nennt er zwei Namen. Der erste ist Pier Mario Meletti Cavallieri, ein Weinerzeuger in Bolgheri in der toskanischen Maremma und langjähriger Freund; er war es, der den Anstoß zur Verbesserung der Weine gab und Pesciolini überzeugte, daß er den Boden und das Klima dazu zur Verfügung hatte. Der andere ist Gabriele Cionini, ein Restaurantbesitzer im nahen Pisa, der seinen Wein auf alle erdenkliche Weise unterstützte; er setzte ihn auf seine hervorragende Weinkarte und nötigte seine Klientel, ihn zu probieren. In den späten 1980er Jahren übersiedelte Cionini nach Paris, wo er italienische Weine verkaufte und in der Nähe der Place des Vosges eine Enoteca eröffnete, ein Schaufenster für italienischen Wein und italienische Gastronomie. Klar, daß er auch jenseits der Alpen Werbung für Ghizzano machte.

»A little help from one's friends«, war natürlich nicht das ganze Programm. Eine deutliche Verbesserung der Weine war nach 1983 zu verzeichnen, als Cabernet Sauvignon an-

gepflanzt und die ersten Barriques verwendet wurden. Der herausragende Veneroso 1985, ein in kleinen Fässern gereifter Sangiovese-Cabernet-Verschnitt, öffnete sozusagen die Augen, er zog die Aufmerksamkeit auf die Weine von Ghizzano.

Ein weiterer großer Schritt fand in den 1990er Jahren statt, als Ginevra Venerosi Pesciolini, die Tochter des Eigentümers und Doktorin in modernen Sprachen, mit Verwaltung, Verkauf und Public Relations betraut wurde. Sie konnte mit ständig besseren Weinen arbeiten, dank der Anstrengungen von Weinmacher Luca d'Attoma, der praktisch unbekannt war, als man ihn 1991 engagierte, und heute ein brillantes Talent in der jüngeren Generation der Önologen ist.

Expansion ist zur Zeit das Thema, ein Pflanzungsprogramm wird die gesamte Rebfläche auf 25 Hektar wachsen lassen. Inzwischen haben die Weine eine klare Physiognomie erhalten. Der normale Chianti war schon immer jung zu trinken, doch ist er jetzt runder, er hat mehr Frucht und eine ausgeprägtere Persönlichkeit. Der Veneroso, der aus 45 Prozent Cabernet Sauvignon, 40 Prozent Sangiovese und 15 Prozent Merlot besteht, ist deutlich zuverlässiger geworden, man muß nicht mehr auf Jahrgänge wie 1985 oder 1995 warten, um erstklassigen Wein zu trinken. Das wichtigste Gewächs des Hauses jedoch verspricht der Nambrot zu werden, der nach dem Urvater der Familie benannte reine Merlot, der schon in seinem ersten Jahrgang, 1996, beweist, daß die Toskana aus dieser Traube Weine machen kann, die zu den besten der Welt gehören.

Empfohlene Weine

Veneroso
aus Cabernet Sauvignon, Sangiovese und Merlot

Nambrot
aus Merlot

81 FATTORIA UCCELLIERA

Erzeuger
Fattoria Uccelliera
Via Pontita, 26
56043 Fauglia (PI)
Tel. 050 662 747
Fax 050 662 663

Direktor
Antonio Bulleri

Weinmacher
Dr. Stefano Chioccioli

Gründungsjahr
1960

Rebfläche
12 Hektar

Verkostung
nach Anmeldung

Bis vor kurzem war die Provinz Pisa hauptsächlich für leichte, unkomplizierte Rotweine bekannt, die in sorgloser Jugend zu trinken waren, für angenehme Produkte, die einfach Spaß machen sollten. Sie verlangten von den Konsumenten wenig, und nicht wenige Weinjournalisten beklagten das Verschwinden der Zeit, da der Wein im wesentlichen für den unmittelbaren Genuß gedacht war und man ihm nicht mit der schrecklichen Ernsthaftigkeit begegnete, die den heutigen »Connaisseur« (allein das Wort signalisiert schon eine ganz andere Mentalität) charakterisiert.

Es gibt indes keinen Grund, warum die pisanischen Erzeuger keinen Ehrgeiz hätten entwickeln sollen. Und es wäre schon sehr merkwürdig, wenn – in einer Epoche, in der die großen Weine der Toskana Märkte eroberten, die vor fünfzehn Jahren kaum von ihrer Existenz wußten – die bedeutenden Güter der Provinz das Potential der klimatischen und geologischen Bedingungen nicht auszureizen versuchten. Ein Gut, das dies seit Ende der 1980er Jahre getan hat, und zwar mit wachsendem Erfolg, ist die Fattoria Uccelliera, deren Areale sich in der Nähe der Stadt Fauglia über eine Reihe von niedrigen Hügeln (150 bis 200 Meter über dem Meer) ausbreiten. Der Boden ist leichter als in der Zentraltoskana, er ist sandiger und enthält weniger Kalkmergel und Kalkstein als zum Beispiel im Chianti Classico, doch ein präziser Weinbau hat keine Schwierigkeiten, die vielen natürlichen Vorzüge der Gegend zu nützen. Livorno und das Mittelmeer sind nur 18 Kilometer entfernt, und die warmen mediterranen Winde und das helle Licht sorgen für ein sehr gutes Mesoklima.

Antonio Bulleri, Eigentümer und Direktor des Guts, ist ein ernster Mann, vor allem aber einer, der diesen Teil der toskanischen Lande herzlich liebt und ihn zu einer Art Paradies für lokale Flora und Fauna gemacht hat. Es ist ebenso ein Zoo wie eine funktionierendes Gut, und die Besucher können über Fasane, Wildschweine und Rehe stolpern, die sich frei im Gelände bewegen.

Natürlich ist der Wein die Hauptaufgabe, und in den letzten Jahren war eine erstaunliche Qualitätssteigerung festzustellen. Dies ist zum großen Teil fraglos der sachkundigen Beratung durch einige der talentiertesten toskanischen Önologen zu verdanken, zunächst Vittorio Fiore und heute Stefano Chioccioli, der nach einer brillanten Karriere an der Universität Florenz in Weinberg und Keller seine Ausnahmebegabung demonstriert. Die zwei ursprünglichen Weine, ein simpler Chianti und ein Weißwein auf der Basis von Trebbiano, wurden durch Weine von völlig anderem Zuschnitt ersetzt: durch den Castellaccio Rosso aus Sangiovese mit etwas Cabernet Sauvignon und den Castellaccio Bianco, einen in kleinen Eichenfässern vergorenen und ausgebauten Chardonnay. Die Weinberge werden gegenwärtig beträchtlich erweitert, und auch hier ist ein gänzlich neues Denken am Werk. Die Rebstöcke werden sehr dicht gepflanzt, 5500 Stück pro Hektar, und neue Varietäten kommen hinzu, um den Weinen größere Komplexität und Fülle zu verleihen: Syrah und Petit Verdot für die Rotweine, Viognier und Sauvignon Blanc für die Weißen. Wenn alles nach Programm verläuft, wird die Herablassung, mit der der Rest der Toskana den Weinen von Pisa begegnet, bald der Vergangenheit angehören.

Empfohlene Weine

Castellaccio Bianco
aus Chardonnay

Castellaccio Rosso
aus Cabernet Sauvignon und Sangiovese

DOC-Bereiche und -Bestimmungen

Das italienische System der kontrollierten Herkunftsbezeichnungen wurde 1963 per Gesetz festlegt. Es ist offensichtlich nach dem französischen System der Appellation contrôlée von 1935 gestaltet und verfährt mehr oder weniger nach denselben Prinzipien. Bestimmte Zonen werden geographisch exakt abgegrenzt, und der Wein, der in diesen Zonen produziert wird, erhält einen bestimmten Namen (*denominazione,* das »D« in »DOC«), der die Herkunft (*origine,* das »O« in »DOC«) garantiert. Um sicherzustellen, daß Qualitätsstandards beachtet werden und der typische Charakter des Weins gewahrt bleibt, werden die verschiedenen Stadien des Produktionsprozesses kontrolliert (das »C« in »DOC« steht für *controllata*), sowohl im Weinberg wie im Keller. Pflanzdichte, Erziehungs- und Rebschnittsysteme sowie Hektarertrag sind ebenso festgelegt wie die verwendbaren Rebsorten, der Mindestalkoholgehalt, der Säuregehalt und weitere chemisch-analytische Parameter. Verkostungskommissionen prüfen die Weine auf Einhaltung der festgelegten Standards.
Ein italienischer DOC-Wein ist daher ein Wein mit einem vorgeschriebenen Namen, der garantiert, daß seine Trauben aus einem bestimmten Gebiet kommen und daß er nach den Bestimmungen über allgemeine Qualitätsstandards hergestellt wurde. Eine noch höhere Kategorie, »DOCG«, bestätigt, daß die Qualität des Weins »garantiert« wird *(garantita),* außerdem sind die Qualitätsanforderungen strenger. In der Toskana haben sechs Produktionszonen den DOCG-Status erhalten: Brunello di Montalcino, Carmignano, Chianti Classico, Chianti mit seinen sechs Subzonen, Vino Nobile di Montepulciano und Vernaccia di San Gimignano.

Chianti Classico

- Bereich: Gemeindegebiete von Greve (mit Panzano), Radda, Castellina und Gaiole, dazu Teile der Gemeindegebiete von Barberino Val d'Elsa, Castelnuovo Berardenga, Poggibonsi, San Casciano Val di Pesa und Tavarnelle Val di Pesa.
- Traubensorten: Sangiovese (75–100 %), Canaiolo Nero (max. 10 %), andere rote Sorten (max. 15 %).
- Ertrag: 7,5 t pro ha (52,5 hl pro ha).
- Alkoholgehalt: 12 Vol.-% (Chianti Classico Riserva: 12,5 Vol.-%).
- Reifung: 7 Monate, 2 Jahre und 5 Monate für Chianti Classico Riserva. Ausbau in Holz nicht vorgeschrieben.

Brunello di Montalcino

- Bereich: Gemeindegebiet von Montalcino.
- Traubensorten: Brunello (Sangiovese).
- Ertrag: 8 t pro ha (56 hl pro ha).
- Alkoholgehalt: 12,5 Vol.-%.
- Reifung: 4 Jahre und 2 Monate (frühestes Verkaufsdatum: 1. Januar im 5. Kalenderjahr nach der Ernte); 5 Jahre und 2 Monate für den Riserva. Mindestens 24 Monate Ausbau in Holz.

Montepulciano

- Bereich: Gemeindegebiet von Montepulciano.
- Traubensorten: Prugnolo Gentile (Sangiovese) 60–80 %, Canaiolo Nero, 10–20 %, andere rote Sorten max. 20 %.
- Ertrag: 8 t pro ha (56 hl pro ha).
- Alkoholgehalt: 12,5 Vol.-%.
- Reifung: 2 Jahre und 2 Monate (frühestes Verkaufsdatum: 1. Januar des dritten Kalenderjahres nach der Ernte), 3 Jahre für Riserva. Mindestens 24 Monate Ausbau in Holz.

Die DOC-Bestimmungen für den Vino Nobile di Montepulciano werden gegenwärtig revidiert. Es soll erlaubt werden, den Wein ausschließlich aus Sangiovese zu machen, die vorgeschriebene Lagerzeit in Holz soll auf 12 Monate gesenkt werden. Die neuen Bestimmungen sollen ab dem Jahrgang 1998 gelten, der frühestens 2001 in den Handel kommt.

Weine

Sangiovese

Die dominierende Traubensorte im mittelitalienischen Weinbau ist zweifellos sehr alt, man führt sie bis in etruskische Zeit zurück. Der Rebstock ist von kräftigem Wuchs, die Trauben wie auch die Beeren sind mittelgroß. Die Trauben sind sehr kompakt, was in regenreichen Jahren – und in ihren klassischen Anbaugebieten sind kräftige Niederschläge Ende September, Anfang Oktober durchaus nicht selten – zu Problemen mit Fäule führen kann. Als spätreifende Sorte benötigt sie eine gute Sonnenexposition, um ausreichend Zucker zu bilden und ihre Rauheit abzumildern. Die Weine sind von mittelkräftiger Farbe und duften intensiv, oft besitzen sie ein deutliches Veilchenbukett. Die Traube ist reich an Tanninen und Säure, weshalb sie häufig mit anderen Sorten verschnitten wird, um dem Wein einen runderen, weicheren Charakter zu geben. In ihrer sensiblen Reaktion auf die Lage wird sie oft mit der Pinot Noir verglichen; in den besten Weinbergen ergibt sie kraftvolle, majestätische Gewächse, in weniger guten oft harte, scharf und dünn wirkende Weine.

Canaiolo

Die ehemals bedeutende Traubensorte der Toskana und Umbriens hat im 20. Jahrhundert gegenüber der Sangiovese viel Boden verloren, was zumindest teilweise auf die manchmal diffizile Verträglichkeit mit den amerikanischen Wurzelunterlagen zurückzuführen ist, die in Europa universell verwendet werden, um die Reben vor der Reblaus zu schützen. Die Tatsache, daß sie noch später reift als die Sangiovese und daß auch ihre dünne Schale den Oktoberniederschlägen weniger standhält, hat zu ihrem Popularitätsverlust beigetragen. Es gibt jedoch Anzeichen für eine Rückkehr der Canaiolo; bessere Klone könnten den Trend umkehren. Der Wein selbst ist elegant, fruchtig und weniger tanninbetont als der Sangiovese. Klassisch ist die Verwendung der Traube in Sangiovese-basierten Weinen, die sie weicher, milder und gefälliger macht, und das scheint auch ihre künftige Rolle zu sein.

Cabernet Sauvignon

Die große Traube des Bordelais, das Rückgrat der meisten berühmten Châteaus in Médoc und Graves, erzielt ihre besten Resultate auf steinigen Böden. Ihre Erträge sind bescheiden, Traube und Beeren sind ziemlich klein, und aufgrund des hohen Anteils an Häuten in der Maische sind die Weine farbstark und reich an Tannin. Dies beruht auch auf der dicken Beerenhaut, die zusammen mit den lockeren Trauben – die die Luftzirkulation erleichtern – eine hervorragende Fäuleresistenz bewirkt. Ein entscheidender Vorteil, da die Cabernet Sauvignon spät reift und nicht nur in ihrer Heimat, sondern auch in der Toskana selten vor der ersten Oktoberwoche geerntet wird. Für den Wein charakteristisch ist sein leicht vegetales Bukett, das manchmal mit grüner Paprika und Spargel verglichen wird, aber auch mit Rosmarin, Thymian und Oregano; das ist jedoch vom Reifegrad abhängig. In übermäßig kühlen Gegenden können diese Aromen unangenehm grasig werden, in wärmeren hingegen verleihen sie eine geschätzte Komplexität. Verschnitte aus Sangiovese und Cabernet Sauvignon gibt es seit Mitte der 1970er Jahre, und sie werden zunehmend populärer.

Merlot

Einst als die »zweite« Traube des Bordelais angesehen, hat die Merlot nach dem Zweiten Weltkrieg an Profil gewonnen und ist nun am rechten Ufer der Gironde – insbesondere in St-Émilion und Pomerol, deren schwere, lehmhaltigen Böden für Cabernet Sauvignon wenig geeignet sind – von zentraler Bedeutung. Sie ist ertragreicher als die Cabernet Sauvignon, hat jedoch dieselben kleinen Trauben und Beeren; die Traube ist kompakter und daher fäuleanfälliger. Merlot reift für eine Rotweintraube recht früh, weshalb sie auch auf kühleren Böden angebaut werden kann als andere Sorten; sie gedeiht besonders hervorragend in der Toskana, in der es viele Bereiche mit Lehmboden und hohen Temperaturen gibt, so daß sie in normalen Jahren vor dem 20. September geerntet werden kann, fast schon eine Versicherung gegen schädigenden Regen. Dunkelfarbig, säurearm und extraktreich, jedoch mit deutlich niedrigeren Tanninen als Cabernet Sauvignon und Sangiovese, eignet sich die Merlot sehr gut zur Cuvée mit diesen Sorten, deren Herbheit und Strenge sie reduziert. Gegenwärtig ist die Merlot in der Toskana sehr en vogue, sowohl für sortenreine Weine wie als Ergänzung der Sangiovese.

Die Weinherstellung

Die Umwandlung von Traubensaft (Most) in Wein ist ein vollständig natürlicher Prozeß: Die Hefepilze, die sich auf den Traubenhäuten befinden, formen den Zucker im Most in Alkohol und Kohlendioxid um. Dazu wird keine komplizierte oder geheimnisvolle Technologie benötigt; Wein ist seit Tausenden von Jahren Teil der menschlichen Kultur, viel längere Zeit, als irgendwelche technischen Mittel zur Verfügung standen. Der größte Teil der besten Weine der Welt wird in einem sehr schlichten Verfahren mit minimalen Eingriffen gemacht, um den Charakter der Trauben zu erhalten und ein möglichst natürliches Produkt zu erhalten, das der Traubensorte, der Lage und der Anbauregion uneingeschränkt Ausdruck verleiht.

In der Toskana sind die meisten großen Weine rot, und so sind die Verfahren der Rotweinbereitung am wichtigsten. Die geernteten Trauben werden entrappt, das heißt, Stiele und Zweige werden maschinell entfernt, und zwar in einem perforierten Zylinder, in dem ein Schlagwerk rotiert und die Trauben durch die gelochte Wandung hinausdrückt, während die Stiele im Zylinder bleiben. Die Trauben gelangen dann in die Traubenmühle, in der sich zwei Walzen gegensinnig drehen. Die Geschwindigkeit kann ebenso reguliert werden wie der Abstand der Walzen; je näher sie beieinander stehen, desto stärker werden die Trauben gequetscht. Im allgemeinen bevorzugt man sanftes Quetschen; übermäßiger Druck kann unerwünschte adstringierende Tannine aus den Häuten freisetzen, außerdem können die Kerne zerquetscht werden, deren bitterer Geschmack in den Wein gelangt. Der Traubensaft wird zusammen mit den Häuten in Gärtanks geleitet, die heute meist aus Edelstahl bestehen und gekühlt bzw. beheizt werden können, je nach den Erfordernissen. Innerhalb von 24 bis 48 Stunden setzt die Gärung ein, indem die Hefepilze den Zucker aufspalten, von dem sie sich ernähren. Eine Reihe von Erzeugern bevorzugen Reinzuchthefen anstelle der wilden Hefen aus dem Weinberg, doch auch diese Hefesorten sind Naturprodukte, selektiert und rein gezüchtet, keine Produkte chemischer Labors.

Die schnelle Vermehrung der Hefepilze und die Umwandlung des Zuckers in Alkohol erwärmen den gärenden Most, ein Phänomen, das die meisten Erzeuger und Weinmacher unter Kontrolle zu halten versuchen, indem sie die Maximaltemperatur auf 28–32 °C begrenzen. Wärme und Alkohol veranlassen die Häute – in denen die eigentliche Substanz des Weines steckt –, Farbe, Aromen und Geschmack abzugeben. Die Häute werden vom Kohlendioxid nach oben getrieben, so daß sich auf der Oberfläche ein fester »Tresterhut« bildet. Verschiedene Verfahren werden eingesetzt, damit dieser Hut nicht austrocknet und eine Essiggärung einsetzt, und – noch wichtiger – damit die Extraktion der wertvollen Substanzen aus den Häuten unterstützt wird. Meist geschieht das durch Umpumpen: Der gärende Most wird vom Tankboden durch einen Schlauch über den Hut gepumpt. In jüngster Zeit ist auch die Rückkehr zu der alten Methode zu beobachten, daß der Tresterhut manuell mit langen Stangen in den Most hinuntergedrückt wird, von Männern, die auf dem Tankdach stehen; auch dafür gibt es inzwischen mechanische Hilfsmittel.

Die Gärung ist die Phase, in der der Zucker verbraucht wird, und dauert normalerweise fünf bis neun Tage; doch die meisten Qualitätserzeuger lassen den Wein länger auf den Häuten mazerieren. Dies kann zehn bis dreißig Tage dauern, je nach den Zielen der Erzeuger, die sehr unterschiedlich sein können. Dann läßt man den Wein von der Maische ablaufen, er kommt zur Reifung in große oder kleine Holzfässer (Barriques).
Die Lagerung in Holz gibt den Weinen eine festere Struktur und schleift durch eine langsame, kontrollierte Oxidation, die durch die Poren im Holz hindurch stattfindet, die jugendliche Rauheit und Bitterkeit ab.
Besonders körperreiche Weine verlangen nach einer längeren Verweildauer im Holz, und nur sehr extraktreiche Weine können dem intensiven Holzkontakt standhalten, der in den Barriques herrscht.
Der Wein muß während seiner Reifung mehrmals in andere Fässer umgefüllt werden, um die Bildung unangenehmer Gerüche zu vermeiden und ihn von Trubstoffen zu befreien, die sich abgesetzt haben. Sorgfältiges Abziehen ergibt nicht nur sauberere Weine, es klärt den Wein und macht so übermäßiges Filtern vor der Abfüllung überflüssig.
Eine zweite Gärung ist ein weiterer notwendiger Schritt zu einem angenehm zu trinkenden Wein. Dies ist die sogenannte malolaktische Fermentation: Milchsäurebakterien – auch diese wildwachsend oder aus Reinzucht – überführen die scharfe, eckige Apfelsäure in die weichere, mildere Milchsäure; auch wird dadurch der Gesamtsäuregehalt stark verringert. Bedeutende Rotweine sind reich an Gerbstoffen, die zusammen mit Apfelsäure und hohem Säuregehalt einen herben, zusammenziehenden Geschmackseindruck am Gaumen hinterlassen; die Beherrschung der malolaktischen Gärung hat den Qualitätsstandard auf der ganzen Welt angehoben, nicht nur in der Toskana. Eine schonende Klärung mit Eiweiß oder Gelatine und/oder eine Filtrierung bei der Abfüllung vervollständigen den Vinifikationsprozeß.
Die Toskana ist wesentlich bekannter für ihre Rotweine, doch es gibt auch einige Weißweine von hoher Qualität, die meist aus Chardonnay oder Pinot Blanc gemacht werden und in kleinen Eichenfässern gären. Die Trauben werden manchmal entrappt wie beim Rotwein, doch viele Weinmacher ziehen die Pressung der ganzen Trauben mitsamt den Stielen vor. Den frisch gepreßten Saft läßt man über Nacht stehen, damit sich Verunreinigungen absetzen können; dieser Vorgang der Klärung durch Schwerkraft kann man durch leichte Kühlung beschleunigen. Der Most wird dann in kleine Holzfässer (meist Barriques mit 225 Liter Fassungsvermögen, aber auch 350- oder 500-Liter-Fässer) gepumpt, in denen er gärt.
Nach Beendigung der Fermentation bleibt der Wein auf der Hefe, die in regelmäßigen Abständen aufgerührt wird, um die Bildung von unangenehmen Gerüchen zu vermeiden und dem Wein mehr Substanz zu geben. Die malolaktische Gärung wird je nach Säuregehalt in Gang gesetzt oder unterbunden. Nach einer Reifezeit von sechs bis zwölf Monaten wird der Wein geklärt, schonend gefiltert und abgefüllt.

Lagern und servieren von Wein

Zwei Erfindungen des 17. Jahrhunderts brachten epochale Veränderungen in den Umgang mit dem Wein. Die eine war die Glasflasche mit dickeren, stärkeren Wänden, die durch heißere, holzkohlengefeuerte Öfen möglich wurde; zum ersten Mal konnte man Flaschen ohne das Problem des Glasbruchs lagern. Die andere war der Stopfen aus Kork, der die Flasche weit besser verschloß als alle bis dahin verwendeten Materialien. Er erlaubte, Wein ohne Einbußen über längere Zeit reifen zu lassen. Wein war seit Jahrtausenden Bestandteil der menschlichen Zivilisation gewesen, doch bis dahin mußte er jung getrunken werden. Jetzt konnte in Flaschen gefüllter Wein gelagert werden, in der Erwartung, daß er mit den Jahren – oder sogar Jahrzehnten – an Komplexität gewinnt. Ein neues Zeitalter war angebrochen.

Eine adäquate Lagerung von Wein ist in unserer modernen, technisch fortgeschrittenen Gesellschaft kein Problem. Flaschen sollten immer liegend aufbewahrt werden; der permanente Kontakt mit der Flüssigkeit verhindert, daß der Korken austrocknet, schrumpft und luftdurchlässig wird. Übermäßige Temperaturschwankungen sollten vermieden werden; eine Bandbreite im Verlauf eines Jahres von 7 bis 18 °C ist tolerierbar, ideal sind konstante Temperaturen von 10 bis 12 °C. Feuchtigkeit ist gut für die Elastizität des Korkens; ein Hygrometer sollte 75–80 % Luftfeuchtigkeit anzeigen. Ein kühler, feuchter Keller ist ideal, für Stadtmenschen aber nicht immer verfügbar. Auf jeden Fall sollte man die Nähe von Wärmequellen (Heizungen!) und starken Lichtquellen vermeiden. Ein ernsthafter Sammler wird oft nicht umhin können, einen einigermaßen geeigneten Raum zu isolieren und mit einem Klimagerät auszustatten.

Das richtige Servieren von Wein muß drei gleichermaßen wichtige Dinge beachten: das Weinglas, die Serviertemperatur und die Zeit, die man dem Wein zum Atmen gibt.

Gute Kristallgläser sind nicht nur ein ästhetisches Vergnügen, sie bringen auch Aroma und Duft besser zur Geltung. Ein Stielglas aus Kristall enthält Blei (je höher der Bleigehalt, desto besser die Qualität), das gewisse Unebenheiten auf der Glasoberfläche verursacht. Beim Schwenken des Weins im Glas setzen diese Irregularitäten mehr von den Duft- und Aromakomponenten frei. Gläser von einer gewissen Mindestgröße, die das Schwenken einfacher macht, tragen zum Genuß von körper- und strukturreichen Weinen bei und sind auch für toskanischen Wein zu empfehlen. Ein Glas mit einem 10–12 cm hohen Kelch ist völlig ausreichend, Gläser von der Größe eines Goldfisch-Aquariums sind höchst unhandlich und tragen nichts zum Weingenuß bei. Die Form sollte einer Tulpe ähneln, mit kleinerem Durchmesser am Rand als am Grund, wodurch sich das Bukett zwar entfalten kann, aber nicht zu rasch entweicht. Das Glas sollte nie zu hoch gefüllt werden, knapp bis zur Hälfte ist genug.

Gläser sollten aufrechtstehend und in einer neutralen Umgebung aufbewahrt werden, damit die Luft frei zirkulieren kann und sie keine störenden Fremdgerüche annehmen. Holzschränke mögen sehr hübsch sein, aber Glas ist porös und kann Gerüche nach Holz, Wachs oder Lack aufnehmen und an den Wein weitergeben.

Die richtige Temperatur ist für den Weingenuß ebenso wichtig. Bei niedrigen

Temperaturen treten Säuren und Tannine stärker hervor, bei höheren Temperaturen der Alkohol, und die Wahl der richtigen Balance ist der Schlüssel zur Freude am Wein. Pinot Noir sollte kühl getrunken werden, mit 15–16 °C, um seine Frucht zu betonen; ein Merlot, der normalerweise weiche Tannine besitzt, kann mit 17–18 °C genossen werden. Gerbstoffreichere Weine wie ein Sangiovese oder Cabernet Sauvignon sollten mit 18–19 °C getrunken werden, nicht kühler, um übermäßige Adstringenz zu vermeiden. Temperaturen von 20 °C und darüber lassen die Weine unweigerlich als zu alkoholisch erscheinen und vermindern Frucht und Frische. Große Weißweine sollten hingegen nicht allzu kalt serviert werden; sie sind keine »Drinks« und verlieren bei zu starker Kühlung ihre Charakteristik; für einen guten Chardonnay oder Pinot Blanc sind 12–13 °C ideal.

Das Dekantieren ist ein etwas kontroverses Thema. Einst verwendet, um Sedimente in der Flasche nicht ins Glas gelangen zu lassen, wurde es durch die modernen Verfahren der Weinbehandlung vor der Abfüllung überflüssig. Doch können junge Rotweine oft etwas aggressiv und kantig sein, wobei Tannine und Alkohol zu sehr hervorstechen; eine Sauerstoffzufuhr kann sie mildern und die Weine runder, balancierter erscheinen lassen. Kräftige junge Rotweine, besonders Sangiovese und Cabernet Sauvignon, profitieren im allgemeinen von einem Dekantieren etwa 30 Minuten vor dem Servieren. Ein länger – etwa fünf bis zehn Jahre – gereifter Wein sollte nur kurz, etwa 10 Minuten vor dem Einschenken, dekantiert werden. Ältere Weine können sehr fragil sein, das heißt, zuviel Sauerstoff kann sie zerstören; andererseits können lange Lagerzeiten leichte unerwünschte Gerüche hinterlassen, die rasch verschwinden, wenn der Wein umgefüllt wird. Fünf Minuten in der Dekantierflasche können daher 10–15 Jahre alten Weinen guttun. Sehr alte Weine sollten hinsichtlich Duft und Geschmack geprüft und – wenn kein Fehler festzustellen ist – sofort serviert werden.

Jahrgangsübersicht

1997 Während der ganzen Wachstumsperiode heiß und trocken, besonders warmer September. Runde, körper- und alkoholreiche Weine.

★★★★★

1996 Einiger Regen in September und Oktober resultierte in weniger dichten Weinen. Dennoch gab es auch gute, aromatische und runde Gewächse.

★★★

1995 Kühl bis Mitte September, doch ein wunderbarer Altweibersommer ließ die Trauben bis Ende Oktober voll ausreifen.

★★★★★

1994 Große Hitze in Juli und August ergab ungleichmäßige Qualität. Am besten sind die Weine aus der Maremma, aus Montalcino und den hohen Lagen des Chianti Classico.

★★★

1993 Perfekter Wetterverlauf bis in die zweite Septemberhälfte, dann durch Herbstregen leicht beeinträchtigt. Kräftige Statur, doch tanninreich; braucht noch etwas Zeit.

★★★★

1992 Ständiger Regen ab 25. September, allgemein schlechte Resultate.

★

1991 Regen Anfang Oktober, keine absolute Spitzenqualität; dennoch ausgewogene, elegante und aromatische Weine.

★★★

1990 So gut wie perfektes Wetter während der ganzen Wachstumsperiode, völlig trockener Herbst. In jeder Hinsicht herausragend.

★★★★★

1989 Fast den ganzen Sommer über und im Frühherbst kühl, kein Regen zur Erntezeit. Bestenfalls angenehme Weine.

★★

1988 Heiß und trocken von Anfang Juli bis zur Ernte. Sehr gut strukturierte, dichte und extraktreiche Weine.

★★★★

1987 Niederschläge zu Ende der Wachstumsperiode verwässerten ein vielversprechendes Jahr. Bestenfalls angenehme Weine.

★★

1986 Geschmeidige, fruchtige Weine, die jung sehr gut waren; zeigen jetzt Ermüdungserscheinungen.

★★★

1985 Hohe Temperaturen und sehr wenig Regen ergaben äußerst gehaltvolle Trauben und mächtige, langlebige Weine.

★★★★★

1985 war der erste Jahrgang mit einer nennenswerten Anzahl toskanischer Weine von hoher Qualität. Führende Erzeuger machten auch 1983, 1982, 19979, 1978, 1977 und 1975 gute Weine, doch sind diese Jahrgänge praktisch nicht mehr zu haben.

★★★★★	herausragend
★★★★	sehr gut
★★★	gut
★★	unterdurchschnittlich
★	schlecht

Glossar

Abgang: Der Geschmack des Weins, der nach den Schlukken am Gaumen verbleibt. Bei einem guten Weins hält dieser Nachgeschmack lange an.
Abzug: Das auch »Abstich« genannte Verfahren, den reifenden Wein durch Umfüllen in ein sauberes Faß vom Bodensatz zu befreien. Eine wichtige Maßnahme, um unangenehmen Geruch und andere Weinfehler zu vermeiden.
Aroma: Duft und Geschmack eines Weins.
Ausbau: Nach der Gärung muß der Wein für eine bestimmte Zeit – Monate oder Jahre – reifen. Wichtige Faktoren sind dabei die Temperatur, das Material und die Größe der Behälter (z. B. Stahltanks, Holzfässer, Barriques) und kellertechnische Maßnahmen.
Ausgewogen: Ein Wein ist ausgewogen oder hat Balance, wenn alle grundlegenden Faktoren – Extrakt, Tannine, Säure, Zucker und Alkohol – in harmonischer Beziehung zu einander stehen.
Azienda Agricola: Zu deutsch »landwirtschaftliches Gut«, häufige Bezeichnung für Weingüter (Abk.: Az. Agr.).
Barrique: Ein Faß aus Eichenholz mit 225 Liter Fassungsvermögen; kommt aus dem Bordelais und wird heute in aller Welt eingesetzt.
Bukett: Die Eigenschaften des Weins, die mit der Nase bestimmt werden (Duft, teilweise Aroma).
Entrappen: Das Abtrennen der Stiele von den Beeren vor der Maischung. Wird je nach Traubensorte und Absichten des Weinmachers eingesetzt; gerbstoffreiche Sorten wie Cabernet oder Sangiovese werden fast immer entrappt, andere wie Pinot Noir oder Syrah seltener.
Extrakt: Zum Gesamtextrakt gehören der Zuckergehalt und der sog. zuckerfreie Extrakt, der sich aus Farbstoffen, Gerbstoffen, Mineralien, nicht flüchtigen Säuren, Stickstoffverbindungen, Glyzerinen und Pektinen zusammensetzt. Extrakt ist also das, was übrig bleibt, wenn man Wasser, Alkohol und flüchtige Stoffe aus dem Wein entfernt hat. Große Weine sind normalerweise extraktreich.
Faß: Hölzernes Behältnis für die Gärung und den Ausbau eines Weins, heute allgemein aus Eiche. Für den Ausbau des Weins werden kleine Fässer (mit 225 bis 700 Liter Fassungsvermögen) oder große Fässer (mit 1000 bis 10000 Litern Inhalt) verwendet.
Filtration: Die Klärung eines Weins mit Hilfe eines porösen, mit dem Wein nicht reagierenden Filter – meist aus Zellulose oder Kunststoff –, um möglicherweise schädliche Hefen und Bakterien zu entfernen. Zu starkes Filtieren (Filter mit extrem kleinen Poren) können Aroma und Körper eines Weins zerstören.
Frisch: Ein relativ leichter Wein mit ausgewogener, doch deutlicher Säure und Fruchtigkeit. Ein Kennzeichen junger Weine und bestimmter Traubensorten.
Gärbehälter: Ein Behältnis zur Vergärung von Most zu Wein. Die früher üblichen großen, offenen Bottiche werden zunehmend durch Tanks aus Edelstahl ersetzt; allerdings ist auch wieder bei einigen Erzeugern eine Rückkehr zum Holzfaß zu beobachten.
Gärung: Die Umwandlung des in der Traube enthaltenen Zuckers in Alkohol und CO_2 mit Hilfe von Hefen.
Genetisches Material: Die Pfropfreiser, die in einem Weinberg eingesetzt werden; sie stammen aus Klon- oder aus Massenselektion.
Geschmeidig: Weine, die wenig Tannine enthalten. Sie machen einen sanften, runden Eindruck.
Glyzerin: Ein süß schmeckender, dickflüssiger höherer Alkohol, der bei der Gärung entsteht und dem Wein Süße und Fülle verleiht. Große Weine enthalten häufig viel Glyzerin.
Hefen: Einzellige Mikroorganismen, die die Gärung bewirken. Man kann die Gärung den natürlichen Hefepilzen überlassen, die sich auf den Trauben befinden, oder man setzt Reinzuchthefe ein. Als Hefe (oder Hefen) bezeichnet man auch den Bodensatz, der sich im Faß beim Ausbau des Weins bildet (französisch »lie«, italienisch »feccia«) und zu seinem Geschmack und Körper beitragen kann.
Holzton: Der Ausbau in Holzfässern, insbesondere in neuen Barriques, gibt dem Wein einen charakteristischen Holzgeschmack, der an Vanille und Rauch erinnert. Die Verwendung von Holz ist eine Gewissens- und Geschmacksfrage.
Klonselektion: Ein Klon (griechisch »Zweig, Reis«) ist ein

Individuum, das aus einem anderen Individuum durch verschiedene Arten ungeschlechtlicher Vermehrung gewonnen wird. Im Weinbau bedeutet Klonselektion, daß die qualitativ besten Weinstöcke ausgewählt und in Rebschulen vermehrt werden.
Körper: Damit ist der Geschmack eines Weins hinsichtlich Kraft, Konzentration und Fülle gemeint. Ein körperreicher oder voller Wein hat einen hohen Gehalt an Extraktstoffen.
Maischegärung: Rotwein entsteht nur, wenn die Beeren roter Traubensorten vor der Gärung nicht gepreßt, sondern nur gemahlen werden, so daß Saft und Beerenhäute zusammen vergoren werden. Die Farb- und Gerbstoffe aus den Schalen gehen bei der Gärung in den Wein über. Bei Weißwein wird die Maischegärung nur manchmal und dosiert eingesetzt.
Maischung: Das Zerquetschen der Trauben – früher durch Stampfen mit den Füßen, heute durch Traubenmühlen –, um die Beerenhäute zu zerreißen und den Most freizusetzen.
Malolaktische Gärung: Junger Wein enthält häufig relativ viel Apfelsäure. Um diese Säure zu verringern, wird in einem zweiten Gärungsprozeß, der natürlich einsetzen oder herbeigeführt (beziehungsweise verhindert) werden kann, die Apfelsäure durch Milchsäurebakterien in die mildere Milchsäure umgewandelt.
Massenselektion: Die Auswahl der besten Weinstöcke in einem Weinberg zur Vermehrung durch Pfropfung von Edelreisern.
Säure: Jeder Wein enthält mehr oder weniger viel Säure, und zwar Weinsäure, Milchsäure und Apfelsäure. Zu wenig Säure macht einen Wein fade, zu viel macht ihn sauer. Im Gesamtbild eines Weins spielt das Verhältnis zwischen Zucker- und Säuregehalt eine große Rolle.
Struktur: Über Struktur verfügt ein Wein, dessen hoher Extraktgehalt durch ein gutes Maß an Gerbstoffen und Säure unterstützt wird und dessen Geschmackskomponenten ebenso klar wahrnehmbar wie ausgewogen sind. Struktur bedeutet auch, daß der Wein eher kräftige Tannine besitzt als weiche, runde.
Tannine: Eine Gruppe von Stoffen, die in den Beerenhäuten, Zweigen und Stielen der Trauben enthalten sind, aber auch im Holz von Holzfässern. Sie werden den Trägern bei der Gärung entzogen und tragen zur Langlebigkeit eines Weins bei. Im richtigen Maß unterstützen sie Körper und Struktur eines Weins; sind sie im Übermaß vorhanden, geben sie dem Wein eine unangenehme Rauheit, Adstringenz und Aggressivität.
Temperatursteuerung: In Edelstahltanks kann die Temperatur des gärenden Mosts gesteuert werden. Dies geschieht meist durch ein Kühlmittel, das in der doppelschaligen Tankwand zirkuliert.
Terroir: Dieser französische Begriff, der »Erdboden« bedeutet, steht im Mittelpunkt einer bestimmten Weinphilosophie: nämlich der bewußten Nutzung des komplexen Zusammenspiels von Boden, Kleinklima, Sonneneinstrahlung und Rebsorte zur Erzielung hochwertiger Weine mit klarem Profil. Diese Tendenz spiegelt sich in der Toskana unter anderem in der Zunahme von Weinen aus einer einzigen Lage.
Tresterhut: Die feste Schicht aus Beerenhäuten (und Stielen), die durch das bei der Gärung entstehende CO_2 im Gärbehälter an die Oberfläche getrieben werden.
Umpumpen: Um die Extraktion von Farb-, Aroma- und Duftstoffen aus den Beerenhäuten zu verbessern, wird der Most während der Gärung dem Gärbehälter unten entnommen und über den Tresterhut gepumpt. Derselbe Effekt wird auch erzielt, indem man den Tresterhut mit Stangen in den Most hinunterstößt.
Verschnitt: Die meisten Rotweine der Toskana waren traditionell Verschnitte oder Cuvées, das heißt, daß Weine aus verschiedenen Traubensorten gemischt wurden, um die richtige Balance verschiedener Eigenschaft zu finden. Die Weinrevolution seit den 1970er Jahren ist auch durch eine Zunahme der reinsortigen, also unverschnittenen Weine gekennzeichnet.

Produzentenverzeichnis

Ortsverzeichnis

Weinverzeichnis